与孩子沟通就这么简单

朱美霖 著

学会爱孩子——从小事开始

读懂孩子的需求——认知、性格、思维反应、学习效率、受教育方式各有不同

倾听声音——如何做事别慌、避免丢三落四、克服拖延、杜绝"娘化"……

众筹教育正能量——父母、祖辈如何协作、相互支持

告别教育误区——陪读不是陪着读、分数不是唯一、对孩子勇于说"不"……

经济管理出版社
ECONOMY & MANAGEMENT PUBLISHING HOUSE

图书在版编目（CIP）数据

与孩子沟通就这么简单/朱美霖著. —北京：经济管理出版社，2015.4
ISBN 978-7-5096-3515-5

Ⅰ.①与… Ⅱ.①朱… Ⅲ.①家庭教育 Ⅳ.①G78

中国版本图书馆 CIP 数据核字（2014）第 279501 号

组稿编辑：何　蒂
责任编辑：张巧梅
责任印制：黄章平
责任校对：雨　千

出版发行：经济管理出版社
　　　　　（北京市海淀区北蜂窝 8 号中雅大厦 A 座 11 层　100038）
网　　址：www. E-mp. com. cn
电　　话：(010) 51915602
印　　刷：三河市延风印装厂
经　　销：新华书店
开　　本：710mm×1000mm/16
印　　张：18.75
字　　数：257 千字
版　　次：2015 年 4 第 1 版　　2015 年 4 月第 1 次印刷
书　　号：ISBN 978-7-5096-3515-5
定　　价：38.00 元

　　每一个孩子都是独立的个体，即使是双胞胎也不可能完全一样，所以我们的教育方法不能完全"世袭"、"复制"和"拿来"。教无定法，贵在得法，教育必须要从孩子而非家长的角度，审慎选择最适合自己孩子的教育方法，这种方法是个性的。在现有条件下，最起码可以从家庭教育开始。

　　近年来屡屡出现像名牌大学的学生遇到一点挫折就"自杀"、有些孩子高考成绩不理想就跳楼、孩子打骂父母的家庭新暴力，还有飙车、飙官现象的愈演愈烈，这些都是教育失败的结果。其病根主要是与孩子的沟通出了问题。为什么会在沟通上出现问题？主要有两方面的原因：一方面，家长在教育过程中一厢情愿地从自己的角度，对孩子采取"世袭"、"复制"和"拿来"的家庭教育方式；另一方面，家长在养育孩子的过程中，常常以"爱"的名义，对孩子包办、绑架、说教……不少家长一听到或者看到某种家庭教育观点，往往不加分析，不管是否适合自己的孩子，"拿来"就用，用后也不管效果如何；还有的家长，天天与孩子生活在一起，却不知道也不想知道孩子的现实状况是怎样的，孩子的心里在想什么，只知道分数是至高无上的。常常是张嘴就"教"，张口就"训"，不讲究方式方法，结果越训越糟，轻者教育无效，重者毁了孩子的一生。

　　据不完全统计，95%以上成绩好的孩子与父母日常沟通顺畅，具有良好的亲子关系。有良好的亲子关系也就满足了孩子低层次的心理需求，满足孩子低层次的需求后，孩子才会为实现高层次的心理需求而努力。这需要我们家长不但要有科学的家庭教育理念，还要做到充分了解孩子，最大限度地读懂孩子，领会孩子所发出的每一个"信息"，这样你才知道，什么语言该对孩子说，哪些行为不该对孩子做，哪些教育方式可以"拿来"用在孩子身上，哪些对自己孩子不合适，甚至是有害的。

　　在此基础上，家长才有可能选取合适的语言与孩子沟通，才能走进孩子的心灵，建立良好的亲子关系。此外，还有一点是家长最容易忽视的，但却是极其重要的，那就是家庭环境的优化：作为家长要善于建立良好的家庭成员之间、家长之间、家长和老师之间的人际关系。这是一个庞大的教育团队，而教育团队的合力远远大于个体对孩子的教育影响力。做到上面几点，才会使自己的家庭沟通更趋理性、合适、有效。

　　笔者师范毕业近30年，一直从事小学教育教学工作，经历了一轮又一轮的教育教学改革；换了4所小学，从农村到县城，从城里普通小学最后到城里的重点小学，有幸接触了上万名不同的学生；既从事过数学课的教学，也主教过综合学科，曾解决了很多学生在生活、学习中的问题；加上身为人母，20多年教育儿子的经历和对国内外家庭教育问题的关注和研究，于是乎产生了撰写这本书的冲动。

　　笔者在教学中善于与家长沟通交流，每年都与30多位家长建立私人关系，与他们一同面对孩子学习和成长过程中的烦恼，多年来协助他们处理大大小小300多个问题。带着对这些问题的思考，笔者系统研究了选择理论、人性的弱点、组织行为学和营销学等理论，将理论与实际教学进行了有机结合。笔者认为与孩子沟通，既是孩子的心理需要，也是人性中被重视的弱点的需求，更是选择理念和选择权的需求，它还十分契合营销理念，因此笔者认为家教就要从孩子的天性和心理需要出发，这样才会使我们的教育更有人文情怀、更有效，使孩子不只是在教育阶段中受益，而是让他们受益终生。笔者从 2009 年开始搜集资料，其中包括古今中外的资料，尤其对现今英国的教育做了深刻的探讨，最后到分析撰写，共花费了 5 年多时间。

本书中，笔者选取了 100 多个典型案例，其中包括正常家庭孩子的教育常态和非常态现象、特殊群体的个性教育，均对其进行了具体的分析，并做了有针对性的个性沟通策略指导。本书采用故事形式和一些精美恰当的插图，以及黑体字的标注等，便于大家在亦庄亦趣、提纲挈领的文字中阅读理解。这既是一本沟通教育方法之书，又是一本教育理念之书，期盼它能成为家长教育孩子的实用工具和知音伴侣，以及家长不断修炼、提高、完善自身的秘籍宝典。相比其他家教类的书籍，本书有以下几个特点：

● 指导性强。书中使用大量案例故事，不但阐述该怎么做（知其然），又从理论角度阐述了这么做的道理（知其所以然）。其目的是让家长在获得许多家教经验的同时，又随之改变家长的教育理念，不在一时，而是长远受益。

● 需求人群广。书中有近 100 个故事，不但可读性强，内容又涵盖"吃喝拉撒睡"各个方面，涉及智商、情商和逆商各个领域。既有成功的，也有失败的；既有常态的，也有常见教育问题的沟通对策；既有普遍的，也有特殊个性的沟通策略。适合家教成功和不成功各个层面的家长人群。

● 切中要害有抓手。书中第一次提出沟通教育的教育理念，强烈、鲜明、系统地提出家庭教育要从孩子角度出发，同时提出实实在在而非口号式的教育抓手——沟通。书中的每一个章节、每一个教育故事看似联系不大，其实都是沟通教育理念庞大体系的一个具体体现。都将是对原有的家庭教育理念和做法的一次巨大冲击，也逐渐会影响家长以至于整个中国家庭的教育理念，最终被广泛采纳和喜欢。期盼本书早一天出版，能尽可能多地减少家庭教育乃至学校、社会、自我教育的弯路，最大限度地减少教

育悲剧的发生。

● 创新且实用。首次将营销理念运用于教育、跨界思维、整合经济和教育观点，提出教育中不只是需要亲子沟通，还要进行家长与老人、家长与老师、孩子与孩子、孩子与老师之间的人际沟通。这往往被家长们忽视，但绝对不能忽视教育团队的人际沟通。本书用案例故事指导怎样适当沟通，这将十分影响孩子的成长。

如果阅读此书的读者——无论是教育经验丰富的家长，还是涉世未深的小学生，抑或是经历过世事风雨的教育工作者、教育研究专家、心理学研究工作者，能因为这本书中的一个案例或一句话有所裨益，那笔者就感到心满意足了。

由于笔者水平有限，书中难免会有不足之处，也恳请读者批评指正。读者可以通过发送电子邮件（zhumq110@126.com）来反馈意见，笔者将在第一时间答复。

朱美霖

1

第三章　倾听声音，抒顺归因：沟通顺畅的第二部曲 ……………… 73

　　　不同问题有不一样的归因，同一问题归因也不一样，心理的、天性的、
　　性格的、家庭的……我们先要正确归因，然后再与孩子交流，这样就容易、
　　顺畅多了。

> 教育团队包括父母双亲、祖辈、老师、其他伙伴及伙伴家长在内的与孩子生活有较多接触的人。主要是孩子父母、老师以及孩子家庭的其他成员。他们之间建立目的一致、相互支持、协作的教育人际关系，众筹教育正能量，这十分重要，但目前常被多数人忽视。只有满足孩子低一层次的心理需求后，孩子才可能更专注地学习，更有热情地实现人生的价值。

> 在与孩子的接触中，我们时常发现一个不经意的动作或不经意的一句话，对孩子影响很大甚至是影响一辈子。所以，教育孩子的过程也是不断修身，提高、完善自己的过程。很多现象不可忽视，否则会形成沟通障碍，对孩子的健康成长不利。

第一章

学会爱孩子：
有情有效沟通的前提条件

你把孩子养活大，还是把孩子精心教育大，这主要决定于你是否会"爱"孩子以及选择"爱"的方式。如果你还是包办、"绑架"、说教，而从不顾及孩子的心理需求、违背人的本性和孩子十八年、二十八年后独立生存的需要，较多地"世袭"、"复制"和"拿来"一些教育方式，这对孩子教育效果不大，甚至无效乃至有"害"。教育孩子的道理和我们扣衣服纽扣一样，如果第一粒纽扣扣不对，其他纽扣也就不会扣对。让我们的教育从学会爱孩子开始，从"吃喝拉撒睡"的生活点滴小事开始吧。

◎ 包办不是爱：沟通从点滴小事开始

◎ "绑架"孩子做选择不是爱：沟通从尊重开始

◎ 说教不是爱：双向互动效果好

◎ 沟通是真爱，善于沟通的孩子有出息

◎ 成功家长是沟通高手

包办不是爱：沟通从点滴小事开始

从孩子一出生，我们不少家长就喜欢对孩子大包大揽，直到上幼儿园、小学，就连背书包这样的事情，也由家长代劳了。他们认为："背书包有什么？长大了还有不会背书包的？""家长能做就替孩子做了，上学也挺辛苦的！""只要把书读好就行，其他的事你就别管了。""大家都帮孩子背书包，我也就背了。"这些观点和做法会"废掉"孩子。"吃喝拉撒睡"皆教育，小小的书包里承载着大的责任。想让孩子独立、有责任感、有担当吗？请让孩子从背书包这样的小事开始做起吧。

◎ 身边故事

像下图中，爷爷奶奶或爸爸妈妈替孩子背书包的现象，无论是在城市还是在农村，无论是在幼儿园还是中小学门口，已经是非常"正常"的现象。接孩子时，经常看到下面的情景：一群家长在学校的大门口焦急地等候，放学的铃声一响，家长们蜂拥而上，第一时间卸掉孩子肩上的书包；也有的孩子见到家长，一边叹着怨气，一边理所当然地把书包扔到家长手

3

里。孩子们手中空空，向前飞奔，家长们拎着书包，像"书童"一样紧随其后，行色匆匆。甚至于连一些做老师的家长，不但替孩子背书包，甚至利用工作之便，索性把书本、学具放在自己的办公室里，课表压在自己的办公桌下，为的是能让孩子"拿取"方便，一旦忘记带书本、学具等，可以立即"送给"孩子。

现在的孩子就真的脆弱到或辛苦到连书包都背不动吗？其实，这是家长的一种认识误区、教育误区，这样爱孩子会因小失大，最终"废掉"你的孩子。怎样做才是真正爱孩子，这恐怕是家庭教育首先应该思考的问题。

◎ 你知道吗

小书包里承载着大责任

责任无处不在，存在于每一个角色。父母养儿育女，老师教书育人，医生救死扶伤……孩子也不例外，背书包就是他的责任。如果因为担心孩子吃苦受累，家长替孩子背书包，恰恰剥夺了孩子承担责任的机会。孩子缺乏承担责任的意识，将来又如何承担起对家庭、集体甚至祖国的责任？他们只知道享受，只知道"啃老"而不是养老，一切以牺牲别人的利益为代价，一切以自我为中心。他们恐怕连自己都管不好，何况是爹娘，又怎能成为社会的栋梁？

替孩子背书包会让孩子缺乏独立精神

家长不重视孩子自己背书包的教育，其根本原因还是家长的教育目标决定家长教育行为的选择，认为孩子只要把书读好，学习成绩好、分数高

就行，其他就"舍不得"、"心疼"、"无所谓"了，家长能包办就包办了。殊不知，家长这一背，也许就背走了孩子的责任感，培养了孩子的依赖思想、特权意识；也许这一背，就剥夺了孩子一次次锻炼的机会；也许这一背，还背走了孩子独立成长的机会，让孩子失去了自理能力、独自生存的能力。上海复旦大学一个上海籍的学生，上大学回家就"迷路了"，最后是由警察把他送回家，据他父母讲这是他第一次单独出远门。孩子终会长大，如果孩子养成不论大事小事都依赖父母、不肯自己动手动脑的坏习惯，当孩子离开大人时会显得惊慌失措，六神无主，不能处理好身边的人和事。父母不可能包办孩子的一生，他们拥有自己的生活、人生，最终靠的不是别人，而是自己。

"吃喝拉撒睡"皆教育，别废掉了孩子

生活自理是孩子走向独立的开端。试想，倘若一个成年人生活不能自理，事事要求助于他人，这称得上独立吗？谈得上强大吗？谈得上自由吗？同理，对于进入自理阶段的孩子，却不能掌握自理的基本技能，或者思想上存在依赖性不愿意自理，他们也不能获得最大限度的自由，不能走向独立。而且，自己的事情由父母代劳会令孩子丧失起码的责任感，没有担当。

有些家长认为：孩子长大了自然就会了。这种观点是极其错误的。良好习惯是从幼年形成的，等孩子长大就难以纠正了。我一个同事的女儿上小学一年级了，每天早上还要等她给孩子穿衣服、喂饭，晚上还要给女儿整理学具……所以，孩子能不能自己的事情自己做，完全取决于家长的态度。如果家长坚持做到孩子能做的绝不插手，不用家长刻意培养和说教，孩子自然会养成自己的事情自己做的习惯。反之，如果家长不放手、不相信孩子，担心孩子吃不好、穿得慢、洗不干净，这也担心那也担心，孩子就无法做到自己的事情自己做了。

◎ 这样沟通好

让孩子自己背书包

孩子的书包究竟由谁来背，这似乎是一件不足挂齿的小事。但是从小树立起"自己事情自己做"的观念，对养成孩子自理、自立、自主的意识和能力非常有好处。正所谓"一屋不扫，何以扫天下"，良好的品格，必须从小培养，从一点一滴的小事做起。如果孩子的书包太沉，家长可以引导孩子清理掉一些不是很必要的东西，不要一接孩子就为孩子当"书童"。给孩子一个成长的空间，如果任何事情都是家长代孩子做，小孩子得不到锻炼，那他们永远都是温室里的花朵，经不起风雨。

教育需要"狠狠心"，让孩子能独立、有责任感

我常常想起狐狸的故事，母狐狸在小狐狸长到一定程度后，就毫不犹豫地把小狐狸逐个"轰"出自己的窝，不再养育。狐狸的这种做法在我们人类看来，也许比较残忍，可是相比较于那些把孩子从出生后就含在嘴里、捧在手里，打着"为了孩子"的旗号不顾孩子的身心健康，大包大揽的一些父母来说，狐狸的做法显然有远见多了。做父母的人们，不妨借鉴狐狸对后代的做法，"狠狠心"，该放手时及时放手，不要让自己盲目地溺爱扼杀了孩子的健康，葬送了孩子的人生。"吃喝拉撒睡"皆教育，凡属于孩子的事，家长不要越俎代庖，不妨让孩子从自己吃饭、自己整理玩具、自己独立不黏着妈妈睡觉、自己背书包、为父母拿双筷子、递个拖鞋之类的生活小事开始！

儿子上小学一年级啦！开学前，畅畅妈妈抄回了《课程表》。正式上课了，第一周的前两天，畅畅妈妈每天领着孩子，比对着《课程表》，一边帮孩子拿学习用品，一边对孩子说："先看好妈妈是怎样替你准备书和铅笔的，以后妈妈就不帮你，每天就由你自己做了，你能行吗？"第一天是她带着孩子准备书本学具的；第二天她帮孩子拿课本学具的时候，孩子偶尔

插插嘴、插插手；第三天她就试着让孩子自己做，遇到不确定的地方，就适度帮助；第四天孩子基本上能够脱离她的帮助，在事先没有认识一个汉字的情况下，独自准确无误地拿出学习用品；第五天审核通过，孩子能独自完成这件事了。从此整理书包、准备学具全由孩子自己做。虽然畅畅的妈妈是位老师，而且母子在同一所学校，可是畅畅跟其他小朋友一样，每天都是自己背书包、整理学具，孩子做得很好，整个小学阶段没有被妈妈送过一次学习用品。还有一位家长在谈及背书包、送学习用品这件事情上，他是这样做的：事先与女儿约法三章，每一个学期只给孩子一次送学习用品的机会，即发现学习用品不带，可以打电话让家长送一次，一次机会用完就再也不送，打电话也没用，说到做到。他的女儿现在上小学五年级了，到现在也只用过一次机会。

再谈谈国外家长的一些做法，我看影片《当幸福来敲门》，男主人公到幼儿园去接儿子，一到幼儿园门口，就对孩子说："宝贝，爸爸来接你了，请快点收拾书包，我们回去。"要是你，你会怎么做啊？你会不会走进教室帮孩子整理学具呢？从看到这个故事开始，再也别这样做了。再看看其他一些国家的做法：日本的孩子，从小就被分配为父母擦皮鞋，全家外出旅游时要同家长一起背行李，就连3岁的孩子也不例外，要负责拿一个小包。日本孩子的书包自然是自己背的，即使是下雨天，孩子不慎跌倒，父母也不会去搀扶，而是鼓励孩子自己站起来。在美国，孩子大多在1岁半开始自己吃饭，哪怕吃得不好掉一地，甚至饿肚子，家长也绝不放弃。

"绑架"孩子做选择不是爱：沟通从尊重开始

　　家长常常以"爱孩子"的名义，"绑架"孩子或代替孩子做决定。常对孩子这样说："你还小，有些事情现在你不懂，在这个关键时刻当然得听爸爸妈妈的话了，乖啊！""爸爸妈妈这样做都是为你好！"……说得似乎有点道理。可"人能拉马到水边，但不能强迫它喝水。"孩子是独立的个体，而不是父母的复制品，你有没有尊重孩子心里的愿望？家长不要因为虚荣和无知而横加干涉孩子的选择，剥夺孩子做选择和决定的机会，否则孩子会没出息。

◎ 身边故事

　　某初中三年级的汪玲玲同学，多才多艺，会唱歌会弹琴，舞也跳得很好，曾获得江苏省唱歌比赛第三名，业余舞蹈比赛第二名的成绩，只是学习成绩不太好。她渴望成为一名幼儿园教师，有一天她对爸爸、妈妈说："我想报考师范类大专学校，成为一名幼儿园教师。"父母听了直摇头，妈妈决绝地对女儿说："这不可能，这不可能，死都不可能。你小，你懂什么？考了师范就没有希望了。"女儿抓着妈妈的手央求妈妈说："我喜欢当一名幼儿园老师，你就答应我吧！"妈妈非常恼火，甩开女儿的手并坚定地对女儿说："你趁早死了这颗心，除非我死了，只要我活着都不可能改变主意！"接着又补充强调了一句"只有考上大学才有希望。"

　　父母托关系花重金把女儿送进了一所重点高中。从此以后，女儿不再接触自己喜欢的唱歌、舞蹈、弹琴了，只是一门心思忙学习，可是无论怎么努力，学习成绩虽然有提高，但总不令人满意。高二的时候，女孩因为会考成绩有两门不及格，在家里自杀了。

这是一个令人心情沉重的故事，如果父母满足孩子的兴趣需求，尊重孩子的选择，放手让她发展自己的兴趣，结果会怎样呢？可我们总是在一厢情愿地进行"精英式"教育，不尊重孩子的意愿，不相信孩子的能量和选择，家长把自己的主观愿望强加在孩子身上，还冠以"都为你好"、"都是因为爱"的名义。只要一谈教育，似乎就是"圣人"，绝对正确，"跑过的桥比你走过的路要多，"孩子总是那"睡着之人"。这样的教训已经很多，也够惨痛的，我们不能替代孩子的成长。

◎ 你 知 道 吗

良好的亲子关系是教育的前提

我们都有这样的经验：作为父母肯定会把自己认为正确的观念、方法教给孩子，指点孩子该做什么，不该做什么。可是孩子偏偏不领情，你越说，孩子越烦，甚至跟我们家长对着干，家长说得越多，教育的效果却越差。我们常常会为此烦恼，认为自己都是为了孩子好，希望他（她）长大成人有出息，结果孩子却不知好歹，不听话、不懂事、不理解家长的一片苦心。孩子不理解家长的苦心，出现逆反心理，实际上反映出亲子间的关系已经出现了问题。我们说言传身教，前提是受教育者认可教育者。周杰伦的歌咿咿呀呀不知唱些什么，可是不用你教孩子们就都会唱了，原因在于孩子们认可周杰伦和他的歌。相反，我们偏要他们唱《大海航行靠舵手》，孩子们肯定要和我们对着干。教育专家给我们提供了许多教育孩子的理念和对策，如好习惯、好人生；竖起你的大拇指；好父母、好方法。再如赏识教育、习惯教育、情商教育、挫折教育、生活教育、关键期开发、多元智能开发，这些提法都非常有道理，但是在实施的过程中我们往往会感觉到，这些方法我们都试了，我们的孩子却软硬不吃，真气死我们了。其实我们家长可能太重视教育的"教"，忽略了与孩子之间的沟通，忽略了良好亲子关系的建立。再好的家庭教育方法也需要良好的亲子关系

做保障。

　　良好的亲子关系就是一种相对自由、和谐、彼此尊重的关系，当你和孩子建立起这样的关系的时候，你会发现，你希望孩子怎么变，他就会怎么变。亲子关系比较和谐的家庭，父母对孩子要求高一些、严格一些，甚至残酷一些，问题不大，孩子承受压力的能力强，压力会转化成动力，孩子的成长会快一点。如果亲子关系本来就比较紧张，你还要东施效颦，采取高压手段，结果亲子关系进一步恶化，负能量在体内迅速膨胀，教育效果可想而知了。在学校，有的学生不交作业，老师第一次警告，第二次思想教育，第三次批评训斥，直至严厉处罚，可是作业最终还是交不上来。如果换一种方法，先摸清不交作业背后的隐情，我们可以做这样一些推测：孩子基础太差，根本没有能力独立完成作业？孩子严重厌学，根本学不进去？还是长期形成了不做作业的习惯，一时难以改变？还是迷恋网络游戏等课外活动，寻找学习之外的精神寄托以逃避学习，等等。原因不同，解决的方法就不同。拿厌学来说，厌学的原因是什么，是不喜欢老师的风格？是智力存在缺陷，学不进去？还是曾经在学习上经受过强烈的刺激？还是背后隐藏着更加严重的潜在心理危机，厌学只是其中的一种替代反应而已？如果不能弄清楚情况，武断采取措施，只落得费力不讨好，甚至帮倒忙。所以家长要善于同孩子沟通，分析发现孩子问题背后隐藏的心理根源，采取恰当的教育行为，否则教育无法实施或者无效。

人的心理需求决定行为的选择

　　心理学研究告诉我们：人类行为的心理驱动力是人的需要，人的需求决定行为的选择。国际知名心理学家，美国威廉·格拉瑟博士的"选择理论"告诉我们："天底下只有一种方法能使人做任何事，当然你也可以使用强迫、恐吓、威胁等外部控制方式，但通常会引起反感、被动，所以要让孩子主动学习，还是从内部控制为主，先要给予他所迫切需要的，这是唯一的方法。"营销学和组织行为学也阐述了"以顾客为中心"和"要站

在对方的角度考虑问题"的核心理念。迁移到家庭教育领域来说，教育是针对人的工作，家长要教育孩子，首先得花工夫了解孩子的心理需求。怎么了解？那就是要与孩子沟通。了解了孩子的心理需求，能站在孩子的角度考虑问题，就有利于经营好教育人际关系，有了好的教育人际关系，才能产生有效的教育。

人的基本需求分为生理需要和非生理需要两大类，好像一座金字塔，由下而上依次是生理需要、安全需要、归属与爱的需要、尊重的需要、社交需要、审美需要、自我实现需要。生理需求即生存需求，这是最强烈的不可避免的最底层需要，也是推动人们行动的强大动力。当一个人存在多种需要时，例如同时缺乏食物、安全和爱情，总是缺乏食物的需要占有最大的优势，这说明当一个人为生理需要所控制时，那么其他一切需要都被推到幕后。乐嘉初到北京时，挨过饿，睡过地铁站。这一经历是推动他事业成功的强大动力。安全需求（安稳需求）包括安全和保护，以免受到身体和情感的伤害。安全需要比生理需要较高一级，当生理需要得到满足以后就要保障这种需要。每一个现实中生活的人，都会产生安全感的欲望、自由的欲望、防御的实力的欲望。如离异家庭的孩子害怕自己因为缺少父亲或母亲而被同学耻笑，与此需求有关。社交需求（被认同、被接纳的需求），叫归属与爱的需要，是指个人渴望得到家长、同伴、老师的关怀、爱护、理解，是对友谊、信任、温暖、情感的需要。案例中 16 岁女孩选择自杀，与安全需要、归属与爱的需要、尊重需要、社交需要、自我实现需要没有满足有关。16 岁女孩的理想渴望家长的理解、尊重、支持。可是家长却一厢情愿地强调"精英"式考大学，致使孩子生活在分数的重压之下，她那受到别人重视、赢得别人尊重、得到他人赏识、关注、自我实现抱负等需要都被击得粉碎，最后女孩带着自卑感、虚弱感和无能感结束了自己年轻的生命。"自我实现"是社会属性的人所能达到的最高境界。自我实现的需要是最高等级的需要，满足这种需要就要求完成与自己能力相称

的工作，最充分地发挥自己的潜在能力，成为自己所期望的人物。

"人能拉马到水边，但不能强迫它喝水"

需要指出的是：不同层次的人对不同层次需要的强烈程度也不同，有的强烈需要物质，有的强烈需要感情，更有的强烈追求理想。如饥饿的孩子挂念食物，孤单的孩子寻找朋友，低成就感的孩子寻求关注，这些都远比他们追求知识来得迫切。许多孤独的孩子只因为遇到一个关怀他的好老师，就拼命努力学习。"选择理论"告诉我们：对于受教育者来说，其学习行为的选择，是为了满足根源于基因深层的某一种或某几种需求的满足。我们无法强逼他们认真读书，就像谚语所言："人能拉马到水边，但不能强迫它喝水。"如一些有学习能力的孩子却拒绝好好学习，无论你花了多少时间和精力去教育他们都没有用。这是因为光学习无法满足孩子内在的需求，除非他相信这么做会令自己感到满足。案例中的女孩，家长可以强迫她进入高中学校，但无法使她好好学习，最终用"自杀"选择逃避，造成无法弥补的痛惜。

◎ 这样沟通好

给孩子空间，恰当"远子"

如果孩子的反抗能让我们清醒些，看到我们的自以为是实际上是在干扰和破坏孩子的成长，赶快调整和改变我们对待孩子的态度和方式，我们做父母的水平就提高了一截。极端的情况是：如果我们坚决认为孩子"不听话"、"不乖"，甚至认为孩子有问题，更强制和粗暴施压，好让孩子按照我们的要求做，那个"听话"的孩子，可能真的被父母摧毁了。孩子为了父母高兴，放弃了自己！代价是：孩子没有了自己，也没有能力为自己的生活负责。记不得是哪位大师说的，但绝对是真理：孩子是在我们看不到的地方长大的。

给孩子空间，意味着我们得跟孩子分清你我，尊重孩子的心性，尊重

孩子的空间，尊重孩子的选择和决定，不要打扰孩子的发展！

家长做孩子成长中的啦啦队员

如果运动场上没有啦啦队员，那么运动场将变得没有一点生机，运动员将没有比赛的激情，曾有意大利几家俱乐部因假球风波而被罚在没有观众的情况下比赛，偌大的体育场没有一个人，那是何等的尴尬与无奈。在家庭这个特殊的体育场上，从孩子成长的角度来看，孩子应该是运动员，家长就是啦啦队员。啦啦队员再怎么为运动员着急，都不能取代运动员的角色，这是一个特定的运动规则。在孩子成长的过程中，经常出现这样或那样的问题，有时我们家长虽然身为啦啦队员，但动不动就想将运动员取而代之，让运动员无所适从，这便失去了比赛的真正意义。运动员与啦啦队员之间角色不能混淆，如果那样，我们就很难分清谁是真正的运动员，谁是真正的啦啦队员。在比赛中，我们就应该学会欣赏比赛，学会分析和总结比赛中出现的问题和错误。同理，家庭教育中也一样，我们要学会欣赏孩子，既要欣赏他的优点，也要适度欣赏他的缺点，因为优点和缺点很难把握，今天也许是优点，但到了以后可能会发生明显变化。因此，啦啦队员来看比赛，其目的有两个，一是为了选拔优秀队员，二是欣赏比赛，喜欢这个比赛的过程。正如一代教育大家陶行知先生所说的：人人都说小孩小，谁知人小心不小，你若小看小孩子，你比小孩还要小。尤其到了初中阶段的孩子越来越不愿意接受大人的安排，越来越渴望能够自主选择了。这是正常的阶段和表现。我们应该像杨润清校长所说的那样：我建议，你选择；你选择，你承担；你承担，我分担。提醒大家的是最后的"分担"并不是指代替他去承担失败的后果，解决麻烦，而是陪伴他一起去承担后果，分析原因，教他如何弥补错误，如何正确扭转方向，更不是站在一旁讥笑他"不听老人言，吃亏在眼前"。我们要做他们永远的啦啦队员，不当"裁判"。

学会欣赏

农民怎样对待庄稼，决定了庄稼的命运，家长怎样对待孩子，决定了孩子的一生！农民希望庄稼快快成长的心情和家长希望孩子早日成才的心情完全一样，但做法却截然不同：庄稼长势不好时，农民从未埋怨庄稼，相反总是从自己身上找原因；而我们孩子学习不行时，家长却更多的是抱怨和指责，很少反思自己的过错！人性中最本质的需求就是渴望得到赏识、尊重、理解和爱。如果家长善于欣赏孩子的优点和长处，那孩子就会在"我是好孩子"的心态中觉醒，如果只是抱怨和指责，孩子的弱点和短处就会被小题大做、无限夸张，从而使孩子自暴自弃，在"我是坏孩子"的意念中沉沦。作为家长一定要学会赏识你的孩子，哪怕天下所有的人都看不起你的孩子，做父母的也要眼含热泪地欣赏他！拥抱他！赞美他！为自己创造的生命而永远自豪！家长就要当孩子的啦啦队员，为他加油、呐喊。

经常这样说

沟通时少用"你……"做开头，多用"我……"做开头来描述自己的情绪，而不用"你……"来挑剔对方，这样的语言使孩子愿意和你交谈。例如孩子考试不理想，一般可采取以下一些步骤：第一步是理解与同情："我和你一样很难过，很后悔。"让孩子感到你的理解与爱意，排除他的自卑与担心。第二步是共同面对："让我们一起看看到底错在哪里？再做一遍。"启发孩子克服畏难情绪。第三步是重建自信："啊，这道题挺难，你做对了，真不容易。"让孩子感到父母对他没有失望，发现自己并不笨，建立"我能行"的信念。第四步是吸取教训："我们看看怎样做就可以避免这些不必要的扣分"，让孩子找找自己的优势与不足，制定攻克薄弱环节的具体方案，以新的姿态面对下一次的挑战。

网友们是这样说的：

沟通时要给孩子说"不"的权利，这样亲子间的双向沟通才容易建立。

沟通时要有点幽默，这样才容易在愉快的气氛中沟通。

沟通时不要急躁：家长与孩子之间的年龄、心理和思想感情等各方面都存在着巨大差异，如果家长过于急躁，幻想着通过一两次聊天，就能和孩子成为知心朋友，沟通就会成为泡影。

"沟通时要给孩子更多的理解和宽容：理想的亲子沟通，先决条件是要双方能互相体贴、互相谅解和容忍。通情才能达理，即使孩子的想法或做法一时是错误的，也要表示给予理解与宽容。只有理解才能换取孩子对你的信赖，只有宽容才能赢得孩子对你的倾心，只有理解与宽容才能知晓孩子的内心世界。"

沟通不要"情绪化"：沟通之前，必须抛开不良情绪，若仍处于"情绪化"的状态，则暂时不要进行沟通，等冷静后再谈。不要把不良情绪带给孩子，更不要把工作压力转嫁到孩子身上。

家长要有童心童趣：家长有时可以冒冒傻气，和孩子一起蹦蹦跳跳、笑笑闹闹，让自己和孩子一样放肆，这样和孩子的心将贴得更近，这时和孩子说话，孩子容易接受。

学会和孩子分享：无论是你最喜爱的歌、最喜欢的诗、童年最难忘的一些片断、最喜欢的书、玩具等都可以拿来和孩子一同分享，在分享中交流。家长与孩子从相互讲述近日最为成功的一件事说起。例如，孩子对家长说了一件最高兴的事，家长此时分享了孩子的喜悦，再夸奖几句，你说这沟通能不顺利吗？

"设法让孩子走进家长的生活：每个孩子都对成年人的世界充满无限向往。因此，在亲子沟通时，有必要让孩子适当感受一下成年人的生活，比如让孩子跟自己学做饭、洗衣或孩子力所能及的其他劳动，这时给孩子讲一讲自己的人生遭遇或自己在生活与工作中的某些酸甜苦辣，既可引导孩子认识社会与人生，又能让孩子充分地了解自己，以便形成相互间交流与沟通的深厚基础。"

学会赞美孩子：多称赞你喜欢看到的行为，孩子的不良行为就会慢慢消失。

有了问题面对面谈话才是最好的沟通方式，不要通过第三者传话，表扬孩子除外。

承认错误：家长要敢对孩子说："对不起，我错了"，不只是力争得到孩子的谅解，更让孩子明白犯错是难免的，但要知错就改，永不再犯。

永远不在孩子面前说谎：如果在孩子面前说谎，孩子就失去对你的信任了，孩子带着疑心和你沟通怎么会有好的教育效果呢？

说教不是爱：双向互动效果好

放手让孩子体验，是获得人生经验的最好、最有效、最深刻的教育方法。家长千万不能因为"舍不得"，而总是剥夺孩子的这种权利。人生的有些"弯路"是非走不可的，有些"苦"是非吃不可的，放心让孩子走一走，吃一吃，孩子会体会更多，对孩子的影响也更深远。

◎ 身边故事

杨先生在德国做访问学者期间，带着5岁的儿子在海滩上玩。他们旁边是一位德国妈妈，在躺椅上看书，她的孩子却抓了一把沙子往嘴里塞。杨先生非常着急，他走上前去，提醒德国妈妈："你的孩子要吃沙子了。"可是，那位母亲非常淡定。"那又怎么样呢？"她说，"等他尝过之后知道沙子不好吃，自然也就不吃了"。杨先生愕然，如果在中国，大部分家长会阻止孩子，然后告诉孩子沙子不能吃或斥责孩子为什么这么蠢，竟然吃沙子！

结论是一致的，但获得这个结论的方式却不一样。前者，孩子获取的

是父母判断之后提供的间接经验；后者，孩子却是亲身体验之后的直接经验。差别就在于是不是尊重孩子，是否相信孩子，最直接体现出来的就是教育的策略：放手体验还是直接告知。有时候，成人眼里举手之劳的事，让孩子自己去体验，他们反而能从中体会到更多，对他们的影响也更深远。

◎ 你知道吗

试试才知深浅

孩子一出生就对这个世界充满了无比的好奇，当他会爬会走之后更是迫不及待地去探索这个世界。很多时候，我们会惊喜于孩子的成长。在更多的时候，我们却是把孩子限制在我们认为可以的范围之内。孩子一开始是不知道深浅的。想一想，有哪个孩子不曾有从床上掉下来的经历呢？恐怕都有吧。他掉个一两次，就不会再掉了。因为他有经验了，知道掉下来会摔痛，所以大脑里吸取了这个教训。如果小时候你把它保护得严严的，那他没有这个经验。当你不在身边的时候，他有可能会从更高的地方往下跳，那不就麻烦了。以下是一个非常经典的童话故事——《小马过河》。

马棚里住着一匹老马和一匹小马。有一天，老马对小马说："你已经长大了，能帮妈妈做点事吗？"小马连蹦带跳地说："怎么不能？我很愿意帮您做事。"老马高兴地说："那好啊，你把这半口袋麦子驮到磨坊去吧。"小马驮起口袋，飞快地往磨坊跑去。跑着跑着，一条小河挡住了去路，河水哗哗地流着。小马为难了，心想：我能不能过去呢？如果妈妈在身边，问问她该怎么办，那多好啊！可是离家很远了。小马向四周望望，看见一头老牛在河边吃草，小马"嗒嗒嗒"跑过去，问道："牛伯伯，请您告诉我，这条河，我能蹚过去吗？"老牛说："水很浅，刚没小腿，能蹚过去。"

小马听了老牛的话，立刻跑到河边，准备过去。突然，从树上跳下一只松鼠，拦住他大叫："小马！别过河，别过河，你会淹死的！"小马吃惊地问："水很深吗？"松鼠认真地说："深得很哩！昨天，我的一个伙伴就

17

是掉在这条河里淹死的！"小马连忙收住脚步，不知道怎么办才好。他叹了口气说："唉！还是回家问问妈妈吧！"

小马甩甩尾巴，跑回家去。妈妈问他："怎么回来啦？"小马难为情地说："一条河挡住了去路，我……我过不去。"妈妈说："那条河不是很浅吗？"小马说："是呀！牛伯伯也这么说。可是松鼠说河水很深，还淹死过他的伙伴呢！"妈妈说："那么河水到底是深还是浅呢？你仔细想过他们的话吗？"小马低下了头说："没……没想过。"妈妈亲切地对小马说："孩子，光听别人说，自己不动脑筋，不去试试，是不行的，河水是深是浅，你去试一试，就知道了。"

小马跑到河边，刚刚抬起前蹄，松鼠又大叫起来："怎么？你不要命啦!?"小马说："让我试试吧！"他下了河，小心地蹚到了对岸。原来河水既不像老牛说的那样浅，也不像松鼠说的那样深。

故事当中的主人公小马往往是大人们用来教育孩子的典范。试想一下如果小马当时认识不到实践的重要性而没有过河会怎样？有可能小马未来就会养成懦弱的性格，有可能小马会人云亦云，后来终于发现真理，但已成为老马，还有可能一匹千里马的好苗子就这样糟蹋了。想变得坚强和成功吗？那就把自己放到最艰苦的环境中去历练吧！

《小马过河》的确是小故事，但却蕴含着大道理。其中的道理不仅仅是为教育孩子的，更是为了教育我们这些身为教育者的家长们。想一想，我们做家长的有多少人扮演着老牛和松鼠的角色，在规定、限制着孩子？又有多少家长像老马一样，在真正意义上与孩子沟通、引导孩子成长？

放手是孩子成长的需要

由于存在应试教育这根指挥棒，使得家长和教师在教育教学时不敢放手。为了追求完美，他们不能容忍孩子出丝毫的差错；孩子还未上路，家长、老师就大喝一声：别出错了脚！结果，孩子走起路来小心翼翼，亦步亦趋。可是，如此孜孜以求的教育最终换来了什么呢？在家长、老师的

"循循善诱"、"特别保护"下，孩子们似乎得到了很多——标准答案、没有过失的表扬……但在得到的同时，孩子们也失去了最宝贵的东西：真实的自我、独立的思想、质疑和批判的能力以及探究的品质，从而也就失去了成长必需的精神底色，失去幸福人生必须积累的宝贵经验——包括失败的经验。而这一切，仅仅缘于家长、教师的不敢放手。教育的放手是健康的心态，是团结与合作的胸襟，是给孩子更多的机会和责任。放手是一种尊重和信任。放手，孩子内在的潜能才能激发；也只有放手，培养出的人才才能适应未来社会对人才的需要。

放手是一种教育

这里的放手，就是教师要充分尊重并相信学生，给学生更多的时间、空间，更多的自主权，让学生观察、思考、发现、创造，体验活动的乐趣，感受成功的快乐。就像孩子刚学走路一样，要学会放开手，让他感受不到束缚。这样，他会放开手脚，跨出具有非凡意义的一步，即使摔跤，你也不要心疼，因为，那也是一种成功的体验，它将为今后所走的路打下基础。从教中年级或更早开始，我觉得教育也一样，这和孩子学走路是一码事，学生行动也好，思考也好，都需要一个充分自由的"个人空间"。在这个空间里，他们将会无拘无束地表现自己，放开手脚，大踏步向前，展现出一个个的"真我"。所以，作为家长，应该学会放手。因为放手是一种教育。有一部电视剧大结局时女主人公这样说："双手捧着沙子你会拥有所有的沙子，当你害怕失去，两手握紧的时候沙子会从你的指缝间溜走！"我觉得这话非常的有道理，它似乎在告诉我们，"放手才能得到"，也更适合教育。

放手≠放任，须有度

放手不是"放任"，是一种相信孩子一定能办好的心态，也是一种宽容、一种理解、一种集思广益，"放手"能创造更多机会，能鼓励孩子独立做事，放手，不用传统的说教方式，而是将"问题"抛给孩子，让孩子

提出解决问题的办法，给予孩子充分锻炼的机会和实践的空间，不放手，孩子永远成不了强者。教育，要培养孩子们的知性、理性、悟性、活性，但还不要忘记，培养孩子们的——血性。

经常有人把教育比作"放风筝"，把孩子比作风筝，而家长和教师就像放风筝的人，要让风筝飞得高、飞得稳，不光看风如何，还得注意看风筝的变化和线的拉力。如果拉力过大，风筝飞得会很吃力；拉力过小，风筝很可能会落下。而且在放飞的过程中可能会遇到意想不到的情况，风大的时候要牢牢掌握，缠线的时候要巧妙排解；即使风平浪静也不能掉以轻心。所以我们只有掌握拉线、收线的技巧，通过牵引、调节、掌控才能让风筝越飞越高。

我们都知道，人与风筝之间靠的是一根绳线的牵引，但是我们更要清醒地认识到：家长与孩子靠的是心灵的融合，无论风筝飞多高，父母的心中始终有着对孩子无尽的爱，有度的放飞才会让风筝飞得更高，理智的爱才会让孩子的路越走越宽！

记得报刊上曾刊登过这样一段话：对于放风筝的人而言，一个放不上去可以再来一个，可是对于父母来说就不一样了，放不好自己的"风筝"可能会后悔一辈子。是呀，成长的道路不会很平坦，但放手不代表不闻不问，任其发展，作为家长和老师，该放手的时候一定要放手，粗放细养，必要时，适当伸手，细心修正。孩子的成长需要磨砺，他们需要从困难中得到锻炼，在挫折中增长勇气，在失败中积累经验，这是生活，也是教育。让我们用自己的爱心、耐心、细心尽全力放飞每一只风筝，让它成为空中的焦点，成为我们的骄傲！

◎ 这样沟通好

鼓励孩子"试试看"，体验比说教重要

生活中常看到这样的现象：儿童房按照父母的意愿布置，一旦孩子自

己弄得脏乱点或因为请小朋友来玩弄乱了，就会被训斥一顿……那么一来，孩子看起来有个房间，其实是没有自己的空间的。

另外，在孩子专心玩的时候，妈妈让干别的；孩子看花呢，妈妈让看人；孩子看人呢，妈妈让看花……有个朋友说她见到一个妈妈，问孩子今天中午吃什么，孩子说吃比萨，他妈妈却说，比萨有啥好吃，咱们吃鱼头泡饼，不给孩子任何做决定的机会，什么都替孩子决定了。

还有，妈妈老想着帮孩子，比如孩子抢玩具，妈妈赶紧说：别抢别抢，妈妈再给你买一个；生怕孩子吃亏，着急地给孩子灌输如何讨人喜欢，着急地支招如何胜过小朋友……剥夺孩子自己解决问题的机会。

把孩子所有时间都排得满满的，给孩子报各种班：画画班、游泳班、钢琴班、讲故事班、思维训练班……生怕孩子荒废了光阴，不给孩子留空，不给孩子时间和空间发现自己的兴趣。

而且，不允许孩子有那些看起来没出息的兴趣：玩烂泥、捡树棍、淋雨、无缘无故欢笑……每当这个时候，就泼他们的冷水，呵斥他们，把他们从兴高采烈变得缩手缩脚。

大人经常无意识地强制孩子，不知不觉间，父母打着"爱"的旗号，以"为孩子好"的名义，肆意践踏着孩子的心灵，一次又一次地剥夺了孩子可以"试一试"的机会，代价是"成功废掉孩子"。相反，有家长是这样做的：

参加同事儿子的升学喜宴。吃过饭，我走到饭店大厅一角的铁皮保温桶前，拧动开关，接一杯开水。一位身穿花裙子的小女孩，五六岁的样子，光着胳膊跑过来，试图拥抱铁皮桶。一位戴眼镜的女人紧追过来，抱住女孩，捏着她柔嫩的食指，在盛满开水的铁皮桶外壳上快速地划一下。如同触电，小女孩缩回手，哇哇大哭。我责怪这位妈妈不该如此狠心。这位妈妈笑了笑说：跟女儿说过多次了，她就是不听，不如让她体验一下，使她早点明白，有些东西是不能碰的，否则，终有一天，她会瞒着我，张

21

开双臂去抱它，那时候想去拉也来不及了。原来，这位母亲的"狠心"，是让孩子早早懂得，那些充满诱惑的东西，往往潜伏着危险。

想起电视片《动物世界》里的镜头：一只幼狮对刺猬很感兴趣，便张嘴去咬，而母狮趴在一旁视而不见。当幼狮被刺猬扎得嗷嗷大叫时，母狮才过来赶走刺猬。其实，在幼狮挑逗刺猬时，母狮完全可以把幼狮叼走。但母狮没有这样做，而是放手让幼狮体验，让它在体验中积累经验，以便尽早适应环境，独自生存。

人生的经验大多不是来自书本，而是来自实践、亲身体验。家长对孩子"这不能碰那不能惹"的约束，远不如让孩子亲身体验令其信服；家长对孩子千遍万遍的理论说教，远不如放手让孩子摔一次小小的跟头印象深刻。因为摔过跤，孩子会记住身上的伤疤，今后的人生之旅才会走得更加平安、踏实而坚定。要是小时候的道路走得太平坦，当他们长大了再"摔跤"，往往会造成严重"骨折"，想爬起来就十分困难了。体验比说教重要。在人生早春的道路上，有些"弯路"非走不可。

智慧地让孩子"大"一点，家长"小"一点

俊俊的女儿今年五岁多，天真可爱，但活泼有余文静不足。俊俊常常像给学生上课一般给她讲一些为人处事之道，让她养成良好的生活习惯。她家的住宅小区临近马路，孩子也喜欢和小伙伴们在路边玩耍，或到马路对面的超市去买东西。因此孩子在外的交通安全一直是她家里人常挂于心的事情。

孩子上幼儿园了，有了一定的学习能力，于是常给孩子灌输一些交通安全方面的知识。有时一家人出去散步的时候，也因地制宜地给孩子讲一些交通知识，可总觉得话语是那么的空洞和无力。有一次过马路去超市，孩子兴致勃勃，拉着她和孩子爸的手一个劲地朝前，到了马路边，她突然站定，"小大人"似地对他们说："今天我带你们过马路！"于是她牵着两个大人的手，一边机警地向路两边张望，"老师说了，红灯停，绿灯行，

黄灯等一等。""可这儿没有红绿灯呀！""过马路，左右看，不在路上跑和玩。"她又摇头晃脑地一边说着，一边左右张望，见没有车辆，赶紧拉着她父母的手一路小跑着过去。

后来，每次一家人去超市，俊俊总会伸出一根手指头，"铃儿，来！领我们过马路"。五岁的孩子有了独立意识，而且越发强烈，乐于自己做事，对于这样的"请求"，她满心欢喜，乐此不疲。因此，生活中俊俊他们夫妻俩常常有意让孩子"大"起来，让自己"小"一些，"你教爸爸这个字怎么念？""你教妈妈背一背那首唐诗吧，我老记不住。""哎哟！爸爸手指被开水烫了，你看怎么办？"总适时营造出许多生活中遇到的困难。她会声情并茂地背起这首诗，有时越背越多；她会一遍遍念着这个字，直到你读准为止（故意"刁难"她）；她会像个小医生包扎着……

把孩子看作独立自主、有创造力的人，"智慧"适时地放手，会取得意想不到的效果。

粗放细教，适当伸手

有一次，学校安排笔者带六年级十几个孩子参加为期 5 天的冬令营活动。根据以往带学生的经验、教训和学生的愿望，连笔者共 16 个人，平均分成了 3 组，每 5 个人为一小组，根据学生的要求，每个小组每天一个"部门经理"，还有一个"总经理助理"即十几人组的大组长，负责汇总和全面管理，笔者被编排在第三小组。

冬令营的第一天就先分好组并提出了具体要求，做到：每离开一个宾馆，负责检查房间里有没有落下的物品，晚上是不是按时上床睡觉，每离开一个景点检查人数，做到人身和财产都安全，包括老师"我"，最后向总经理助理汇报，总经理助理向总经理（老师）和学校负责人汇报。同学们十分喜欢这样的安排。

分完组后孩子们立即互相要了联系号码，特别是同一个组的同学。第一天下来，我们一起开会，汇报、总结一天成功和失败的经验教训；第二

天迅速改进；第三天完全正常。笔者可"舒服"了，成了孩子们的照顾对象啦！一次，笔者稍许迟了一点，"部门经理"和"总经理助理"先后打来了催促电话。笔者三步并做两步地赶过去，孩子们全都到了，笔者不好意思地做了检讨和保证。为期5天的冬令营很快就结束了，我们全组在整个活动过程中无任何差错，动作迅速、井井有条、集体凝聚力强，学生间配合默契。当时，笔者的第一个想法就是：千万别小看这帮小毛孩，可厉害着呢，就是我们老不放心，该放手时不敢放手啊。

这样做，从老师方面来说，认识孩子的管理能力，在这个基础上相信孩子、放手让孩子去管理，但老师不是不问，而是一种教育的大智慧。事前的分组、要求、目标，随后的不断观察、目标考量，比如说第一天结束后的开会、总结、改进，第三天老师的"迟到"。从孩子方面讲，这样做激发了孩子的主观能动性，满足了孩子被重视、被关注、自我实现等愿望。因此，孩子在冬令营活动中有着另外一份满足、一份成功、一份收获，孩子们反映非常有幸福感。有一个从没有当过学生干部的孩子，非常喜悦地打电话告诉他的父母说："我过了把干部瘾，当了一回部门经理啦！"而这一切不但要有放手的理念，还要看家长、老师"不管"的度和方法，这往往决定了放手教育的效果的优劣。

沟通是真爱，善于沟通的孩子有出息

孩子的身上蕴藏着巨大的生活、学习的能量，需要我们认识、沟通和引发。家长、老师怎样与孩子沟通是决定教育效果好坏的关键。

◎ 身边故事

"子鼠"、"丑牛"、"寅虎"、"卯兔"……这些词，别说孩子没见过，就

连笔者这个当老师的也只是在算命先生的口中听过，充其量有个模糊的认识吧。孩子怎么把这一连串拗口的毫不相干的词儿给背下来呢？"老师我有一个好办法"，学生小诸葛小桐举起了手说道，你看看啊："'子鼠'——老鼠的儿子；'丑牛'——长得很丑的牛；老虎是兽中之王，攻击其他动物常赢——'寅虎'；'卯兔'——兔子毛长；'辰龙'，大演员，'巳蛇'——四条蛇；'午马'——五匹马……"真没想到，他竟把这些枯燥的词用谐音或扩词的办法变得生动而有趣。一石激起千层浪，同学们纷纷举起了手。小杰说："老师，我把'申猴—酉鸡—戌狗—亥猪'串联成一段话：孙猴子家有一只鸡，还有一只虚弱的狗和一头害羞的猪。"就这样孩子们用他们自己的方法，没费多少力气便会背十二生肖和十二时辰了。

看看全班同学兴奋的眼神，看着孩子们在相互交流、平等对话、相互启发的过程中毫不费力地掌握知识，笔者心中充满了兴奋。我们的孩子能量巨大，有时超越了我们的想象。想必好多家长看过2013年最美孝心少年的感人故事吧？在被他们一个个的事迹深深感动之际，令人震撼的不只是"孝"的伟大，也看到了孩子们身上蕴藏的巨大正能量。只是我们的家庭教育如何能唤醒孩子的潜能？这已经是摆在我们面前，需要解决的迫在眉睫的问题。我们首先看看未来社会需要什么样的人。

◎ 你知道吗

社会的发展说到底是人的发展，这就决定着我们今天的教育，在很大程度上来说就是要回答今后二三十年社会发展需要什么样的人和培养什么人的问题。今后一段历史时期内的社会需要的人，主要有以下几个方面的特征：

通专结合的复合型人才

从社会生产来看，传统产业是单一型的，所需人才也是掌握一门专业知识的单一型人才，而未来产业由于渗透着高信息和高科技成分，产业结

构及其内涵都发生变化，向着综合化、智能化方向发展。产业结构内涵的变化，对人才素质提出了新要求，可以说，21世纪的高科技产品无一不是科学与技术、多学科综合应用的结果。未来人才不仅应精通所修学科的专业知识，还必须十分熟悉其他相关学科知识，外围知识相当广博。基础理论扎实，既掌握自然科学又涉猎社会科学，知识广泛交叉渗透，是一个受过通专结合教育的复合型人才。

具有开拓精神的创造型人才

21世纪是充满发展、变化和机遇，极具活力的世纪，能推动这个新世纪前进的人才，不仅要有学习、储存新知识的能力和迅速适应社会职业转换的能力，更重要的是要有开拓精神和创造能力，即创新。未来人才的创新意识、创新素质需要专门培养，为此，必须转变传统教育为创新教育。创造具有多方面的涵义和多层次性，21世纪需要的创造型人才，是具有开拓精神的高层次的创造型人才。

一专多能的应用型人才

社会对人才需求的规格和素质要求是多种多样的，先天差异和后天环境的不同对人才所造成的影响也是不同的。社会既需要理论型人才，也需要应用型人才，而且上手快、动手能力强的应用型人才更为社会所欢迎。随着我国社会主义市场经济体制的逐步完善，新兴产业不断涌现，各部门对高素质的应用型人才大量需求，当然，未来应用型人才规格要高：一是掌握的基础理论知识比较专比较深；二是具有在专业领域内多方面的技能；三是具有运用专业知识和专门技能去解决生产中的重大问题的能力；四是在实验、工艺、开发等方面具有很强的创新能力。这种四位一体的高素质的应用型人才是未来产业开发的中坚力量，是我国教育人才培养目标模式的主流。

良好的心理素质与身体素质

未来人才应具有的主要心理素质是指热情、自信、有坚强的意志力和

有个性、有主见、有较强的自控力，不为时势所动，具有良好的人格、良好的情绪，建立良好的人际关系，全面发展的个性是其中的核心；未来的社会对人的身体素质有极高的要求，没有良好的身体素质，必然不能适应未来的激烈竞争。

综合素质必不可少

素质包括知识素质、能力素质、综合素质，它不是反映在某一个或某两个方面，而是全方位的综合问题。21世纪的人才应具有较高的综合素质，综合素质是知识、能力的核心，它代表着人的内化并相对稳定的品质；综合素质教育更要强调知识的传授与学习，因为知识是一切能力、综合素质的基础和载体，离开了一定的知识和能力就谈不上人的综合素质；能力是知识和综合素质的外在表现和体现，知识和综合素质是通过各种各样的能力表现出来并体现其社会价值的，因此，综合素质很重要。有知识、有能力，绝不等于有高综合素质，如利用高新科技犯罪、谋取不义之财的人可谓知识、能力俱佳，但是无论如何都不会成为人们传颂的榜样，他们不能称之为有高素质的人；反过来，要有高素质，一定要有渊博的知识和很强的能力。综合素质是经过千锤百炼、日积月累而形成的，长期起决定性能量作用的是内因，它是知识与能力的定向器、放大器，高科技呼唤高素质。

总之，随着高新技术的广泛运用，随着世界政治多极化、经济全球化、社会信息化的深入发展，各国形成你中有我、我中有你、安危与共，谁也离不开谁的"命运共同体"的"地球村"的时候，未来社会对人才的需求冲击着我们的家庭教育理念、培养模式，迫使现有的教育最终朝着会沟通、能合作、有责任、有主见、会学习、有创新，满足人的内心需求，健全人格的教育方向发展，一种新型的教育思想、教育模式、教育态度——沟通教育，即将带着喜盈盈的面孔呼之欲出，必将受到所有人的认可和欢迎。

◎ 这样沟通好

家教就这么简单

在一列开往西北方向的火车上，一位作家问一位农民："您把两个孩子都送进了重点大学，请问有没有什么绝招啊？"农民的回答出人意料："其实也没啥绝招——我只不过是让孩子教我罢了！"

原来，这位农民小时候家里穷，没念过什么书，自然也就无法辅导孩子学习了，但他又不能由着孩子瞎混，于是就想出一个办法——每天孩子放学回家后，他就让孩子把老师讲的内容给自己讲一遍；然后孩子做作业，他自己也跟着在旁边做作业，弄不懂的地方就问孩子，如果孩子也弄不懂，就让孩子第二天去问老师。这样一来，孩子既当学生又当"先生"，学习的劲头甭提多大了！哪怕是别的孩子在外面玩得热火朝天，他的孩子也不为所动。就这样，孩子的学习成绩从小学到高中一路攀升，直到考上重点大学……

读完这则故事，我不禁对这位农民肃然起敬。也许在他看来，"教育孩子，就这么简单"，"根本谈不上是什么绝招"。但我却以为，这些看似"简单"而人人皆能为之的做法，却蕴藏着家长无比智慧的内涵。

家教是一种沟通

尽管这位农民自己没什么文化，但并不妨碍他以另一种方式去进行家庭教育，这种教育方式就是建设浓厚的家庭学习氛围。有一句话说得好："言教不如身教，身教不如境教"，这里的境就是指这种潜在的不可忽视的家庭学习氛围。这里没有语言渲染，有的只是近乎"文盲"的他，不顾农活之累，还积极参与到孩子的学习中去。"求知若渴，没有做作；相互学习，共同提高"。家长的这种行为营造了积极的学习氛围，这种学习的气氛无形之中、悄无声息地、时时刻刻与孩子产生着不中断的思想沟通，默默地在孩子的体内不停地产生着神奇的教育力量。这种方式是用"行动"、

用"境"与孩子沟通的方式。相反，我们有些父母以忙为借口，很少过问孩子的学习，但一到孩子考试成绩出来就向其索要结果，这种"只问结果不问过程"的做法在今天的家庭教育中相当普遍。还有一种家庭教育的做法就是父母全程"陪读"，这应该是极其关心孩子了吧？殊不知，这种"关心"在孩子看来，却是监督大于关爱，多少有些芒刺在背的感觉。这也是一种与孩子不中断的沟通的"行动"、"境"，但与这位农民和孩子共同体验学习乐趣的"境"是有本质区别的，前者是怀着一颗放手的心态，相信孩子的能量，尊重孩子，以身体力行，"以身示范"，无形地与孩子的内心进行着沟通，以智慧地"小我"，激发孩子"大我"地做父亲的"老师"。

沟通不只是用口头语言，还可以用肢体语言

整个过程中孩子的自尊、成就感、被重视感等心理需求得到充分满足，因此，孩子的责任感、独立和敢于担当精神都被焕发出来，而这一切是得益于农民爸爸用肢体语言无声地、每天与孩子沟通，这是一只看不见的手，给了孩子最好的家教。相反，在今天有些家庭里，父母这边电视声、扑克麻将声不绝于耳，那边却吼着、逼着孩子要好好读书、认真做作业！试想，孩子嘴上虽答应着，心里能不感到惶惑吗？言传不如身教，榜样的力量是无穷的，家长的行动就是最好的教育！特别让我们感动的是，该家长竟然跟孩子一块学、一块做作业。这不仅仅是教育方法，而是一种人格，这种人格力量会激起孩子内心无比强大的责任感，使他们觉得唯有努力学好才不会辜负父母的期望。同时，家长让孩子教自己，又会进一步强化这种责任心——"只有自己学透了、弄懂了，才能对得起父母的信任！"因此，孩子就会克服自身的惰性，全力以赴，全身心地投入学习。而且，孩子在教家长的同时也巩固了自己的学习所得，"教学相长"在孩子身上得到了体现，自然而然地他就会产生成就感，而这种成就感又会极大地增强孩子的自信心，激发孩子的学习兴趣。如此良性循环，一举多得。

贵在坚持

其实，农民父亲"家教"时可能没有这么多想法。正如其所言，"我只不过是让孩子教我罢了"，但关键是他"用心"去做了，并且一直坚持下来，因此才会发挥出巨大的力量。我们许多家长也许文化水平很高，也许自己就是家教方面的专家，但却不屑于此，或"三天打鱼，两天晒网"，其结果很可能会事与愿违。望子成龙、望女成凤本是天下所有父母的心愿，愿我们都能记住这样一句话："你可以不是天才，但你可以成为天才的父母！"

孩子身上蕴藏着无限的潜能，那我们怎样才能引发孩子用自己的正能量健康成长呢？这就需要我们家长既要用合适的方法很好地与孩子沟通，还要很好地与家长、老师、长辈等孩子接触到的人沟通。沟通的好坏直接影响孩子健康成长的质量，那个农民用了合适的方法与孩子沟通。这种方法对他来说是适合的，这是因为他近乎文盲，所以他让孩子教他学习；因为他不善用语言表达，所以他用行动；而且是长期坚持去做。这是农民家长在了解自己、读懂孩子的基础上采用的两者都能接受的方法，故这就是最适合他们的方法。因此他的孩子如愿考上了重点大学，他也有收获，并且还收获了一份浓浓的父子亲情。这是沟通教育要探讨的问题。

成功家长是沟通高手

教育即沟通，沟通即教育。沟通教育过程是借助语言或肢体语言进行信息交流和情感体验的活生生的互动过程，是双方或多方的活动过程。

◎ 身边故事

笔者曾利用开家长会的机会，请家长做一个简单的手工。事先在每个

人的桌上都放有一张白纸，请大家把这张白纸对折三次，大家不要互相交流、相互帮助，各自独立完成，折好后再撕掉左上角，然后旋转 90 度，再撕去右上角，大家做完后，再请展开。在折纸过程中，有的家长问："老师怎么折？是顺时针？还是逆时针？""对折三次是先横后竖，还是先竖后横？""还是……?"老师都一一回避不予回答，就是按照自己的理解去做。结果绝大多数人的作品是不相同的。

这是一个沟通过程，也是一个教育过程。这个过程对家长而言，指令很简单，没有什么难的，谁都会做，而结果是几乎没有相同的。这是因为在做的过程中，不同的人对要求和指令的理解不同，比如是横着折还是竖着折？旋转时是顺时针还是逆时针？撕掉的角应该有多大范围？都会出现理解的偏差、最终结果的异样。

◎ 你知道吗

教育即沟通

上面折纸的这个过程也是沟通，是一种单向的沟通，单向沟通最容易带来的是信息的误差，最终导致的结果就跟信息发布者想象中的不一样。这让我联想到了：我国一些大城市一对一的辅导，现在的价格是每小时二三百元，家长为什么却趋之若鹜呢？我想，那就是一对一的辅导好，信息的传递是交互式的，允许发问、允许对信息提供者的指令质疑，命令不是单向的而是交互的，信息在传递的过程中发生偏差、发生的误差被及时反馈、修正，孩子得到的信息很准确，理解起来没有偏差、效果好，所以互动沟通的教育是有效的教育。

教育是以语言为媒介进行的两个经验视界的对话，简言之教育即沟通，就是教育即对话。通过对话增进认识、理解，其实在理解的过程中就自然地增进彼此的进步。这就是一种有效的学习，平时我们老师的填鸭式教学方式很多都是无效教育，缺少了双方的互动，孩子这边听了那边就忘了。

"沟通"就是指交往中的双方在共同的活动中，彼此交流各种观念、思想、兴趣、情绪、感情、定向等。沟通一般是在两个或若干人中进行的；沟通是一种过程，以发出刺激为开头，以产生反应为结果，没有反应和结果不算沟通；沟通是一种互动，没有沟通者的传递活动，就不会产生沟通效果。"沟"的行为方式是与"通"的效果的连续体和结合体。"沟"是信息发出者已包含了某种动机的行为和方式，可以是单向的，也可以是双向或多向的；"通"是理解、通识、通情、通义、通性，表明接受者的意义理解、建构和双方目的的达成。有"沟"不一定有"通"，但有"通"必有"沟"。

没有沟通就没有教育

我们的教育要想有效就是要激起双方或多方的互动沟通，否则教育就是单方的，也是无效的或者是失败的。一个初三的女生曾经给她的老师写了封求助信，信上是这样写的：

我的家，有爸爸妈妈还有我。看似一个非常和睦的地方，可我却非常不幸福，在这个家里最让我不能容忍的是我的爸爸，可以说我很鄙视他，也很恨他。他总是自以为是，认为自己什么都对，对别人指手画脚，动不动就对别人发脾气，他不懂得如何去当父亲，这么多年下来，我也不知道什么是父爱。曾不止一次地试图与他沟通，也曾想用自己的行为感化他，可不但没有任何改变，还动手打我，我只是偷偷地羡慕别人有一个好父亲，能够倾诉和分享。我很想哭，可是我哭不出来，我恨不得随身带一把刀，等哪一天我忍不住了真恨不得杀了他，可是他是我的父亲，所以我学会去避开他，不去和他说话，现在我连看都不想看他一眼，我甚至都想过轻生。他可能还不知道我很烦他，天天把在日常生活中的一些小错误，搬出来责怪了一遍又一遍。我好鄙视他、恨他，我真恨不得和他脱离父女关系，永远离开那个神经病！

还有一个初一女生在论坛里这样求助：我好反感我的妈妈，有时候我

会怀疑我是不是她的亲生女？每次我回家的时候，她总是唠叨不停，而且还会莫名其妙地骂我，我要买衣服，她不让我自己买，和我一起去逛街又不许我自己挑选衣物，在大街上还指着我的鼻子大骂。我好难过，为什么她不像别的妈妈那么温和、那么可亲。我本来对学习还是充满希望的，但是她每次都泼我冷水，还爱拿我跟别的同学一起比较，我越发对学习冷淡了！哎，我该用什么心态面对我妈妈啊？

身边王女士找到我，诉说了孩子的状况：孩子由姥姥带到五岁后回到父母身边，与父母的关系一直不很融洽。初一初二年级时在班级里成绩中上等，50人排十六七位，现在排在最后。孩子的现状：拒绝与家长交流；经常离家出走、旷课、偷钱、吸烟、打架。交流中明显地感到家长对孩子的教育就是挖苦、打骂。

这几个案例具有一定的代表性，反映了现在不少家长与孩子的沟通存在障碍。您可能是一位成功的企业家，是行业首领；或许您在单位可以呼风唤雨，指挥着千军万马；您也许为人师表，是一个优秀的教师……可您不一定是一位合格的父母，不一定会与孩子进行"心与心"的交流，不一定会平等、自然、和谐地与孩子进行沟通，甚至面对孩子的问题，束手无策、头痛不已。教育是一项以生命影响生命的事业。如果父母与孩子说话说不到一块，您说您的，他想他的，怎么谈得上有效的教育呢？父母和孩子的沟通是家庭教育的基础，孩子和父母之间的沟通是亲子的互动过程，表现在需要的协调、情感的共鸣、性格的相容、精神的交汇等方面。没有亲子间的沟通就没有教育。

成功家长是沟通高手

有一项调查说：80%的家长认为自己爱孩子，可是只有30%的孩子认同，大多数孩子却觉得父母讨厌，对父母情感冷淡。那么问题出在哪里了？通过调查说明问题出在了家长与孩子的沟通上，在父母与孩子的沟通时间上，7%的孩子没有家长直接关心，25%的孩子与家长相处时间少，在

沟通的内容上，家长指导孩子学习的占 70%。家长与孩子的沟通在时间上、内容上和方法上都存在着问题，深爱孩子的父母并没有让孩子感受到父母的爱，所以要想改变目前的这种状况，家长一定要从学会与孩子沟通做起，走进孩子的心灵，否则教育无从谈起。

沟通教育满足人的心理需求

沟通教育一定是双方互动的对话活动过程，它不仅是信息交流过程，更是情感体验的互动过程。在沟通教育中，它能搭建更大的交流平台并通过互动沟通的情景，让孩子在真正平等的关系中满足与人交流、与人分享、被尊重、被关注等基本心理需求，在互动的过程中展现自我，展示自己的价值和能力，满足被理解、被认可、自我实现的心理需求。当某种或某几种需求得到满足时，心情自然会感到愉悦，因为心情愉悦体内就会不断产生积极向上、努力学习的正能量，驱动自己选择受教育行为，形成良性循环，不断产生愉快体验，体内的正能量越聚越多，从而积极主动地投入学习。体验学习的成就感和学习生活的乐趣，激发人的个性和生活的超越力。沟通教育的影响力是多方面的，与其他教育相比，它赋予了教育活动伦理化和人道化，能促进受教育者心理的保健、道德智慧的形成、情感体验的升华、人格的健全、社会适应性的增强等方面，促进受教育者全面、健康地成长，而这种教育过程本身和结果会使受教育者本人和他人以及社会受益，因而感觉这样的教育生活是幸福而完美的。

◎ 这样沟通好

要多倾听

家长要让孩子把想说的话都倾吐出来，不单明了孩子说话表面的意思，也要探索孩子说话背后所传出的深层次内涵，并给予适度赞赏。

平等民主

把孩子当作朋友，放下家长的架子，多采用探讨的方式沟通。给孩子

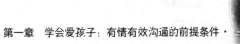

有发泄情绪与谈论感受的机会，积极倾听孩子的需要。

真诚相待

沟通中要尊重孩子的人权和隐私权，对孩子不搞死逼硬问，要承诺永保孩子的隐私；不讽刺、嘲笑、训斥孩子，否则会导致孩子对你的不信任或由此而拒绝沟通。

态度平和

家长要把与孩子的交流看作是生活的乐趣，而不是一种负担。与孩子交流之前，在心态上，应该是一个放松的、乐意交流的心态，在头脑中闪现孩子的"可爱"，比如孩子玩耍的模样、滑稽的怪相；想象你与孩子在一起的欢乐时光。相信这些"想象"足以给您好心态。家长答复孩子提出的问题时，要尽量做到热心、温和，要有积极、平和的态度。

内容具体

忌空话、大话。

语言完整

有一位家长对孩子说："盆在那边！"意思是要叫孩子把盆拿过来。但是他没把下面那句话说出来。孩子还在写自己的作业，家长呵斥道："干什么呢，还不快给我拿过来！"这位家长并未完整地表达自己的意思，却责怪孩子没有听懂。他认为孩子应该明白他的意思。其实只要多加一句话，就能把意思说清楚。对孩子讲话一定要完整地表达自己的意思，这样可以减少许多矛盾。

讲究技巧

家长要先考虑说话的效果怎样更好，不能不思考、不讲时间、不讲场合，拿过来就说，否则会把事情弄糟。

留有空白

当家长和孩子为一点小事僵持不下时，不妨留点空间给孩子，留一点时间给自己，考虑一下再交流。

肢体语言

在人与人之间的沟通中，人的肢体语言占据较重要的地位，身体语言是最好的沟通工具。一般而言，孩子在表达感情时，特别偏爱身体语言。因此，你不妨用一个眼神、一个动作、一个亲热的吻……或者是会心一笑、眼睛一亮、拉拉手、点点头……来交流，彼此达到心灵上的默契。

心理换位

当双方出现矛盾时，应该先放下成见，站在对方的立场想一想，这样沟通才能顺利进行。

避免比较

在调查中发现每个孩子都痛恨拿自己和别人比。应该用发展的眼光去看待孩子，把孩子的过去和现在进行纵向参照，及时肯定孩子在任何方面哪怕再小再细微的成功和进步，让他产生自己能行的信心，并不断充实、壮大这种信念。家长要少用、慎用横向比较。

传递正能量

父母的赞赏可使孩子建立自信。孩子需要成人指导，特别是正面启发，正面启发有利于建立正确的价值观。

与时俱进

家长要不断学习，力争赶上时代步伐，这样便有利于沟通。

情前理后

家长还要善于参与孩子喜欢的活动，在感觉有共同爱好的情况下进行沟通效果比较好，即关系融洽在前，然后再沟通。

灵活多变

对于不同的孩子，在不同的时间，不同的心理状态下，应该使用不同的沟通方法。良好的亲子沟通可以让家庭和谐，提升生活品质。

第二章

读懂孩子需求，沟通顺畅的
第一部曲

古时候有这样一个故事：一位新媳妇刚嫁到婆家，为了跟婆婆友好相处，她先问问小姑子喜欢吃什么，试试小姑子的口味。因为小姑子跟婆婆生活在一起，她从小姑子的喜好就知道婆婆的需求，这是她与婆婆建立良好人际关系的基础。教育又何尝不是这样呢？要想教育孩子，我们需要先从孩子的认知、性格、学习效率等方面，最广范围地读懂孩子的需求。然后从孩子的角度，绝不是从家长的角度，选择适合自己孩子的，而不是人云亦云的教育方式，这样的教育才可能有情而有效。

◎ 读懂认知：孩子的模仿行为要选择

◎ 读懂性格：不同性格，不同沟通

◎ 读懂思维反应：让"不聪明"的娃变"聪明"

◎ 读懂学习效率：好语言提高学习效率

◎ 读懂受教养方式：别让孩子把自己当局外人

读懂认知：孩子的模仿行为要选择

您知道您孩子的认知类型属于哪一种？您怎样与孩子沟通，教育效果会更好、更长远，甚至于对孩子一辈子都有裨益呢？

◎ 身边故事

女孩彤彤 7 岁，今年上小学一年级，刚上了十天学，放学后就要拉着妈妈到超市里，帮她买小孩用的唇膏和指甲油，妈妈问："你买唇膏和指甲油干什么呀？""好看啊，我前排坐的王敏就是这样的，她很好看哦，下课后小朋友们都围着她，说她好看，我也要人家这样对我。"妈妈说："小孩这样不好看，不买。"说完不管女儿怎么哭闹，就硬是把孩子拽回家了。

没过几天彤彤又出现了另外一件事情：这是一个星期三的早晨，到了上学时间，不管父母如何叫她起床上学，可怎么都"叫不醒她"。但父母前脚刚出门，后脚孩子就起床了，然后脸也不洗，就到书桌前拿出画笔，一边哼着小曲儿一边画着画，一会儿又蹦上跳下。奶奶问她怎么不上学，她说"当时不知道醒"。奶奶说要送她上学，她立即又说"头疼"，奶奶没

有办法，只好让孩子在家待着，可从早到晚再也没提过"头疼"的事。孩子父母一下班回到家里，奶奶把孩子的情况告诉了他们。经过交流，原来是孩子上一年级刚学汉语拼音，有点不太会，那天又要考试。前两天班上就有孩子不想上学，跟老师请假说"头疼"，于是彤彤就学着这样做了。

面对孩子不正确的模仿要求，家长传统的做法就是简单地对孩子说"不买"、"不行"、"不好"等"不"字语。在父母面前，孩子是弱势的。当父母一味地说"不"的时候，有没有考虑孩子内心的感受和孩子的成长呢？如果家长利用这个机会，"友好"地、理性地对待买唇膏、指甲油和"不知道醒"、"头疼"之事，让孩子明白小孩用唇膏、指甲油的危害，在家不上学的弊端。相信，孩子慢慢就会形成模仿要有选择的意识了，这有利于提高孩子辨别是非的能力。

◎ **你知道吗**

模仿有好坏

不论是指甲油、唇膏还是"不知道醒"、"头疼"不上学，都是因为受了其他小朋友的影响。这标志着孩子成长的一个特征就是他发现自我与他人之间的区别，然后有意识地模仿，这是社会化的开端，因为模仿意味着分享、交流，他不但模仿别人，也期望别人模仿自己，他们对好的和不好的东西的吸收力是一样的。但由于小孩是非观念差，他们对人的行为和语言的模仿是无选择性的，有些孩子就是在模仿中学坏的。

认知类型有不同

按孩子认知的不同特点，可以分为：认知型、模仿型、逆思型、开放型四种。认知型类型的孩子，需要以理服人，需要真诚地以朋友的平等方式来沟通。模仿型的孩子，其模仿能力很强，不论好坏，只要他感觉好玩或有兴趣的事物，一律都学过来。逆思型的孩子，其思维方式与常人不同，常常从我们意想不到的角度考虑问题，常让家长、老师觉得头痛的

40

"爱找麻烦"。虽然孩子的一些行为与常人不同，但他却拥有很强的创新能力，具有发明家的潜力。本类型的孩子与我们常人看事物的角度不同，不代表孩子的见解、行为有错。开放型的孩子，其拥有开放的思维以及吸收信息量大的能力，像海绵吸水一般。

◎ 这样沟通好

类型不同，方法各异

孩子的认知类型不同，其内心需求亦不一样，与他们沟通的方法也有差异。

对认知型的孩子，沟通时需要用探讨、征求的语气说出来：

"孩子，我觉得这件事这样做会不会更好一点？"

"我觉得这样做更合适，你觉得怎么样？"

"能说说你自己的想法吗？"孩子因自己的想法得到尊重而感觉快乐，催生接受你的建议、乐于与你沟通、主动思考、解决问题的正能量。当他们犯错时，由于他们大多内省能力比较强，与他们沟通可以先诉情："你这样做，我很难过，很伤心。"孩子看到我们不开心而没有责怪他时，就会自我反省所做的事，而且犯错后抗拒的负能量也会相应下降，抵触的负面能量会减少或没有，接下来的说理就会很顺利，孩子一般不会再狡辩了，可以避免亲子或师生之间发生冲突。

说理时语言一定注意不能用"我说什么就是什么！""我说这样做就这么做，你怎么这么笨，这么不听话……"之类的"你的讯息"，经常说一些"你这样做，我怎样……"之类的话，孩子不但会比较容易接受，而且乐于纠错。孩子遇到挫折时，要及时鼓励，而不是嘲讽，多说"你现在做得已经很好了，我像你这么大的时候还不如你呢！"千万不能打击孩子的积极性，否则不利于孩子尽快从受挫的负面情绪中走出来，缺失克服困难的勇气，容易养成懦弱的负面性格。与这类孩子沟通时，平等、尊重的态

度、方式十分有必要。

对逆思型的孩子，与他们沟通时一定要耐着性子，多询问孩子的想法，站在孩子的角度给予理解、引导，切忌不尊重孩子的意见，强迫孩子顺从大人的意思……对策：以激将法刺激孩子向相反方向做：

"你不做这件事，不是因为你不想做，而是因为你根本做不到"，还可与孩子沟通，共同协商：

"看看你能不能想个更好的解决方法？"

"想想看，我们还有什么更好的方法呢？"制定合理的管理奖励办法，以激发孩子内部的同理心和凝聚力。

与开放型的孩子沟通时，信息量可以很大，孩子可以看各类书，学习各类知识，不要担忧孩子太小而会疲劳，正常情况下孩子都会很轻松地内化、吸收。他们可以提前学习，也可以加深学习的难度。体现出来的是学习内容的广度与别人不同，深度有时也与其他孩子不一样，有的是两者兼顾，而且都学得不错，也不会感到吃力。他们从小对各类事物的接受能力就很强（0~10岁是孩子最关键期，此阶段对孩子的培养意义特别重大）。这类孩子有的是主动学习，有的是被动学习。如果是被动型，则需要老师、家长通过与他们沟通，如：

"我们一起来商量制定一个学习计划吧？"

"我觉得你能管理好自己，只是我们需要进一步明确一下什么时间段做什么事情，你觉得呢？"

"你的方法很好，只是现在不适用。"共同协商制定在具体的时间里，包括有学习内容、生活内容的作息时间兼学习计划，然后适当督促、执行，一对一辅导效果更好。如果你不满足这类孩子学习中所需要的深度和广度，那么孩子的潜能就会被浪费，反之，孩子的许多智能、技能都会有长足的发展。

帮助分清好坏

无论是指甲油、唇膏还是"不知道醒"、"头疼"，都是孩子模仿的结果。家长与这类孩子沟通时，不只是说"不"，更重要的是及早告诉孩子什么是正确的、该学的，什么是不好的、不该学的。帮助孩子澄清是非，防止其被负能量所控，做出非理性的行为；同时要帮助孩子慎重选择玩伴，避免受到负面能量的蛊惑；作为父母一定要以身作则，不要在孩子面前有不良的表现，以免孩子产生消极行为。有时不妨要多问问孩子一些好的表现并鼓励、夸奖，还不妨故意引导孩子回忆自己或别的伙伴的一些好的表现，如：

"那次同学和老师表扬你什么来着？"

"你自己主动定学习计划、作息时间的事，我说给同学的家长听，他们都夸你好呢！"使孩子对好的事物加深印象，加强正能量的强化作用；多给孩子读一些伟人传记、历史典故以及寓言，给孩子树立榜样的作用，规范孩子的行为。孩子犯错误时，多说一些："这件事如果这样做……就好了"，让这类孩子在辨析自己错误，清楚知道以后怎么做的同时，改正错误。与他们沟通提供好的范例比指责重要。

记得儿子上小学六年级的时候，一次数学破例考了60多分。笔者看过试卷，有两道题答案没写到题目上去，还有两道应用题在列算式时儿子抄错数字了。在带他回家的路上，笔者没有讲过一句话，他一到家，自己换了一双拖鞋，还拿了一双给笔者换上。没等笔者开口，他从书包里拿出那张60多分的试卷，小脸上是一副犯错的样子，走到桌前，把试卷整齐地摊在桌上。笔者什么也没有说，就工工整整地写上了个"阅"字，然后让儿子叠好，放进书包里。

整个过程我们都没有说一句话，只是用肢体语言交流着，儿子也试着想从笔者的眼神里解读笔者此刻想说的心里话，笔者故意避开了。后来笔者和儿子在回忆这件事时，他非常感谢笔者没有责备他，但比责备了还难

受。可从那以后，他说他时常在心中提醒自己要小心答题，做题目后要尽可能地多检查。

这是一个认知型的孩子，家长在与他沟通时，采取了适合该类型孩子的沟通方法，给了孩子更多内省的时间和空间，所以取得了长效的教育效果。可见，在我们与孩子沟通之前，了解孩子的认知类型，采取合适的沟通方法，效果就会更好、更长效。

读懂性格：不同性格，不同沟通

对于不同性格的孩子，我们沟通的方法是不同的。您的孩子是什么性格？那您怎么与孩子沟通合适呢？但愿能给您一些启示。

◎ 身边故事

一封男生给网校老师的求助信：我是一个双重性格的人，在家中，我比较内向、沉静少言，在外边或学校中，我是一个外向、开朗的孩子。之所以有这样的表现，因为我爸从小对我就特别的严厉，直到现在依然如此，他是一个说变脸就变脸的人，他会在前一秒还说得好好的，后一秒突然之间就劈头盖脸地训我一顿，让人捉摸不透。今天夜里我爸又对我实行了家庭暴力，这是他对我无数次的又一次暴力实施，现在我的膝盖开始发肿、发痛了，尽管他是为了我好，但暴力的实施却让我增添抵抗他的力量，让我恨他。我非常喜欢音乐和法律，曾梦想有一天能成为一名音乐家或一名律师。我希望继续上学，但不希望留级。我的想法是暑假补课，英语、数学一定努力补上去，等开学之后上初三，在以后的日子里自己一定用心去学，保证会取得一定的成绩。可我爸非让我从初一重新上，且不说我 1.78 米的个子，光是同学们异样的目光我想自己都很难承受，来自老师

和社会人的嘲笑，让我根本无法做到心静如水地学习。我不希望就这么辍学了，就算在家种地也应该多学点知识。可是，我不想留级，因为我不知道怎么承受那种种因素，但我爸给我唯一的选择就是重新开始，否则我将面对的是难以想象的后果，他将从此不再管我的死活，以后我将和他没有任何关系，他会把我赶出家门，脱离现在的生活。我曾试想外出打工，可外出打工总不是个办法，不是我不想上学，而是不想留级，如果再给我一次机会，我一定会努力，人往往在失去之后才懂得珍惜，倘若再给我一次机会，我想一定会倍加珍惜，可是我爸的态度坚决，我该怎么做？如果不按他的意思做，他连让我在家种地的机会都不给我，这不是意味着要把我扫地出门吗？可是我怎样才能做到心无杂念地去留级呢？

　　父子俩的性格不同，他们之间的沟通产生了障碍，这种现象带有普遍性。从男孩的处世态度来看，该孩子的性格是以活泼外向型为主，他渴望沟通和父亲的理解、支持，如果是内向为主，那孩子写求助信的可能就不大。问题主要在父亲的身上，父亲的原因，除了性格偏胆汁质因素外，还可能存在认识问题，认为对孩子只有打、骂、板着一个"要债的脸"，孩子就会因为害怕而好好学习。如果父亲改变一下教育的态度，主动与孩子沟通，或者孩子请第三者出面帮助沟通（这个孩子做了，发求助信），询问彼此内心的想法，教育效果定会不同，也会有比较好的解决办法。没有沟通又哪来的教育呢？

◎　你知道吗

　　性格是一个人在对现实的稳定的态度和习惯了的行为方式中表现出来的人格特征，它表现一个人的品德，受人的价值观、人生观、世界观的影响。性格是在社会生活中逐渐形成的，同时也受个体的生物学因素的影响。与本性有着本质的区别：性格是后天所形成的，比如腼腆的性格、暴躁的性格、果断的性格和优柔寡断的性格等。本性是人天生所具有的，不

可改变的思维方式。本性是先天所形成的，比如自尊心、虚荣心、荣誉感等。人的本性包括求生的本性、懒惰的本性和不满足的本性。性格形成的因素很复杂和细碎，主要体现在以下三个方面：基因遗传因素、成长期发育因素以及社会环境的影响因素。可以说它既有来自本身的因素，同时也具备着相应的环境影响。所以性格是可以改变的，但是需要大量量变之后的质变作用。性格有差异，每个人都有不同的性格，所表现出来的对社会、集体、个人的态度都会有所区别，不可能找到两个完全相同性格的人。要想让受教育者心悦诚服地接受教育，需要做的不是软硬兼施（打、骂）、恐吓诈骗地去改变他们，而是更多地窥探他们的心理、性格，并因势利导，根据不同的性格而施行不同的沟通教育对策。

性格的类型以及典型表现有：

活泼型

行为表现：性格开朗乐观，爱交朋友，是天生的社交家；思维活跃，总有新主意；做事易受情绪干扰，较难专注学习；遇到困难容易失去信心，容易接受别人的意见和建议。

完美型

行为表现：做事认真，注重细节，讲究条理，坚持己见，善始善终；做事特别需要别人的认同，容易自我否定，也爱挑剔别人；注重达到老师的期望，倾向压制负面情绪，如伤心和愤怒。

平和型

行为表现：能够按部就班地行动，有耐心，有恒心；文静内向，不善言辞，较难表达感受，不懂控制情绪，会大发脾气；做事处之泰然，遇压力时有回避倾向，如拖延做作业；不喜欢与人争执，懒惰，马虎，得过且过；不喜欢也不擅长做决定；人际交往中显得不主动、不热情。

力量型

行为表现：行事大胆有自信，渴望独立自主，不爱被家长"摆布"；

维护朋友，是别人眼中的"义气仔女"；看问题全面，组织力强，行动迅速，解决问题不过夜；果敢坚持到底，因为过于强调结果，往往容易忽视细节，处理问题不够细致；喜欢控制别人，不会说对不起。

助人型

行为表现：强烈关心身边的人，总是尝试让老师觉得自己是"好帮手"；与人交往，喜欢采取别人喜欢的态度，如主动借出玩具；对老师的评语敏感、在意，看到家长对别人好时会妒忌。

成就型

行为表现：为得到赞赏和认同而努力追求个人的出色表现；对长辈的指示必定承诺；偏向冷漠对待别人的感情。

自我型

行为表现：不喜欢与朋友做相同的事情，讨厌服从长辈的指示；做事多从"感性"出发，容易因小事兴奋或伤心。

思想型

行为表现：沉默寡言，感情起伏较少；爱观察及问老师问题；喜欢汲取新知识，花较多时间看书和思考。

忠诚型

行为表现：多疑、畏缩、紧张，害怕尝试新事物；努力避免被批评或指责，服从如老师等权威人物；社交上较少突出自己。

通常孩子身上也不只是一种性格，有时会同时出现两种或两种以上不同性格，这就是复合型性格的人，例如：**活跃的外向型＝活泼＋力量**。行为表现：兼备活泼与力量的双重特性，是标准的外向型，喜动不喜静，容易取悦也容易发怒。但注意是哪类因子占主导，以区别对待。**内敛的内向型＝完美＋平和**。行为表现：兼备完美与平和的双重特性，是标准的内向型，喜静不喜动，感情不爱外露。注意是哪类因子比较占主导，以区别对待。**优秀的领导人＝力量＋完美**。行为表现：是另一类的互补性格，特别具

有领导能力, 既有力量型的执着又兼备完美型的细密。**易于接近的人=活泼+平和**。行为表现: 这种互补性格的孩子特别容易相处。**矛盾性格=活泼+完美或力量+平和**。行为表现: 活泼与完美是一对矛盾, 力量与平和又是一对矛盾。

◎ 这样沟通好

与各种不同类型的孩子沟通的侧重点也不同, 主要有:

活泼型对策

要特别注重毅力与责任感的培养, 做事力求有始有终, 否则可能会导致孩子在学习和事业上难有作为; 可引用创意学习法, 让孩子寓学习于一些有趣的活动上, 即使碰到困难也要完成。有时孩子会得意忘形, 要引导他们理解别人的感受, 与别人相处好。可以这样说:

"你有没有考虑别人的感受?"

"你应该学会为别人着想。"

"有点困难很正常, 挺一挺就过去了, 放弃了可惜啊。"

"这是约定好的事情, 你要遵守诺言。"

"如果你选择这个专业, 你可以坚持吗?"

"再坚持坚持, 你就要成功了。"

完美型对策

对这类孩子要给予充分的肯定与鼓励, 尊重孩子的看法, 同时引导孩子做多方面和多角度的观察, 避免做事缺少弹性; 鼓励孩子培养个人兴趣和幽默感; 并留意调整孩子的生活目标, 避免太大压力, 预防导致强迫症。可以这样说:

"我尊重你的想法, 但也要考虑这样做的后果。"

"这样做固然不错, 但要是……也好啊, 是不是?"

"适当幽默一下, 放松点。"

"找出这么好的解决办法，你一定动脑筋想了。"

"和朋友出去走走吧。"

"最近压力大吗？"

"这么多作业，你要合理安排啊！"

"妈妈没有想到这么好的方法，太谢谢你了！"

平和型对策

多给孩子创造交际的机会，如聚会、购物付款、问路之类的小事；鼓励他们学会展示自己的优势；适当赞赏，再辅助订立一些目标，让孩子有目标、有冲劲；鼓励孩子自己选择、自己决定，避免过分依赖，同时通过对话教他如何表达情绪。可以这样说：

"你可以节省 10 分钟出来。"

"你自己决定，你行的。"

"慢慢想，看是不是还有更好的解决办法。"

"去告诉小朋友，他这样做，你不喜欢！"

"静下心来，你肯定能想到解决方法。"

力量型对策

注重情绪控制的培养，性格比较逆反。以冷处理、软处理为主，对孩子保持忍耐，切忌"硬碰硬"，可多邀请他共同商议协定，以及给他一定的自主权，让他感到受尊重。可以这样说：

"爸爸相信你能判断清楚这件事情该不该做。"

"妈妈喜欢你，但妈妈不允许你这样做。"

"每天放学回家后写完作业再看电视，这是你答应过的事情啊。"

"不要慌张，要控制自己的情绪。"

助人型对策

注重教导孩子关心别人时也要善待自己，用合理的方式恰当地表达某种程度的愤怒和拒绝。可以这样说：

"有不懂的问题就去问老师，老师喜欢问问题的小朋友。"

"如果你感觉他伤害了你，你要他向你道歉，这也是对你们友情的考验。"

"不要太在意它……"

"你一定很生气吧！"

"这次确实是他不对，你可以……"

"把你的想法告诉他，请他注意些。"

成就型对策

这类孩子要重视情商的培养，训练认知自己的情感，能体谅他人，学习提升社交技巧。此外，可培养他享受绘画或音乐等以平衡生活。可以这样说：

"既然他已经承认错误了，你就原谅他好了。"

"我知道你很气愤，但是……"

"你们可以好好谈谈。"

"你真不应该回击他，请他注意些。"

"别难过，事情已经过去了。"

自我型对策

要避免过多干涉和保护，不要压抑他们的想象力和创造力，理性地沟通。可以这样说：

"我知道你很生气，但这并不是他一个人的错。"

"你能做到为他人着想，真不简单。"

"如果你感觉自己伤到他人，请立即向对方表示道歉。"

"爸爸很高兴你能这样想问题。"

"你认为你这样说对吗？你仔细思考过别人的感受吗？"

思想型对策

此类性格的孩子社交能力较弱，鼓励他们主动与人交往，及时肯定他

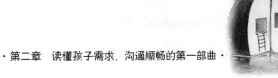

们的看法以提升其自信心。可以这样说：

"爸爸真高兴，你能自己做这些事情了。"

"要对自己有信心，爸爸妈妈会为你加油、喝彩的。"

"大人们都喜欢懂礼貌的孩子，主动……"

"你看那些小朋友在一起玩呢，你去跟他们一起玩吧。"

忠诚型对策

对认真的态度表示欣赏之余，要提示他们凡事放松一点，适当安排他们参与具有挑战性的活动，增强自信心。切忌做出批评，因为他们会记得一清二楚，而令自己过分紧张、失落。可以这样说：

"给自己积极的心理暗示，你是最棒的。"

"不用紧张，你可以尝试去做一做，相信自己能行。"

"你很棒，要对自己的实力有信心。"

"不是每个人都适合学艺术的，你明白吗?"

与复合型性格的孩子沟通时，要看他偏重哪种性格，哪种性格占主导，例如：**活跃的外向型=活泼+力量对策**：培养自省能力，让孩子学着体贴他人。可以让孩子学书画、乐器，怡情养性。**内敛的内向型=完美+平和对策**：培养人际交往能力，让孩子学着与他人沟通。可以让孩子学舞蹈、运动，增添激情与乐趣。**易于接近的人=活泼+平和对策**：多多引导善恶观念，增加孩子的自我保护意识。**优秀的领导人=力量+完美对策**：多让孩子学习体贴与忍耐，注意增加孩子的亲和力，以防自高自大，目空一切。**矛盾性格=活泼+完美或力量+平和对策**：注意观察孩子的性格倾向是外向的或是内向的。既内向又矛盾的性格要防范忧郁，既外向又矛盾的孩子就要防止乖张。

读懂思维反应：让"不聪明"的娃变"聪明"

通常我们会把孩子在课堂上思维反应快慢，作为衡量该孩子"聪明"与"不聪明"的标准。其实这是学习风格类型的差异。但我们怎样沟通，可以帮助孩子最大化地发挥自己的优势，弥补不足？这里给你支几招。

◎ 身边故事

一天，洋洋的妈妈找到了笔者，非常痛苦地对笔者说："我家洋洋很聪明，上课反应很快，但就是粗心，作业有错误，也比较乱，老师还说他有时站起来回答问题，没有喊到他时，手举得老高，老师喊到时，又说不出来或说着说着，发现不对，说不下去了，这么粗心怎么办呢？"

这种情况极其普遍，课堂上这样的孩子不胜枚举，年级越低表现越突出。这样的现象不能仅用"粗心"就说明了问题，更不能认为粗心就可以原谅，然后等待问题的自行解决，而粗心的背后有多种原因，其中认知风格差异有可能是这一现象的根本原因，它的解决方法也是不同的。

◎ 你知道吗

在学习过程中，有的孩子反应非常快，但往往不够准确，这种反应方式称为冲动型；而有的孩子反应虽然很慢，却很仔细、准确，这种反应方式称为沉思型。冲动型孩子反应虽快，但往往出现很多错误，主要因为他们在解决问题过程中没有审清全部问题和可能的答案就匆匆解答。最典型的例子就是有的同学在教师提问时非常急切地举着手，一旦站起来却往往回答不上或答错。沉思型的学生则相反，他们喜欢深思熟虑，在学习过程中常表现出比冲动型学生更为成熟的学习策略，错误少，答案也相对准

确，但费时长，效率低。在学习上的不同表现主要有：

冲动型孩子显得很容易接受别人的语言，而沉思型学生反应较为"迟钝"。

冲动型孩子浏览课文速度快，而沉思型学生则有些缓慢，如布置孩子看"思考"、"想一想"、"观察与猜想"类的书，沉思型孩子往往是边看边想，而冲动型因为图快而丢三落四。

冲动型学生是课内提问的主力军，他们思维敏捷，但问的问题大都层次偏低，沉思型学生没有十分把握不说话，但下课后，常常与老师交流课堂中问答的正确性。

课内练习，冲动型学生做得快，错误也多，沉思型学生做得稍慢点，但失误少。一样的练习，同等次的两类学生完成的时间不一样，冲动型一般要快些，但错误较沉思型学生多，原因是冲动型学生在审题上不够认真，在做题结束后不再去检查或思考结果的合理性，导致不该错的地方错了，"鸡毛蒜皮"的问题伴随着冲动型学生走完整个学生时代，沉思型学生的作业做得一丝不苟，准确率高、书写规范、精益求精。

测试时，冲动型学生做题粗心大意、耐心不足，沉思型学生考试沉着稳定，时间分配得当，做完后如有时间再反复检查，测试成绩将平稳上升。冲动型学生通常没有沉思型学生的好成绩。

意志和毅力方面：冲动型学生喜欢新鲜问题，但遇到困难就容易放弃，沉思型学生则不然，有一种非把困难克服不可的精神。上升到情商层面，一般来讲，沉思型学生在学习方面的意志要坚定些，毅力要强于冲动型学生，在学习上比冲动型学生更有后劲。

在学校里，冲动型学生与沉思型学生是没有优劣之分的，各有优点，还能相互转化。沉思型学生被激怒后会冲动，冲动型学生栽了跟头也会沉思。

◎ 这样沟通好

作为家长，应在了解孩子学习风格类型的基础上，积极、耐心地做好辅导。

训练冲动型孩子分析品质

培养冲动型孩子对问题思考的品质。冲动型孩子对低层次的问题反应特快，课堂的回答使他们得到满足，以为自己懂了，不再进行较深层次的思考，因此，对他们要多问几个为什么，可以这样说：

"为什么这样做啊，说说道理？"

"你这样做的道理我还看不懂，教教我，讲给我听听？"

"这样做有没有道理啊，再想想看？"

"这个结果是怎么得到的？不妨把过程写出来。"

针对冲动型孩子，有意让孩子大声说出或细致地写出解决问题的过程，进行自我指导，当获得连续成功以后，由大声自我指导变成轻声低语，而后变成默默自语，或者由细致地写出解题过程，而后变成写出主要过程，直到在脑子里想出过程。目的是训练冲动而又粗心的学生有条不紊、细心地进行学习和解决问题。这种具体训练收到了较好效果。如果只是单纯提醒孩子，要他们慢一些做出反应，细心一些，对他们并无帮助。

还可以多布置一些多解题，逐渐培养他们勤于思考、善于分析的学习品质，训练他们思维的深度和广度。

培养沉思型孩子学习效率

针对认知风格在反应速度上的差异，与孩子沟通要有所侧重，冲动型的孩子尽量把思考过程想得细一些，做到先想后说，先思后行，克服信口开河、乱发议论的毛病，养成严谨、认真、一丝不苟的学习态度和学习习惯。沉思型孩子则应侧重在提高学习速度和效率上下功夫，可进行一些必要的反应速度训练，如限时作业、竞赛性游戏等，提高灵活、快速解决问

题的能力，做到又快又准。

多用鼓励的语言激励他们在课堂上或人群中，积极主动地参与提问和发言，有的孩子可从简单问题入手，使其变为全面发展的孩子。可以这样说：

"这项作业以一般速度做要 30 分钟，我认为你可以提高到 25 分钟，试试看，看好时间啊！"

"今天既做得好，又做得快，这样最好，保持好吗？"

"这么快就做好了？"

"宝贝，质量固然很重要，但速度也要考量哦，加油！"

"宝贝，今天要是你稍稍提高做事的速度，就能有放松的时间了对不？"

晓敏去年参加高考，以优异的成绩进入了理想的大学，她做老师的爸爸跟大家说："我家晓敏能考到这样的大学，我们都很满意，因为我家晓敏从课堂上来看，反应比较慢，不算是聪明的孩子，尤其在数学课上，一个问题布置下去，她总是慢几拍才能反应，一开始我还心态不好。但是她勤奋踏实，从小学到大学，每一次升学的关键时刻都这样，初中、高中、大学都凭自己的努力，每次都考取了比较满意的学校，学习成绩优秀，每年都是三好生。"

其实，晓敏是沉思型学习风格的孩子，而不是"不聪明"，她的学习不需要父母的督促，学习自觉性高、意志力强，遇到困难不言放弃，以至于学习成功。在工作上、生活中又何尝不是这样呢？

读懂学习效率：好语言提高学习效率

孩子的学习类型不同，在学习上表现出来的学习效率、掌握程度等也都不同。家长非常着急自己的孩子学习效率不高，有时是越帮越忙，不知

从何处下手。您了解孩子的学习类型吗？学习效率与此有关。

◎ 身边故事

一天，有几个学童的妈妈们聚集在一起，聊起孩子学习效率的话题。王同学的妈妈首先诉苦说："我们家孩子的学习效率是很低的，你看他在做作业的时候，只要我和他爸爸说一句话，他马上听得到，还经常插嘴，为此，我们有时把门关起来，可他不让关，还说关起来他学习反而更不定心。即使门被强行关上，他也能听到我们的谈话，并不时地插嘴，学习一点也不专心，想想挺恨的。"王妈妈说完，立即引来了几个支持者，于是有人支招说："给孩子放点音乐，让孩子边听音乐边学习，效果挺好的"。"不行，不行，我们家的孩子学习的时候，不允许有一点点的声音，否则就嫌我们烦"，李妈妈随即纠正到。这时群群的妈妈说道："我们家群群，一边背英语单词，一边要在房间里不停地走动，还说这样的效果好，记得住"……

大家七嘴八舌，最后谁也没有觉得哪一个的方法特别好，能让大家效仿。其实，这是家长家教知识不足所致。也许认为学习的时候孩子循规蹈矩的效率是高的，殊不知，孩子的学习类型是不同的。这里要说一句：没有最好的，只有最适合的。

◎ 你知道吗

孩子的学习类型不同。从生理角度可以将人的学习类型分为视觉型、听觉型、感觉型、嗅觉型、味觉型。每个人都会对这五种中的一种或一组有所偏好。这种偏好，就是一个人自己的学习、记忆类型。视觉型学习者善用视觉来学习，其思维模式是图像思维，他们喜欢把观点、记忆和想象用图像、景物表达出来。用眼睛看东西记得最牢。与人说话时，喜欢盯着对方的脸看。多用图像来记忆，通过观察来理解。很容易被移动的事物所

吸引，会注意看到的任何东西。非常听话、守规矩，一般不做越格的事，是教育里最喜欢的一类人。缺点：该类孩子大脑记忆比较浅，忘得比较快，课后要大量复习、多加练习。听觉型学习者尽可能用视觉动作来辅助语言指令。对老师的关注更多地集中在声音方面，更需要得到声音信息，喜欢音乐和收听广播。上课时一边听一边看，思维速度会下降。老师会误读孩子，感觉这类孩子上课不太喜欢听讲。缺点：对学习环境要求很高，在安静的不被打扰的环境中，学习效果会比较好。感觉型（又叫触觉或动觉学习型）学习者，是传统课堂学习最吃亏的一群学习者。中、小学校里的差生多半是这种学习类型的孩子，他们学习时更需要运动、感觉、触摸、动手去做，他们灵活、爱动，一听就懂，一学就会，往往认为自己掌握了，注意力马上就转移了，结果老师下面讲的内容，他没听见，等他玩够了，再听老师讲课，常常又衔接不上，于是，落下一段又一段，日积月累，越落越多……记住的速度相对较慢，但忘记的速度也慢。缺点：该类教育对象是典型的多动症，往往是老师不太喜欢的学生，甚至有些人被归结为"儿童多动症"。如果教育者缺乏耐心和方法，这类孩子容易被放弃掉，这类孩子学习时，课前一定要预习，而非补习。课后练习不必像视觉学习型的孩子做那么多，同样可以收到不错的效果。还有嗅觉学习型和味觉学习型，因我们目前的学校很少涉及，一般人不太注意，但这两种学习型的孩子，一旦被发现并按其特点培养和发挥，多半属于"奇才"。嗅觉型学习者，在用嗅觉器官接受外界信息方面优于其他人。这类学习者的优势，很少在传统课堂上发挥作用，多半在生活和学习实践中发挥作用，如闻香师、品烟师等。味觉型学习者味觉器官发达。通过味觉器官参与学习、记忆，是这种味觉学习型人的最佳认知方式，品酒师、饮品口感调制师、糕点师、厨师等，都有很发达的味觉系统。

以上五种学习类型，他们并不是彼此孤立存在或相互排斥的，而是以主要和次要的方式并存。每个人都有一种自己最擅长的学习、认知类型，

与之相比，其他四种认知渠道相对较弱，是主要认知渠道的完善和补充。不同学习类型本身没有好坏之分，在每一个文化环境、社会经济阶层或者每个班级里都存在着不同学习类型的人。

◎ 这样沟通好

不同的沟通语言

对视觉型孩子，我们可以这样说：

"孩子，你试试看，用有颜色的笔画出学习重点，看看是否掌握得更好？"

"把要记忆的内容，写下来放在显眼处，这样会让你的记忆能力达到最好状态哦"，对于学习比较困难的地方，鼓励孩子多利用插图和图表。同时尽量避免其他事物介入孩子视线，如书桌上艳丽的鲜花、房间里色彩斑斓的图画等也能吸引孩子的视线，影响其注意力的集中。

对听觉型孩子，我们可以准备大量听力材料，让孩子一边听舒缓的音乐或一边讲故事，一边做作业。在学习遇到困难或者有些疲倦的时候，可以这样说：

"孩子，你用朗读的方法把学习内容读出来，或许问题就解决啦，学习就有新力量啦"。需要注意的是这类孩子在学习时要保持安静，以免受到声音的干扰。

对感觉型孩子，需要用肢体参与学习，可以把要学习、记忆的内容用手在空中书写，可以一边阅读一边用手触摸这些内容，或写在自己的腿上、胳膊上以及参与具体的实践活动的方法帮助学习，可以这样说：

"站起来，走动走动会记得更牢的"，"可用手在空中书写内容等身体动作辅助记忆。"

不同的方法

不同学习类型的孩子，学习的方法不同，沟通教育方法也不同。就拿

背儿歌或唐诗来说吧，你的孩子要怎样背，才能背得飞快？第一类孩子要看着书，最好把诗歌的每一句，都拆成一幅幅画面，一面翻看一面背，才能背得快；第二类孩子最好是听儿歌或唐诗的配乐朗诵，记得才牢；第三类孩子一定要手舞足蹈，站起来表演儿歌中的情境，或者干脆一面跳绳或跳皮筋一面背诵，才经久不忘。同样，要是教孩子学数字，第一类孩子一定要看你把"2"画成鸭子，把"7"画成镰刀；第二类孩子一定要听磁带一遍遍地放儿歌"2像小鸭飘水上，5像秤钩来称菜"；第三类孩子更要摸一摸大大的数字塑料板，或者一面背数字歌，一面自己摆出小鸭子、小镰刀的样子，才能记得牢。

上面的争论有答案了吧？随着年龄的增长，视觉型学习的成分越来越多，学习类型不分好坏，你的孩子最爱怎样，只要能增强学习效率就应该是家长支持的。只不过在我国现有的班级授课条件下，有些类型的学习条件受到限制，甚至于反对，就有些遗憾了。写到这忍不住地想把一个故事与大家分享：

2003年夏天，笔者的办公室来了一位高三女孩琦琦。介绍她来的老师说，琦琦父母都是华东师大毕业的高级教师，爸爸是南京一所重点高中的数学老师、妈妈教高三外语。他们的很多学生都考上了清华、北大，但自己女儿的学习成绩较差，两位教师却一点办法都没有。眼看就要参加高考了，他们希望笔者和琦琦聊一聊，看看她的问题在哪。琦琦是个时尚女孩，漂亮但不招摇，她平静地坐在笔者对面。当笔者接了一杯水递给她时，她突然给了我一个大大的笑脸："你用的是法国圣洛郎公司的'雅诗兰黛'牌香水。""你鼻子很灵啊！"笔者返身回到自己的座位。"我能闻出二十多个牌子的香水。"这回轮到笔者给她一个大大的笑脸了，因为笔者看到了她的希望所在："你知道'闻香师'吗？"琦琦愣愣地看着笔者，摇头。"就是为化妆品调制香料的技师。"琦琦仍然不解地看着笔者，笔者告诉她："一般人只能记住五到十种香型，而你能闻出二十多种香型，说明

你的嗅觉很发达，对气味的记忆能力超过一般的人，如果再经过一定的训练，你很可能成为一名调香师，国外叫'金鼻子'，这可是一种很难得的天赋才能呵，像香奈尔、范思哲、卡尔文·克莱恩、圣罗兰他们都有这种才能。你如果真的不喜欢学习文化课或考不上大学，我建议你到化妆品公司去当学徒，学习香料调制，这是一个很高雅的职业，我看很适合你。"琦琦的眼睛一下亮起来："老师，我爱死你了！"……后来，她回到南京，在当地一家中外合资的化妆品公司学习香水的调制，仅仅 8 个月，公司就派她到法国去进修。临走她给笔者写了一封信："……每当我想起您，就有一种若隐若现的'雅诗兰黛'的馨香在靠近我。我喜欢带气味的生活，尽管它们无声但有形，它们如梦、如烟、如空气，这是一种在面具防御之外的生活……我已看到香榭丽舍大街的浪漫和幽香在召唤我，感谢您让我拥有了全新的生活。"

这是一个嗅觉型学习的孩子，而且她的嗅觉天赋已经属于超常，再加上自己的努力钻研，就会成为这个行业的"领头雁"。否则太可惜了，也将是这个社会的遗憾。

读懂受教养方式：别让孩子把自己当局外人

孩子在各自的家庭中生活，不管是否愿意、是否喜欢，都会悄然地烙上家庭的印记。要想准确、全面、透彻地读懂孩子，孩子从小到大所受到的家庭教养方式，无疑是个很重要的参数。孩子们热烈拥抱民主型家庭的教养方式。

◎ 身边故事

故事 1：小帅小时候一直跟爷爷奶奶生活，读小学才回到城里父母的

身边，出于一种补偿心理，父母对孩子几乎是百依百顺，有求必应，尤其是物质方面的要求。小学三年级时，小帅由原来很温顺的小帅哥逐渐变成了小霸王。一旦妈妈满足不了他的需求，动辄发脾气，还扬言不写作业，不上学，甚至要离家出走。而母亲对小帅的这些不良习气早已司空见惯，总觉得顺一顺就过去了，树大自然直，等孩子长大了，也许就懂事了，所以这位母亲总是忍气吞声，息事宁人。小帅当时的成绩尽管没有在班里倒数，但他对学习的态度是忽冷忽热，想学了，成绩就上去，不想学了，成绩很快就落了下来，而他妈妈几乎是每天哄着他完成作业。在他妈妈的思想里，考不考大学并不重要，当下的社会，不是有大学文凭就一定能成才，只要孩子每天放学能安安全全地回家，能够健健康康地长大就行了。

升入五年级后，小帅的坏习惯越来越多了，甚至顶撞老师，尽管班主任多次找家长沟通，但始终没有好的起色。五年级上学期，年仅12岁的小帅课间明目张胆地在厕所里抽烟，班主任一气之下体罚了他。小帅回家就撒泼不去上学了，因为他恨自己的班主任老师，家长总觉得自己打孩子理所当然，别人打孩子心里自然就窝着一股火气，第二天她就跟孩子找到了校领导，要求老师承认错误，以此来安抚孩子的心灵。为此，该老师在全校教师会上还挨了批评，并将小帅转入另一个班级。

一段时间后，小帅的学习习惯并没有得到改善，后来领着几个同学偷偷出去上网，放学后又不按时回家，并且用妈妈给的零花钱请客。当小帅的母亲知道后，孩子竟然提出要父母替他买电脑，方便在家上网打游戏，"不然他就在外面学坏。"这位母亲又顺从孩子，为孩子买了一台电脑在家。小帅升入六年级后，经常旷课，终日泡在电脑游戏里不能自拔，他妈妈劝说无效，就答应为孩子买一部MP3来诱导他去上学，当时的小帅喜出望外，可买回来没有多长时间，不良的后果又出现了：孩子坐在电脑前，双耳又多了音乐伴奏，可上学的问题，他又多出了更多的理由。万般无奈之下，家长只好顺其自然。小帅在疯玩电脑游戏中，脾气开始变得暴躁，

不懂情理，吃饭时，母亲把饭端到面前，他却不理不睬，家长没说两句话，就翻脸不认人地呵斥："讨厌！你烦死了，快滚开！"就这样，小帅整天浸泡在电脑游戏里，但他并没有获得快乐，每天都很烦，向家长提出一些无理要求，母亲稍有犹豫，他就喊道"小气鬼"、"吝啬鬼"、"你不喜欢我"，性情狂躁、偏激，有时候急上来还摔家中的东西，妈妈反驳几句，他变得更加疯狂，简直失去人性似地扑到妈妈面前打妈妈，抓妈妈的脸，甚至抓起屋里的东西投掷妈妈："滚出去，我不要你这个妈妈，滚出去，我烦你！""我滚，我这就滚！"每次看到儿子的性情偏狂到难以自控时，这位母亲就用这种方式转身踏出自己的家，妈妈迈出家门不久，他就会拿起家中的电话拨打妈妈的手机："妈妈，你回来吧，是我错了，我再也不了，妈妈，我饿了，你快回来做饭吧……"用这种法子劝回妈妈，一改刚才的狂躁，对妈妈又是亲昵，又是道歉，又是安抚。

天下的母亲总是那么容易得到满足，听到儿子几句温暖的话，就把刚才发生的一切忘得一干二净，烟消云散的氛围又使这个家回归了暂时的温馨和宁静，可坚持不了几天，一场更大的暴风雨又会降临到这位母亲身上，小帅似乎摸准了母亲的性格，要挟母亲，施暴于母亲总能成功，简直到了有恃无恐的地步。

这是一种新的家暴现象，这种现象正呈"燎原之势"发展，从母亲的百依百顺到以不写作业、不上学为由要挟母亲，发展到对母亲实施家暴，应该说溺爱是其根源。"溺"，词典上解释为"淹没"的意思，指如果父母的爱流横溢泛滥起来，那也会"淹没"孩子的，这就是溺爱，是一种失去理智，直接摧残儿童身心健康的爱。如果母亲知道这样做对孩子是溺爱，对孩子是有害的，改变家教理念，变换家教策略，想必结果就不会是这样的。

故事2：她和老公是生意人，现在不缺钱，就觉得知识输人家。所以他们把希望寄托在儿子身上，从儿子读小学起，对他要求就很严格。尤其

他父亲，认为他的事情就是读书，从不需要干活，也不得看电视，孩子一到家，除了吃饭以外，就得在自己的房间里读书，一旦出来看电视，就会被父亲打。就连星期六、星期天也不例外。小学到初二年级，孩子的成绩一直不错，父母正高兴地以为自己的教育方法是高明的，但到了初二下学期，情况有很大的变化：初二下学期，孩子开始迷恋上网、逃学、打群架、顶撞老师和家长、夜不归宿……成绩直线下滑。这种状况持续到现在，初中毕业，没能考上高中，只好让他去念职业中专，没想到还发生这样的事：他买酒买烟请几个"哥们"在学校操场抽烟喝酒，保安走过来劝他们不要在学校里抽烟喝酒时，他一拳头就打在保安的鼻子上……

在这样的专制家庭里，有的孩子在小学很乖、也确实能够学习得很好，但到了中学就不一样了——叛逆，严重的叛逆。心理学家弗洛伊德认为：6~12岁是潜伏期，这个阶段的孩子不会反抗父母，他们认为这个世界的规则是由成人来定的，如果不听成人的话就会有麻烦，所以他们很听话。等到青春期，他们长大了，突然发现"我为什么要怕你？"如果你以前对他的教育有错误，这时，他们会找你"算账"。

故事3：近日，邻居张先生参加同事的婚礼，席间他被邻桌发生的一个小插曲着实震撼了一把。当时，一个5岁的小男孩手里正拿着一个装满红酒的酒杯，朝着他旁边的一个中年男子，像是要扔过去。中年男子应该是小男孩的父亲，他看到儿子的举动，立刻用手将酒杯按在桌子上，如果动作再稍微慢一点，那一杯酒就应该被泼在中年男子的身上。只见小男孩一脸的不高兴，两只小手仍然紧紧拽着酒杯把儿，想反抗。中年男子低着头，跟儿子小声说着："儿子，儿子，别这样，这里这么多人，你要让爸爸丢人呀。要不这样，我们出去，你再打爸爸，好不好？"

看到眼前的这一幕，张先生觉得很吃惊：这么小的孩子怎么能向父亲身上泼酒呢？而之后，中年男子不但没有批评孩子、指出孩子的不对，反而去哄惯，这种纵容孩子缺点的处理方式让张先生更觉得不可思议。

63

◎ 你知道吗

当今家庭教育如果以教养方式的不同，目前世界上分为溺爱、专制、放任（忽视）、民主四种类型。其实生活中还有临界于管与不管之间的临时管教这一类型。

过分溺爱造成孩子无能

从古至今，溺爱的事例不胜枚举，可惜的是，当今做父母的大都知道溺爱对孩子有害，却分不清什么是溺爱，更不了解自己家里有没有溺爱。拿小帅的父母来说，本来是出于补偿心理，对孩子百依百顺、有求必应，可孩子却以不做作业、不上学为条件，要挟父母满足他的过分需求，直到后面对母亲的施暴。这个过程中，小帅的母亲没有意识到自己是在溺爱孩子，只是认为自己"宽容"、"顺一顺"、"大一点"就好了，可事与愿违，等孩子长大了，问题不但没有缓解，反而更加严重。像小帅的父母这样无意、无知的，生活中有很多，这里列举一些表现，以便家长自查、甄别，及时防微杜渐。溺爱的特点有：

有求必应。打从孩子出生开始，父母就给他所有他要的东西，特别是物质的，很少或从没有说"不"，物质、金钱对他们而言太容易到手，当你自始至终永远满足他的需求时，你会发现一次的拒绝，就足以对他造成伤害极大的挫折感。

害怕哭闹。孩子在不顺心时以哭闹、睡地、不吃饭来要挟父母，溺爱的父母就哄骗、投降、依从、迁就。这样会让孩子在性格中播下自私、无情、任性和缺乏自制力的种子，有的发展为打骂父母，这种形成原因带有一定的典型性。

包办代替。有的出于："我疼都来不及，还忍心让孩子劳动?"或者"叫'小东西'做事更麻烦，还不如我帮他做了"等思想，给孩子喂饭、穿衣，替他收拾所有弄乱的东西，捡起他丢在地上的书、鞋子、脏衣服，

帮他整理房间、整理学习用品、帮助背书包等一切，养成他日后懒惰、推卸责任，将别人的好意当成是理所当然的恶习。

祈求央告。 如边哄边求孩子吃饭、睡觉，这样做，孩子不但不能明辨是非，还会使教育的威信丧失殆尽。

出口成"脏"。 当孩子讲出不得体的话甚至口出秽言时，家长只笑笑，甚至认为很可爱。

没有规矩。 允许孩子饮食、起居、玩耍、学习没有规律，想怎样就怎样，没有规矩可言。

精神不独立。 帮孩子打点一切，所有事情都由父母选择、决定，等孩子到 20 岁时再突然告诉他"自己决定吧!"，不难想象孩子们是多么的措手不及。

大惊小怪。 当孩子有病痛时，家长表现惊慌失措，这样孩子就会懦弱的。

当面袒护。 爸爸管孩子，妈妈护着："不要太严了，他还小呢。"或父母教孩子，爷爷奶奶袒护："你们不能要求太急，他大了自然会好；你们小的时候，还远远没有他好呢!"这样的孩子当然是"教不了"啦! 因为他仝无是非观念，而且时时有"保护伞"和"避难所"，其后果不仅孩子性格扭曲，有时还会造成家庭不睦。

特殊待遇。 孩子在家庭中的地位高人一等，处处特殊照顾，如吃"独食"，好的食品放在他面前供他一人享用，做"独生"，爷爷奶奶可以不过生日，孩子过生日得买大蛋糕，送礼物……这样的孩子自感特殊，习惯于高人一等，必然变得自私，没有同情心，不会关心他人。

过分关注。 一家人以孩子为中心，时刻关照、陪伴、围着孩子转，逢年过节，亲戚朋友来了往往嬉笑逗引没完，孩子变成"小太阳"。这样的孩子以自我为中心，会自私、任性、不顾及别人的感受。

过度保护。 从不告诉孩子他错了，一直不告诉孩子孰是孰非，待一天

触犯法律，犯下父母再也无法替他掩饰的罪行，孩子会以为整个社会都与他作对，不只是难以纠正，还会产生对社会的报复心理。

拿他没法。当孩子犯错，若你只是一次又一次拿这句话来搪塞，不但孩子不知错、改错、不尊重家长，还会滋长孩子的骄横无礼、自高自大的恶习，孩子可能会想，"既然没办法，那就干脆让你一辈子都没办法好了"。

以上表现不是每个家庭全部都有，但一般家庭在各种溺爱中会占有几种，或各种都有轻重度不同表现。通过这种"低要求、高反应"型的教养方式而有了今天的"小皇帝、小公主"，这类父母对孩子充满了无尽的期望和爱，无条件地满足孩子的要求，但他们很少对孩子提出要求。这样的教养方式一方面孩子会责人而不罪己，自私、冲动、依赖、幼稚；另一方面孩子无能，做事没有恒心、耐心、学习成绩一般不好，还缺乏责任感、不敢担当，意志薄弱，承受挫折的能力较差，容易沾染不良嗜好，极易成为社会不良分子捕猎的目标，在家庭外常受别人欺负。我们要以科学的爱来保护孩子的健康成长。

过分专制造成孩子无担当

在这样的家庭里，孩子必须服从父母的权威，没有商量的余地，一切由大人说了算，不必征求孩子的意见，家长一般用武力来保证他的想法得到有力地实施。主要包括两个方面：第一是家长专制，第二是教学专制。具体表现为：给孩子灌输大人的想法，把自己的意志强加于孩子；不让孩子自己决定自己的事情，大到孩子的学习小到孩子的交友，一切都得由家长选择、决定；为给孩子报补习班、兴趣班，不问孩子的想法；当孩子做得让家长不满意时，家长对孩子严厉斥责甚至打骂；不让孩子独立思考，孩子在家长面前不能有自己的意见和建议，孩子只是唯唯诺诺的接收"容器"；或对孩子过分关心，只管学习，不让孩子"分心"做任何事。教学专制体现在：从孩子接受教育的第一天起，家长就告诉孩子要听老师的话，老师说什么就是什么。特点是：强迫性，视孩子为容器，只管"灌"

就行。训斥式，主要表现在对孩子的评价态度上，以教训、斥责的口吻居高临下地发难于孩子，客观上凌驾于孩子的自尊和人格之上，其结果使孩子的求知欲和表现欲被泯灭。压制式，这是教学专制最典型和最集中的表现，有的家长总是排斥"微笑艺术"、"协商语气"，以满脸的"阶级斗争"和训诫语气与孩子相处，给孩子心灵造成沉重的威压，冷酷和专横地压制孩子的多向和创造性思维，拒绝其创造性的发现。这种"高要求、低反应"型家庭教养方式，由于父母不把子女作为个性独立的人来对待，拿自己的标准来要求孩子，不接受孩子的反馈，对孩子缺乏热情和关爱，要求无条件服从，不能及时鼓励和表扬孩子。在这种"专制"下，孩子容易形成对抗、自卑、焦虑、退缩、依赖等不良的性格特征，有的形成严重的叛逆情绪，而一旦爆发，后果不堪设想。

过分指责造成孩子不自信

一味地对孩子表示不满、求全责备，带给孩子的是负面信息，让孩子怯弱、抑郁。家长要长期关注孩子，要经常与孩子真诚、平等地沟通，遇到问题时，共同磋商、面对，共同解决问题，让孩子不断进步，切不可一阵风一阵雨式地对孩子，有时考试取得好成绩，于是就心血来潮式地奖励一下，不好就打一顿，这种临时管教型的教养方法，在许多家庭中上演着，这样做不但于事无补，还会对孩子的身心造成伤害。其实对孩子来说，有没有天分不重要，重要的是有没有兴趣和自信。别瞧人家，大胆为自己的孩子喝彩，欣赏孩子，告诉他"你能行"，相信你的孩子会创造奇迹！

过度放任（忽视）会让孩子犯罪

这是一种"低要求、低反应"型。这类父母不关心孩子的成长，他们不会对孩子提出要求和行为标准，对孩子冷漠，缺少对孩子的教育和沟通。这类孩子自控能力差，行为随意、自由散漫，对一切都采取消极的态度，没有责任心，不遵守社会、学校、家庭等方面的行为规范。这主要有三种情况：一是事业成功型的家长，他们的精力主要忙事业，有的把孩子

托给保姆或者是其他人，无暇顾及孩子；二是农民工，他们想管却不知道怎么管，或没有能力管；三是以讹传讹，受某些教育观念的影响，认为对孩子的教养方式要"放手"，比如梦鸽的育儿方式。无限纵容滋长了孩子的自私，使孩子恣意妄为，甚至走上犯罪道路。

热烈拥抱民主的教养方式

家长要经常深入地学习家庭教育科学知识，有明确合理的要求，会为孩子设立一定的行为目标，对孩子不合理的任性行为做出适当的限制并督促孩子努力达到目标；他们并不缺乏父母应该有的温情，能主动关爱孩子，能够耐心地倾听孩子的述说，注意使孩子和长辈、同辈之间能充分沟通；不强求孩子绝对服从，引导孩子对某些事情做出选择。和老师经常联系，随时关注孩子在校及在社会的表现；当孩子取得成绩或受到挫折时，能够以科学的态度和方法与孩子充分沟通，帮助和促使孩子正确对待，亲子感情融和，家长成为孩子的慈亲、良师、益友。这种"理性、严格、民主、关爱和耐心"的教育方式是孩子热烈向往的，孩子是教育的局中人，这种方式影响下的孩子会慢慢养成"自信、独立、合作、积极乐观、善社交"等良好的性格品质。"高要求，高反应"型，是沟通教育提倡的一类家庭教养方式。

◎ 这样沟通好

孩子因教养方式的不同而不同

从孩子出生的那一天开始，孩子就是独立的，不只是身体的独立，更重要的是思想、感情、人格的独立，以后还要独立地立身处世。生活中有不少孩子对本该是自己处理的事毫无主张，事事都依靠家长，孩子把自己当成了局外人；也有些孩子年龄虽然不大，却很自觉，早上自己按时起床，自己上学，放学回家，自己抓紧时间做作业……究其原因，孩子在很小的时候，家长就注意培养他们的自主意识和能力。

民主型的家庭中自己的事情自己做

晓蕾是老师，现在是某小学的校长，她的儿子今年已经是六年级学生，从儿子上一年级开始，她就跟儿子一起学习。儿子的房间里有两张书桌，他们俩一人一张，各忙各的，互不干扰，有时儿子的作业做完了，她的事情还没有结束，于是她就跟儿子说："你先去洗洗，准备睡吧，我还有一点事情，马上结束。"

母亲简短的语言，有力地示范，悄然影响着儿子，让孩子明白不论是自己还是母亲，都是自己的事情自己做，培养儿子的自主意识和自主能力。

民主型家庭中重视培养孩子的自主性

自主性：指人在活动当中的独立性和主动性，它表现为个体自由地、独立地支配自己言行的一种状态。孩子的自主性最主要体现在他有能力为自己的行为进行自由的选择。具体做法是：

给孩子空间，让他自己往前走。婴儿当然喜欢生活在母亲的怀抱里，但是他不能永远这样生活。有这样一位母亲，孩子已经上小学二年级了，送他上学还要费力地背着他走，直到离学校几十米远的地方，因为怕老师看见，才不情愿地把孩子放下来……如此被母亲呵护长大的孩子，他的自主性从何谈起呢？作为家长，应根据孩子自身的特点和能力，扩大孩子自由活动的空间，如鼓励他自己找朋友玩，让他在这个空间里自己当主人。

给孩子时间，让他自己去安排。不少家长以为，孩子还小，不懂得安排自己的活动。但如果成人完全包办了孩子的时间安排，孩子只是去执行，那么孩子的自主性就永远培养不出来了。有一位父亲，他在孩子3岁多的时候，就每天给孩子一段他可以自由支配的时间，只要不出危险，孩子可以自己安排，做他愿意做的事：玩、看电视、画画、拼图，或者什么也不干……无聊了，他最终还是会主动来找父母，父母就给孩子一些指导性的建议。长此以往，孩子便逐渐懂得了珍惜时间，学会了安排时间。

给孩子条件，让他自己去锻炼。用拔苗助长这种违反客观规律的培养

孩子的做法，肯定是要失败的，但采取消极的完全"顺其自然"的态度，也不利于孩子的成长。遵照客观规律，积极创造条件，让孩子去锻炼，这才是我们应该采取的正确做法。有一位母亲看到 5 岁的孩子对洗碗感兴趣，就为孩子准备了一个小板凳，对孩子说："我知道你特别爱干活，想自己洗碗，可是水龙头太高，你够不到，妈妈给你准备了小板凳……"孩子兴奋地喊着："谢谢妈妈！"马上就站上小板凳高兴地学着大人的样子去洗碗了。

给孩子问题，让他自己找答案。孩子提出问题，成人通常的做法是立刻告诉他答案。这样看起来简单又省事，可孩子长大以后，就不会想问题，总希望别人能提供现成答案。这直接妨碍了孩子在智力劳动上的自主性。有一位家长的成功经验是：孩子问我字，虽然我认识，但我不告诉他，而是让他去查字典。以后，再有不认识的字，他也不来问我了，而是自己去查字典。

给孩子困难，让他自己去解决。俗话说"穷人的孩子早当家"，生活在穷困家庭的孩子，恶劣的生存环境自然就为他准备了艰苦锻炼的条件；现在生活水平普遍提高了，家长应多想办法给孩子设置一些困难，让孩子去解决；孩子在生活中碰到困难，也要求他自己去解决，从而培养孩子应对未来的能力和意志。

给孩子机遇，让他自己去抓住。人的一生会遇到不少机遇，但如果不善于把握，机遇就会和你擦肩而过。家长的任务应该是提供或指出各种机遇，启发孩子自己去抓住，培养孩子善于抓住机遇、参与公平竞争的能力。一位小学生偶然同妈妈讲起学校要进行英语选拔赛的事情，妈妈就鼓励英语成绩不错的孩子争取参加，并告诉她，这是一个难得的机会，把握住一个机会就意味着在成功的道路上迈进了一步。在小学升初中时，这次比赛的成绩被作为一个重要的参考因素。孩子非常感激妈妈的提醒，以后很主动地在各种机会中表现自己。

给孩子冲突，让他自己去解决。和成年人一样，孩子在一起也难免有冲突。解决冲突的过程正是孩子健康成长、走向成熟的过程。当孩子向家长诉说自己遇到的诸如人际交往之间的矛盾时，家长应鼓励孩子去面对它，指导孩子自己去解决，而不是回避它，更不宜动辄由家长代替孩子解决问题。

给孩子对手，让他自己去竞争。为了让孩子提高适应社会的能力，必须让孩子从小既学会合作，又学会竞争。有效的办法就是经常在他的身边树立一个友好的竞争对手。有一个学生学习差，某阶段在班上竟成了倒数第一名。父母一再鼓励孩子不要灰心，要敢于和别人竞争，首先是和比自己稍好一点的孩子比，只要努力，赶上他没问题。在孩子取得胜利之后，父母又启发他寻找新的竞争对手，开始新一轮暗中的较量……

给孩子权利，让他自己去选择。孩子的自主性在他的自主选择上表现得最为明显。但不少家长怕孩子选择错误，从来不给孩子选择的权利。这样的孩子长大后就不可能适应竞争激烈的社会生活。家长应主动给孩子选择的权利，并告诉孩子要对自己的选择负责。有一位家长带孩子去少年宫报名，家长本来的意愿是让孩子学钢琴，可是却发现她在舞蹈组门口看得出了神，于是，家长尊重了孩子的选择，同时也提出要求：她对自己的选择要负责，一定要坚持把舞蹈学好。

给孩子题目，让他自己去创造。创造是自主性的最高层次的表现。孩子的创造性不是自然而然产生的，同样需要家长的积极引导和巧妙激发。有一个孩子特别爱玩泥，而且能捏出一些花样来。于是家长主动给孩子买了各种各样的泥塑和橡皮泥，并对孩子说："你要玩就好好学、好好捏、好好练，要有新点子。"在家长的鼓励下，孩子充分发挥自己的才智，初中毕业时，已经能轻松捏出栩栩如生、各具特色的人物形象，并以此特长考上了工艺美术学校。

上述这些条件的创造只是有利于发展孩子的自主性，在具体实践的过程中，家长还要不断和孩子进行良好、有益的交流，鼓励孩子，评价他的

成果，提出新任务，使他的进步永不停止。

在民主型的家庭中该说"不"时就说"不"

肖萌萌六岁时，一天她跟着妈妈去逛超市，一到超市就立即被好多商品吸引住了，一会儿叫妈妈买好吃的玉米火腿肠，一会儿又叫妈妈买毛茸茸的毛绒玩具，一会儿又要买喜羊羊玩具……一会儿她的东西就装了不少。当她高高兴兴地去收银台付款时，又看到了巧克力。于是又跟妈妈嚷着要，妈妈觉得家里的巧克力还没有吃完，于是就跟孩子商量说："家里还有巧克力，等把家里的吃完后再买，好吗?"萌萌说什么也不让，还哭起来，最后把她妈妈新买的三星手机摔在地上。妈妈震惊了，跟收银员打了声招呼，二话没说，拉着孩子回家去了。到了家里，妈妈和女儿谈了很多，孩子认识了自己的错误，并跟妈妈道歉，但事情没有结束，孩子必须为她的冲动负责任——赔妈妈的手机。最后商定："往后 3 年到超市里只买苹果和牛奶两件物品，其他物品一件不买，如果遇到过生日等特殊的日子或其他好的表现，比如取得了好成绩等，可以由孩子自己选购一件物品。"

今年孩子已经上初中了，直到现在从不跟妈妈提出过分要求，学习刻苦，一旦取得好的成绩后，也会精挑细选，选一件最爱的物品奖赏自己，而且从不乱花钱。

这样不但纠正了孩子当时不好的做法，还让孩子明白要想有收获，必须付出努力，又满足了孩子有限的物质需求和孩子的选择权，孩子内心产生了愉快的体验，可谓一举多得。

最后想说的是，孩子的教育没有固定之规，这需要做父母的在日常生活之中多一些耐心和细心，及时地发现孩子成长过程中出现的问题，不断反馈、修正自己的教养方式，通过学习以及和孩子的互动来寻找适合孩子的教养方式。孩子会因为家庭教养方式的不同而有不一样的性格、不一样的表现、不一样的人生。

第三章

倾听声音，捋顺归因：
沟通顺畅的第二部曲

不同问题有不一样的归因，同一问题归因也不一样，心理的、天性的、性格的、家庭的……我们先要正确归因，然后再与孩子交流，这样就容易、顺畅多了。

◎ 磨蹭让孩子苦不堪言

◎ 淡化孩子的挑食习惯

◎ 走神是学习的头号"杀手"

◎ "人来疯"的孩子有优点

◎ 杜绝"娘化"，培养了不起的男子汉

◎ 心软"有毒"

◎ 别让生活的缺憾成为孩子的永久伤害

◎ 让孩子正确认识钱的作用

◎ 懂得取舍也是孩子需要学会的

◎ 乱发脾气会后悔，要控制冲动情绪

◎ 粗心是毁一生的大事

◎ "丢三落四"有苦头吃

◎ 积极发言是优秀学子的法宝

◎ 孩子，别一味地羡慕别人

◎ 我争取比你还行，早日告别嫉妒

◎ 让孤僻的孩子合群起来

◎ 千万别毁了孩子的自尊心

◎ 让孩子生活在"真"环境中

◎ 孩子，做事别慌才好！

◎ 别让孩子生活在无限期盼中

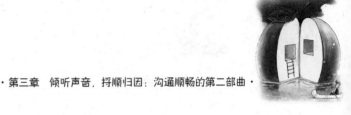

磨蹭让孩子苦不堪言

孩子做事磨蹭的现象带有一定的普遍性，但形成原因可能有所不同，我们在纠正磨蹭习惯的时候，要用不同的方法进行沟通。

查漏补缺，品尝不磨蹭的甜头

◎ **身边故事**

镇江某小学二年级学生小萌，学习成绩不太好，刚上小学时还不那么磨蹭，后来就越来越慢了，常常是一副不情愿的样子，为此在家里没少挨家长骂，骂过之后照样我行我素。在学校里做事也特别慢，需要老师不断地催促，常常是老师催他一下就写一笔，不催就坐在那里玩铅笔、橡皮等学具。好不容易开始写了吧，她写了擦，擦了写，还要东张西望地看看老师看看同学，作业经常迟交。

◎ 你知道吗

当小萌做作业时常遇到困难时，又不主动解决，日积月累下来，作业不会做，学习出现障碍，学习上无论是在学校里还是在家里，获得成功的机会不多或者没有过。出现此种情况后，家长只是催促，老师也只是批评，就这样恶性循环，导致孩子学习兴趣不浓，做作业没有自信，用边写边玩或者东张西望地伺机抄同伴作业的磨蹭策略来应付学习。如果不是父母的催促监管、老师的批评，孩子可能都会逃避学习、作业，后果不堪设想。

◎ 这样沟通好

首先需要父母、老师或小伙伴帮助孩子查漏补缺，把不会、不懂的部分知识弄懂、弄会，然后采用专时专用、变定时管理为定量管理的办法来矫正磨蹭的不良习惯。具体做法是：每天帮助孩子确定学习的总量，完成以后，节约下来的时间由孩子自由支配，家长也不要另外布置作业（危险的事情不做），满足孩子自由和自主选择的内心需求。这样孩子就有了积极性，如果她想多玩一会儿，就会抓紧时间把作业写完。慢慢地，孩子就尝到了节约时间的甜头。如果孩子需要，还可以教会孩子看钟表，比如说教会孩子在写作业之前预计作业完成时间，然后把闹钟设定好，这样闹钟响的时候，如果孩子还没有完成作业，闹钟就作为一次提醒。没有了家长的限制，也就没有了抵触。久而久之，孩子不但有时间的紧迫感，而且有了学习的责任感，还有节约学习时间的成功感。这些都会在孩子内心产生纠正磨蹭习惯的正能量，磨蹭习惯很快就被纠正了。

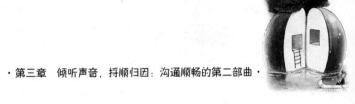

活动筋骨，去掉懒劲

◎ **身边故事**

东方花苑小区孟女士家是三代同堂，女儿笑笑从小享受"全程服务"，饭来张口，衣来伸手，一旦让她做事就四肢无力，手脚也不灵，凡事磨磨蹭蹭，依赖、等待父母"伸出援救的双手"。父母也曾尝试从培养生活自理能力入手，让她改变磨蹭的习惯，都不了了之。如冬天穿衣，怕她受凉，奶奶赶紧去帮忙；吃饭太慢，爷爷怕饿着她，又破例喂她。这样"自己的事情自己做"变成一句空话。上学后，问题立刻暴露出来：红领巾要别人帮她系，书包要别人背，上学要人送。在学校，做什么事情都比同学慢，吃饭慢、做作业慢、值日工作不太会做，连作业、考试都无法按时完成。

◎ **你知道吗**

孩子磨蹭的主要原因是家长娇惯，隔代家长包办代替过多，时间一长就造成孩子身子懒，不想动或者不会动，身子不动，手脚就不够灵活。身子懒惰，有时会带来学习上的懈怠，这一点往往会被家长忽视。还有一些家长明明看到孩子磨蹭，还不断地迁就孩子，总认为孩子太小，长大就好了。因此对孩子的一切都包办，帮孩子穿衣服、挤牙膏、系鞋带，帮孩子削铅笔、检查作业、收拾书包……结果，孩子越来越依赖父母，认为什么事情都有父母在后面顶着，有些孩子身子也越来越懒惰，因此才不急不慌。

◎ **这样沟通好**

这是由父母的包办而造成孩子的磨蹭。首先家长要改变自己，树立正确的教育人才观，明确孩子的教育培养不只是在学习方面，而是在吃喝拉

撒各个方面。孩子的长大不只是等待，长大是有过程的。我们不能忽略过程的关注，要让孩子多做事、多动手、多放手，给孩子锻炼的机会，让孩子依靠自己，自己对自己的事情负责。做到：与隔代老人统一思想，决定该孩子自己做的事绝不代劳；让她在做事的过程中锻炼才干；孩子做事遇到困难时，也不急着帮忙，只做必要的指导；让孩子经受必要的锻炼，随时总结得失，强化正确的行为，帮助孩子早日摆脱磨磨蹭蹭的阴影。

家长不唠叨、不急躁

◎ 身边故事

圆圆今年刚上一年级，每天晚上放学回家，做作业差不多要到十点才结束。小朋友的妈妈见圆圆做事情磨蹭总是很生气，于是就不停地唠叨、批评，可发现不管她怎么说、怎么骂，孩子都跟没事人似的依然那么慢悠悠的，有一次还悄悄回一句"就整天跟疯了似的，叫啊叫的"。

◎ 你知道吗

孩子之所以总也改不了，主要还是因为家长对磨蹭的孩子鼓励、指导的太少了，而是用唠叨、批评，使孩子对做事情没有兴趣。父母最应该做的是想尽办法让孩子在温馨和爱的气氛中，帮助孩子找到做事情的感受、体会成功的乐趣、增强孩子的自信心和责任心。

◎ 这样沟通好

不再唠叨，变训斥为鼓励。如看见女儿又在那里磨蹭，就说："女儿长大了，比以前懂事了，现在写作业每天都比以前快了不少"、"看，咱们的孩子现在多懂事，不用我提醒就上床睡觉了！"这些话说出来，她本来还没有进被窝，也会赶快脱了衣服，钻进被窝。就这样，在不断的鼓励声

中，孩子做事情的速度越来越快了。为了让孩子更有主动性，我们还给孩子买来一些奖品，如按时完成作业就贴一张小贴画，一个星期都按时做事情，星期六奖励看一个小时电视等。通过这些办法，孩子现在做事情比原来强多了。

增强孩子的自我意识

◎　身边故事

朋友小周的女儿小雨也特别爱磨蹭，每天早晨上学都很忙，可是孩子根本不紧张，不管他妈妈怎么喊，怎么叫，她都那样慢慢吞吞，把小周气得没有办法。以前，都是小周在后面帮助她，不是帮穿衣服，就是帮收拾书包，要不就是喂她吃饭。如果孩子迟到了，小周总是会去跟老师解释说："都怪我早上起晚了，做饭迟了"；孩子作业没完成，小周在不断埋怨孩子的同时也依然会帮助孩子把作业补上……

◎　你知道吗

孩子遇事不着急，自然要耽误课程或者受到别的损失，这时父母爱挺着胸脯替孩子承担责任。这样做，会使孩子没有了"主心骨儿"，反正有爸爸妈妈在替自己着急，最后爸爸妈妈还会帮助她解决问题，因此，在她的眼里一切都不是问题了。

◎　这样沟通好

承担磨蹭责任

一天早晨，小周没有像往常一样催促她，不帮她穿衣服，也不管她吃饭有多慢，近8点才离开家去学校。这时她急了，反过来一个劲地催她妈妈快点儿。到学校她自然是迟到了，挨了老师的批评，还没有得到小红

花。晚上小周和她一起分析了挨批评的原因。并告诉她说："以前都是爸爸妈妈在替你着急，现在你长大了，妈妈不打算再催你了，你自己要学会做事加快节奏，安排好时间，否则还要吃苦头。"那以后，小周也和老师沟通过，她又因为磨蹭挨过几次批评。小周觉得她女儿现在好多了，做事情比以前快多了。

学会管理

为了激发管理兴趣，还玩了一个新花样：孩子和妈妈相互监督，看谁不磨蹭，爸爸做裁判。还用表格记录下做每一件事所用的具体时间，这样做的好处是，当下一次再做同一件事时，从数据上就一眼可以看出谁进步大。

乐于管理

家长为了让孩子更有积极性，常常假装让他赢。这样，孩子有了信心，往往主动加快做事速度。让孩子学会根据时间和情况的紧急程度来调节做事速度，不但有了时间观念，还基本上有了初步合理把握时间的能力，迟到、写不完作业的现象几乎绝迹。

满足孩子学习类型的需求

◎ 身边故事

陈静的女儿萌萌，做事总是注意力不集中，容易被无关的事情所吸引。比如，正在写作业，家里大人说句话，她就会接下茬说点什么；正在画图画，忽然听到电视里的声音，就会丢下画了一半的画，跑去看一眼电视。等她看完电视回来，连画笔也不知道丢在哪里了，于是又开始到处找笔。

◎ 你知道吗

这是听觉型学习认知类型的孩子，这个类型的孩子就是容易受干扰。

这时父母要给孩子一个安静的环境，大人总是该看电视看电视，该聊天聊天，这样孩子很难静下心来专心做事。另外，孩子放学回家以后，家里常常无人照管，孩子自己又没有很强的时间观念和自我控制能力，因此往往一边写作业一边玩，慢慢养成了磨蹭的不良习惯。

◎　这样沟通好

父母要尽量给她创造安静的环境，排除无关的因素，让孩子能专心做事。一段时间以后，陈静发现比较奏效，孩子做事注意力更集中了，速度也快了很多。

巧用孩子好胜心理

◎　身边故事

在机关幼儿园工作的小圆，她儿子整天做事慢慢腾腾，晚上回家写作业，能写两个小时。结果天天睡觉晚，早上又起不来。每天都替孩子着急，怕他迟到，怕他写不完作业，怕他考试答卷太慢。可是，不管小圆急成什么样子，他还是慢悠悠，一点也不着急。

◎　你知道吗

这主要和性格有关系，对这样的孩子，父母可以多带领他们进行一些相关的比赛活动或计时活动。做某件事情，需要多长时间，事先设定，然后以最快速度保质保量地进行。事后父母可以和孩子一起评价，调整要求，争取下一次能做得更好。对低龄的孩子，如果可以跟孩子一起进行计时阅读、计时记忆、计时答题、计时劳动的小竞赛，就会有更好的效果。

◎ **这样沟通好**

为了克服小磨蹭的毛病，在家里引进竞争机制，许多事情都搞比赛，这样他做起事情来有兴趣，也就快多了。如孩子写作业的时候，家长也完成一件事情，或者是完成一项作业，比如说画画。与孩子约定好，孩子完成作业的时候，家长的图画也就画完；有时还邀请同学到家里玩，让他们比赛写作业，看谁写得又快又好；在早晨起床的时候也比赛，让孩子和爸爸、妈妈比赛，看谁穿衣服快；还可以比赛谁刷牙快、谁洗澡快、谁背课文快等，这样不仅慢慢改掉了他磨蹭的习惯，还通过胜负交替，锻炼了孩子的心智，提高了孩子对事情反应的灵敏度。现在，小圆的儿子渐渐适应了快节奏做事的习惯。

在氛围中内省

◎ **身边故事**

公务员小陈的女儿学习成绩很好，做事总是非常认真，可是作业做得常常比较迟，洗脸刷牙后，每天睡觉也迟。父母通过与她沟通以及训练，发现有点起色，但效果不大。

◎ **你知道吗**

这个孩子学习成绩不错，是班级数学课代表，她的磨蹭主要是因为她是一个完美型性格的孩子，做事总是过分追求完美，有时为了写好一个字，要擦好多遍。

◎ **这样沟通好**

在她的书房里贴上了节约时间的有关字画，然后在桌子上放了一个闹

钟，告诉她在保证质量的同时，要争取节省时间。一个学期下来，孩子的速度有了明显提高。

粗心是毁一生的大事

　　粗心有真粗心和假粗心，对于真粗心家长时常抱以非常宽容的态度，以"好多题目都会做，就是粗心"的理由，宽容地为孩子推脱责任。这是一种教育误区，会毁了孩子的一生。

◎ 身边故事

　　故事1：张同学在一次考试中，有一道题目由于不会做而丢了分，很生气，感觉自己很无能，甚至很悲愤。可要是因为粗心而丢了分，"如果不是因为粗心的话，这回应该考 100 分！"——家长常说，孩子也常说。当家长们在一起聊天的时候，经常可以听到这样的话："这个学期你孩子考得怎么样？""唉！别提啦，要不是因为粗心，孩子能考 100 分呢！"或者"这次他因为粗心被扣了 3 分，要不这科成绩能在班里排到第一"之类的话。乍一听，似乎有很多遗憾和埋怨，可隐隐之中，又透出些许的满足和自豪。

　　故事2：

　　题目：10 个人每小时可以栽 5 棵树，问 8 个小时可以栽多少棵树？

　　错解：

　　第一种：$10 \times 5 \times 8 = 400$（棵）

　　第二种：$10 \times 5 = 50$（棵）

　　第三种：$10 \times 8 = 80$（棵）

　　第四种：$5 \times 8 = 40$（棵）

正解：5×8＝40（棵）

答：10个人8小时可以栽40棵树。

错解一：盲目地把数字都乘了起来，有时候是由于没有认真审题，有时是因为根本不理解题意。

错解二、三：既有不理解题意的可能，又可能有不理解数量关系的可能，不能纯粹归结为"粗心"，解释为把数看错了。

错解四：很显然，忘了写单位，这是不完整的。做题不只是要得到一个正确的答案，更是准确的思想完美的表达。

粗心的表现形式有假粗心和真粗心两种，假粗心是指概念不清或不会，这不能算是真正意义上的粗心，还有一种是真正意义上的粗心，如第四种经常忘记写单位名称，平时的练习中孩子还经常会出现多个0少个0；或者小数点的位置写错了；或者上边一行是23，换了行以后就是32；或者把一个字写错了……总之，不是由于不会而导致的错误。

家长在对待这两种情况时，看到孩子一道题目不会做，往往批评和指责更严厉一些，"你是怎么搞的，连这么简单的题目都做不出来?!"而要是由于粗心而造成的丢分现象，则常会用相对缓和的口气说："唉，怎么这么不小心，如果这样，你不就做对了吗?""下回要注意啊!"

◎ 你知道吗

"粗心"不在意

我们知道，从无知到有知的改变是很容易的，而一种"粗心"的现象却是可以经常不断重复发生的。不怕"无知"，因为不会的可以学会，不懂的可以学懂。而"粗心"就可怕了，因为孩子们以为"粗心"不是"无知"，所以就一次再一次毫无顾忌地、草率地"粗心"，也就一次再一次痛苦地做错，从而浪费许多时间，丧失了许多可能的机会，而自己还是不能清醒地认识。许多同学可能有这样的经历：通过一个学期的努力，自以为

这次考试成绩应该不错，可结果又是不尽如人意，很多都是由"粗心"造成的，虽然只是"粗心"而已，但不理想的结果往往会使自己丧失信心，会认为自己再用功，学习成绩也不可能得到提高。这样会使孩子的自信心逐渐受到打击，对学习也就逐渐失去了兴趣和信心。试想，"缺乏斗志"怎么可能成功？所以"粗心"一旦形成惯性，变成习惯，就不太好改变了。

"粗心"掩盖错误

对于相当数量的学生而言，粗心的根本原因是基础不扎实。由于知识掌握不牢固，所以做起题来往往不对或不完全对。很多学生都有过这样的体验：在拿到一道题目的时候，想了好半天没有想出来，这时候别人给了一个小小的暗示，就一下子做出来了。还有在考试的时候怎么也想不起来，下了考场，就想起来了！这样的现象该算什么呢？算孩子不会吧，还有点委屈他！算会吗？可又不是！所以很多学生就对自己宽慰地说：没有好好琢磨，"粗心"了一下，所以就没有做出来。而实际上，由于对概念掌握不够精通，理解不够深入，导致不能正确解决题目，而这实际上就是不会！是学习上的"盲点"，在学习上有多少这样关键的漏洞往往会被"粗心"这个词给掩盖了，人们往往不在意。像这样的粗心有很多种，但是这类粗心都有一个特点，就是形式都比较简单，且经常会重复出现。这就是真正意义的"粗心"。当然孩子的粗心还有可能跟先天的一些身体因素有关。先天性因素的几率虽然比较小，但也应引起家长的注意。这样有利于我们正确地了解孩子，更科学地帮助他来解决问题。

"粗心"的原因

孩子粗心的原因，排除天生的身体状况差异的因素外，大致有以下三点：一是因基础知识差而出现粗心现象。二是因没有好习惯而出现粗心现象。三是因家长的教养方式而粗心。由于家长的包办代替，让孩子的独立生活能力和解决问题的能力越来越差。孩子粗心，可能就是这个原因造成的。

◎ 这样沟通好

在写作业前把该准备的用品准备好，如笔、橡皮（涂改液）、尺子、草稿纸等。把该做的事做完，如喝水、洗手、吃点心等，坐下写作业时就集中精力写。

做题时要冷静，切记浮躁，每道题至少读两遍，读题时，不要放过题目中的每一个字，这样就可以防止做错题和漏题现象的发生。做完后要求其尽量用不同的方法去检验，检查完全正确后，及时给予表扬。

多记录，多警告。自己每犯一次马虎毛病，就给自己一次惩罚，或是把毛病的原因用笔记下来，平常多看几遍，或是警告自己，并在心里默念：别人都不马虎，为什么我马虎呢？并不是自己不会，如果连自己会的都做错，那么还能有什么作为呢？一个不认真、不负责的人是成不了大事业的，我还年轻，我一定要克服它，让我学习、生活得更好，我一定能成功。马虎并不是我的专利，它控制不了我，我一定要战胜它。

从日常生活小事做起，认认真真地对待每一件事。每一天力争把每一件事情都做好。如让孩子自己负责收拾书包、文具、书籍，并且自己承担忘带的后果。这样，有利于孩子养成做事情细心、有条理的习惯。

"用心"纠正粗心习惯。想要解决"粗心"这个问题，如果思想上没有足够、正确和清醒的认识，那么"粗心"的问题是解决不好的，它会像幽灵一样随时出现，会销蚀本已拥有的成就，更会妨碍将可能获得的成就。可以先对自己的"粗心"进行完整、详细的整理，以后在类似的环境中，只要遇到这种现象，大脑就会自动提出预警和反应，这样"粗心"的现象就可以最大限度地得到扼制。打个比方：人人都知道在冰面上走路要很小心，因为冰上很滑。同样，遇到类似可能粗心的境遇时，就如同走到了冰面上，也会变得小心翼翼，犯错误的可能自然会少了许多。其实，解决"粗心"，就像在冰上走路一样，小心即可，因为在冰上摔过跤，除非

冰上摔过的那一跤对你没有什么印象！只要用心一点面对"粗心"，"粗心"很快就会从你的视野消失，虽然这并不能完全保证不出低级的错误，但是可以很好地降低由于"粗心"而产生的错误率，做题质量和学习效率自然就得到提高了。

可以这样说：

"粗心就是不会。"

"有粗心习惯，就不会有稳定的学习成绩。"

"粗心就是学得不扎实。"

"粗心就是能力差。"

"对的都会做错，粗心就是不可以原谅。"

粗心是孩子成长的绊脚石，不搬掉这块顽石，孩子就不能前进，更谈不上成才，而且是孩子今后做事失败的导火线。因此，从孩子小时候抓起，从小事做起，使孩子远离粗心，是我们每个人应尽的责任。

淡化孩子的挑食习惯

挑食不只是影响自己，还会影响下一代。但挑食经常是过度强化和过度关注而产生的，请把饮食自由还给孩子，让孩子吃饭自己做主。

◎ 身边故事

盼盼的奶奶为了使孩子多吃点，吃好点，总是尽量想着法子给孩子做他喜欢吃的食物，还不断地变着菜的花样。一见盼盼坐上桌，还没等孩子动筷子，就忙不迭地给孩子介绍，"今天奶奶烧的××菜好吃，××菜好吃"，可孩子还是照样挑食，全家人为此很伤脑筋。

盼盼的挑食是因为奶奶的过分关注，"今天奶奶烧的××菜好吃，

××菜好吃"其实对孩子是一种暗示，孩子在这种暗示中更学会了挑食。

现象：当前小学生由于缺乏健康营养饮食的知识，在这方面的教育又少，同时小学生往往受到各类零食的诱惑，商家也千方百计地变换着零食的包装、口味、色彩来吸引孩子。因而许多孩子普遍存在着一些不健康的饮食行为，如："挑食偏食"、"不吃早饭"、"常喝饮料代替水"、"常吃垃圾食品"、"常吃方便面"等。

◎ 你知道吗

挑食习惯影响一生

目前有不少的孩子产生偏食或者挑食的坏毛病，据统计，我国一些大城市，1~7岁的孩子中约有44%产生不同程度的偏食或者挑食的坏毛病。偏食或者挑食会造成孩子营养不良或者营养不合理，严重地影响了孩子的生长发育和智力发育，甚至出现行为方面的问题。有的不只是小时候挑食，自己做父母了也没有改变，以至于"世袭"下来。

七种不良因素导致挑食

挑食偏食主要指对一种或几种食物存在特别的喜好，常见的表现有：不爱吃蔬菜、豆制品等。其原因有：一是后天暗示习得。受环境因素和心理因素的影响，家庭成员的挑食习惯和饮食偏好对孩子有影响，如盼盼的奶奶总是在告知孩子："什么菜好吃，什么菜好吃"，孩子知道什么菜好吃，那什么菜不好吃，孩子不是也清楚了吗？不知不觉之中，孩子就学会了挑食，久而久之就形成了挑食习惯。二是饭菜的制作。有的家长由于时间紧或其他原因，经常给小孩吃些单调乏味的食品，花色单一，如天天吃同样的菜，或者煮一个菜吃好几天等，时间一长，小孩儿吃厌了，引不起孩子的食欲，造成对饭菜的拒绝。三是爱吃零食。随着生活水平的提高，很多孩子养成了饭前吃零食的习惯，等到吃饭的时候，孩子已经吃饱了，或者勉强再吃点自己喜欢吃的菜就什么都不吃了，久而久之，就形成了挑

食的习惯。四是过分关注。有的家长过分关注孩子有没有吃饱，为了孩子能吃饱，边看电视边吃饭，这样更强化了孩子的挑食行为。五是逆反心理。有的家长对挑食的孩子采取强制手段，硬逼着孩子把不爱吃的菜咽下去。这样反而使孩子对这些食物更加反感，即使暂时慑于威力勉强吃下去了，也不利于消化吸收。六是身体需求或疾病因素：孩子生病后由于影响了消化系统的功能，例如肠蠕动减慢、消化液分泌少、唾液腺也分泌少了，自然就会造成食欲减低，这也是孩子一种自我保护的机制。某些营养素的缺乏也会造成孩子偏食或者挑食，例如缺锌等。七是妈妈孕期和哺乳期的偏食也会造成一些孩子对某些食物的偏好，因为食物的味道可以通过乳汁或者羊水传给孩子。

◎ 这样沟通好

环境对进餐有很大影响。吃饭时周围气氛轻松愉快，进餐就是一件十分愉快的事。色、香、味俱全的饭菜，漂亮的桌布，优美动听的背景音乐都会使孩子对所吃的食物增加快感；反之则不然。

食物的选择和烹调要符合孩子的年龄特点。饭菜的颜色和做法经常变化，能够有效地刺激孩子的食欲。

吃一种以前从未吃过的食物时，要适当控制食量，以防一顿吃腻而影响以后的食欲。

孩子一般有这样的特点：同一种饭菜如果父母以命令的口气让他必须吃，他会吃得很勉强，甚至干脆不吃；如果以限制的方法不让他多吃，他会吃得很起劲。因此对孩子不够热衷的饭菜，可以用此方法调动食欲。

对于5岁以上的孩子，如果他不喜欢吃某种饭菜，你可以让他亲自参与到这种饭菜的制作过程中。无论是成年人还是孩子都存在赏识自己劳动成果的心理现象，尤其是孩子，对自己的"作品"更加自豪。因此即使自己做得不好吃，也会吃得津津有味。

孩子对某种饭菜不是很喜欢，如果处理不当，往往会发展到拒绝再吃的程度。这就要避免在孩子还不饿的情况下让他吃这种饭或菜。相反，当孩子饥肠辘辘时，即使某种食物并不好吃，他也会感到香甜可口。常言说"饥不择食"就是这个道理。

给孩子吃一种新的蔬菜、水果或其他食物时，应首先向孩子介绍它们的名称、生长或制作的过程、营养价值等知识，这会激发孩子品尝新食物的欲望。

当孩子坚持不吃某种食物时，不要强逼，这样会加重孩子对这种食物的厌烦情绪。正确的方法应该是改变吃法，迂回式矫正。例如孩子不喜欢吃炒豆腐，你可以先让他吃豆腐干、豆腐丝、冻豆腐，然后过渡到拌豆腐、清炖豆腐等，最后就可以直接吃炒豆腐了。对于不爱吃肉的孩子，如对不爱吃肉和蔬菜的孩子，可以包成饺子、馄饨、馅饼等，也可以把肉切碎，开始少放一点，待孩子习惯后，对肉的反感就会消失。

尊重孩子，淡化挑食、偏食的习惯。家长要尊重孩子，接纳孩子对食物的偏好。有些食物有些特殊的味道，并不是所有人都能接受的。如苦瓜的苦味，大蒜、葱、姜的香味，鱼的腥味等，不少孩子都接受不了。经常鼓励孩子多吃一口，或允许孩子少吃一口饭菜，这样能减轻吃饭的压力，让他们吃得轻松，下次才会吃得更多。要循序渐进地帮助孩子改掉挑食的坏习惯。

总之，要改变已经形成的挑食习惯，不能指望一朝一夕见成效，需要有一个过程。另外不能祈求一种方法获得成功，要进行多种尝试。只要有信心和耐心，就一定会成功。因为挑食绝不是由遗传基因固定下来的先天性行为。

肖萌萌到两岁半时，每天除了吃些奶类的食品外，每天三餐就以苹果果泥为主，无论爷爷奶奶、爸爸妈妈怎么哄骗，就是不吃米饭之类的食物。看着孩子一天一天地消瘦，萌萌妈妈心疼得不行，于是全家共同商

量，一定要纠正孩子的饮食习惯。萌萌妈妈跟孩子说："苹果是吃了米饭、米粥之后吃的，在吃饭时间，你要和大人一样吃米饭、米粥之类的，然后才可以吃苹果泥的啊。"到了吃饭时间，萌萌只想吃苹果泥，就是不吃米饭。萌萌妈妈跟孩子说："你吃饭吗？不吃，我们都有自己的事情，等会儿你饿了的时候，没有时间给你做饭的，你只能饿肚子了"。萌萌不以为然，就是不吃。萌萌妈妈怎么说就怎么做，面对孩子哭闹，没有改变、妥协。有了这一次的体验，萌萌变了，在吃饭时间正常吃饭，苹果泥是辅助食品，夹在两顿饭之间。看着孩子一天一天好起来，天天香喷喷地吃饭，全家的心终于放下来了。

虽然当时有些不忍，但如果面对孩子的哭闹而妥协，那萌萌的良好饮食习惯恐怕不能形成，而在这个过程中家长敢于温和地说"不"和善良地"坚持"又是多么的重要。

"丢三落四"有苦头吃

突然"丢三落四"背后一定有什么突发情况，如父母吵架、孩子身体不好、孩子遇到挫折、与同学关系不好等。我们一定要知道背后的隐情，才是解决问题的关键，别让"丢三落四"成为习惯。

◎ 身边故事

小飞，12岁，最近一段时间总是拿东忘西的，刚刚放的东西下一秒钟就不记得放哪里了，时间久的却能记住，而且要找的东西明明就在眼前却视而不见。老师们就觉得很奇怪，纷纷在探究着："这孩子最近怎么啦？怎么老是忘东忘西的，上次作业本都不知道拿。""上次我让她去总务处帮我拿一个粉笔擦，竟然拿了三次才拿来，不可思议……"后来老师跟她家

长联系，家长也说有这类情况，她母亲举了一个例子："上次我让这个孩子把垃圾带到楼下去扔掉，结果她放在门口的台子上了。""那她最近的睡眠好不好?"老师问。"家里有什么特殊的事情吗?"母亲不语。原来最近夫妻俩关系紧张，正在闹离婚呢。想必问题就出在这儿了。

小飞突然最近一段时间上课注意力不集中，她很担心成为离异家庭的孩子，所以脑子里整天想这些事儿，故总是忧心忡忡，所以就丢三落四。所以我们要弄清楚孩子问题背后的原因，对症与孩子沟通。

◎ 你知道吗

丢三落四的状况有两种：一种是某段时间的事，等事情过去，或者孩子调节好情绪，这种现象也就自然消失；另一种是比较长时间有丢三落四的现象，这已经是一种不好的习惯，非常容易给我们的学习和生活造成某种被动。造成这种现象的原因有多种，既有身体上的，也有心理、性格和习惯上的。身体上指：因为某种疾病导致记忆力衰退，容易忘事。心理上指：比如说因为某件突发事情的困扰而情绪不好，因而丢三落四。性格上指：有些孩子生性大大咧咧，粗线条的人容易忘事。

◎ 这样沟通好

如果是习惯不好而造成的，就要训练孩子纠正不好的习惯。从日常生活中的小事做起。可以这样做：平时要求孩子从哪里拿的东西用完后仍放回原处，家长不要帮孩子收拾书包，孩子每天一做完作业就应将书包整理好。刚上小学一年级的时候，家长就要重视这个问题。如果孩子在平时做作业时慢慢养成了自己检查的好习惯，考试时忘记检查，经常出错的现象就会好很多，甚至没有。当孩子年龄稍大一些（12岁以后），教孩子做次日或一周的计划，并把每天要做的事写下来，放在显眼的地方，以此敦促孩子自己能够一丝不苟地按章行事。

　　如果是记忆力不好造成的，要有意识地训练孩子的记忆力。从日常生活中的细节处培养孩子的注意力和记忆力。如和妈妈一同出门前，让孩子帮助妈妈检查要带的东西；上学前从头到脚检查自己，看看还缺什么东西没带；每次把老师留的作业记在本子上；有些简单的事可让孩子记在手上；当孩子忘记了某件事情，不要马上提醒她，让她自己回忆。还可以用游戏的方式培养孩子的记忆能力。例如，户外玩耍时，突然问孩子刚才玩过的地名等。

　　如果是性格原因，如比较好动的孩子，可进行以下训练：①可对孩子生活作息时间有详尽的安排。其中既要有足够量的活动安排，以满足孩子活动的天性，又要安排一段安静时段，而且逐渐增多安静时段的比例。但这安静不是静坐，而是安排孩子看图书或画画或写字等内容，确保其生活内容充实，若在这些活动中表现很专注，目的就达到了，这样可以增强孩子的自控能力。②培养耐心倾听别人说话的习惯。当你和孩子交流时，要求孩子等别人说完后，才可提问。如孩子比较心急，不考虑时机与场合，虽然这是孩子的天性，但我们要求并有意识培养孩子，是可以达到的。③指导孩子安排自己的学习和生活。比如：将课程表抄回来，让孩子知道每天要上什么课，带什么学具，再一一对应课表检查、落实。长期这样做，可以培养孩子做事严谨的习惯。

　　如果是身体不好造成的，就要去看医生；如果是一时情绪不好，则我们要帮助孩子尽快走出阴影，恢复正常的生活，比如：让孩子正视现实，淡化事情的严重性，消除孩子的顾虑。

　　让孩子吃些丢三落四的苦头。如果孩子出门已走到半路，想起什么东西忘在家里了，家长一定要让孩子自己回去取，即使是迟到，也要让孩子承担这个责任，而家长不要代之受过。也可以用过度纠正的方法巩固孩子的好行为。例如，要求孩子出门前将书包检查3遍；孩子丢掉一件东西后不要立即给他买新的，可以让孩子帮助干家务活，挣到钱后再买，或是家

长出一部分钱，其余的钱让孩子自己解决。让孩子体验物品失而复得的不易，促进孩子改掉丢三落四的习惯。

培养孩子的责任意识。凡是孩子能够独立完成的事，家长要尽量指导并鼓励孩子完成，或者承担失败的内疚、惩罚等。这样孩子才会积累经验，才可能有责任感、有担当。

避免负面影响。家长说话、做事要尽量做到有条不紊，不要毛毛糙糙，这样会误导孩子，给孩子传递负面能量；也不要给孩子太多的任务，如一会儿要求做这，一会儿要求做那；更不要在孩子做事时老打岔，孩子跟不上节奏，只能丢三落四。

改变孩子丢三落四的习惯，家长可让孩子试试上述各种方法。但是持之以恒非常重要，否则，再好的办法都是没用的。

走神是学习的头号"杀手"

上课走神是孩子学习的头号"杀手"，一定要尽快了解背后隐情，并与孩子沟通，否则影响孩子的学习成绩，长久下去还会对孩子的心理、生理、习惯等诸多方面造成负面影响。

◎ 身边故事

小铭是一个非常聪明的孩子，已经上四年级了。可是，从小铭上小学的第一天起，爸爸妈妈好像就没有轻松过，因为小铭的老师三天两头打来电话，反映小铭上课不专心听课。原来，小铭上课总是注意力不集中，不是东张西望、做小动作、玩铅笔、橡皮，就是说话，严重影响了自己和班级其他同学，老师每天不知批评他多少次，可就是不见效。老师实在没办法，只好请家长帮忙了。小铭的爸妈也不知应该怎样才能让孩子专心听

课。批评教育，严格管束，打也打了，骂也骂了，可就是没效果，小铭的的注意力还是集中不了。自然，小铭的学习成绩一直不理想。爸妈怎么也想不明白，挺聪明的孩子为什么上课就集中不了精力呢？

不能小看孩子上课走神的问题，因为孩子注意力不集中，思路就跟不上老师所讲的内容，慢慢便失去了听课的兴趣，学习成绩自然会受到影响。小孩子在玩游戏、看动画片时聚精会神，为什么上课会走神呢？

◎ 你知道吗

注意力不集中是学习的头号杀手

孩子注意力的发展与两个方面有关：一是自身心理发展的成熟，二是环境与教育的作用。"注意力"是智力品质之一，是逐渐发展起来的，与"意志力"的发展有密切关系，自我控制能力越强，注意力就越集中。年龄越小，越不能有意识地控制自己的注意，即"无意注意"占优势，三岁以后，"有意注意"发展起来，开始只能集中几分钟，以后逐渐延长，若环境有利、教育有效，注意力会发展得更好一些。

上课专心听讲是搞好学习的第一因素。可有些孩子上课注意力不集中，有的上课坐立不安，爱说话，爱搞小动作；有的看似"平静"，专心听讲，但上课走神，心不在焉。两种表现同一本质，都是上课注意力不集中，称之为注意力障碍。这一障碍不及时克服，难以提高学习成绩。据统计，80%的注意力障碍儿童学习成绩落后，所以有人说注意力障碍是学习的头号杀手。注意力障碍有心理和生理问题，前者通过沟通可以改善，后者需用药物等手段治疗才见效。这里只谈前者问题。

寻找注意力不集中的背后原因

造成孩子学习时注意力不集中的主要原因有：孩子睡眠不足或身体疲劳，孩子的注意力不善于转移，缺乏毅力、自控能力差，不良环境干扰，如家庭不和谐等，不良生活、学习习惯的影响，学习缺乏动力与兴趣，学

习能力差，父母或老师的教育内容、方法不符合孩子的年龄特点和认知结构。看看你的孩子属于哪一种或哪几种原因？

◎ 这样沟通好

如果你孩子的注意力不集中，不是因为病态性"注意力不集中"，而是孩子在成长过程中，所表现出来的正常的"注意力不集中"，可以试试以下一些方法，或许会对你有帮助。先提醒家长注意两个问题：其一，注意力既然是受心理发展制约的，就要在发展自控能力上下工夫，对此，说教、埋怨、责怪是没有什么作用的，反而会让孩子听皮了，消极起来；其二，今日状况既然是长期发展的结果，也不可能说改就改，急于求成是会碰壁的，对此，既要注意培养，又要耐心等待，坚持"功到自然成"。

对环境的建议

创设安详、宁静的环境。孩子读书学习的时候，父母要尽量避免大声讲话，将电视、电脑音量调低，尽可能地排除嘈杂、喧嚣的因素；家庭和睦，家人以安详的态度和稳定的情绪，感染孩子；少批评多鼓励，上课前不责骂，带着好心情进课堂；教育孩子遇事大度，少生气。在这样的环境里，孩子的心态不浮躁，才会聚精会神地做事情，有利于注意力的集中。

看淡人际关系，建构良好的人际关系环境。人际关系包括孩子与父母、老师、同学、朋友的关系，中小学生在心智各方面发育还未成熟，不会很好地处理人际关系，这是正常的，人际关系发生一些变化，也是很正常的。如果孩子与父母等长辈之间因为一些琐事导致关系有些僵硬，那让孩子不必太在意，长辈是不会斤斤计较的，找个机会主动沟通一下，就可以化解矛盾了。如果是与老师或同学的关系有些恶化，也不用太在意，老师都是成年人了，不会在心里记仇的，与老师化解矛盾最好的办法也是主动沟通。和同学有矛盾解决不了的时候，最好能够把事情说给班主任或信任的老师听，或者向家长寻求帮助，尽早解决。朋友在青少年心中分量特

别重，朋友关系稍有变化会引起较大的情绪情感波动，可能直接引起上课时注意力的分散。可以跟孩子这样说："如果你和对方是真正的好朋友，那对方是不会因小事和你计较的；如果对方是睚眦必报的人，那失去这样的朋友对你也没有什么损失。"总之一句话，对人际关系不要看得太重，要泰然处之。

对教育的建议

养成良好的睡眠习惯，学会减压。可以说，现在的中小学生都有压力，尤其是一线大城市的孩子，压力更大。压力来自哪里？作业？考级？升学？归根结底恐怕还是来自家长吧，来自家长望子成龙的期盼。一些孩子从小就"失去了自由"，被迫去上各种不感兴趣的"兴趣班"，其实还是家长的攀比心、虚荣心在作怪。对于这些可怜的小孩子的家长，我想说：真正了解一下你的孩子吧，和你的孩子做朋友吧。上了中学后，家长对孩子的强制性行为会稍稍减少，中学生比小学生成熟得多，也更有责任感，他们在学业上的压力应该说主要来自考试，对于那些心理素质一般的学生，考前焦虑症经常会困扰他们。对于这些学生，我的建议是在平时就养成良好的睡眠习惯，学会给自己减压，正确认识考试的目的和意义。无论何种考试，都是一次普普通通的测验而已，测验的目的在于发现学习中存在的问题，分数是次要的。同时，建议心理素质较差的中学生有针对性地做一些这方面的训练。

培养自我控制力，提升注意力。要想提升孩子的注意力，就要设法逐渐延长孩子专心做事情的时间。第一，学习时间不宜过长，可以采用"短、平、快"的方法，把作业分成几部分，让孩子先写完一部分，完成任务后立即给予表扬，然后让他休息几分钟，这样反复的形式，经过一段时间后，酌情逐步增加孩子的学习时间，让孩子在这种过程里一点点提高自控力。第二，给孩子一定的责任，这在成长过程中是至关重要的。如交给孩子一些他力所能及的任务，一旦完成，即使不够理想，也及时承认和

表扬。第三，进行学习目的性教育，让孩子明确学习、奋斗的目标，并通过自己的努力达到目标，增强孩子的有意注意力。第四，多让孩子做一些有利于稳定注意力的活动，例如，绘画活动、书法活动、制作活动、阅读活动等，看孩子对哪些方面有兴趣，就从哪里入手。第五，要让孩子意识到自己的进步，在严格要求的同时，要密切注意孩子的发展，只要孩子有一点点长进，就要及时肯定，让孩子有良好的自我感觉，就会有自我控制的积极性。另外，有些食品会刺激孩子，使孩子兴奋、不稳定，如巧克力等，最好不要多吃。

主动与老师沟通，由喜欢老师到喜欢该学科。很多孩子在学习生涯中遇到经常换老师的问题。有的孩子因为某门课程换了新老师，而这个老师的讲课风格与之前的授课教师有很大差别，一时在短时间内接受不了新老师，上课时也无法集中注意力。对于这类孩子，我的建议是课下主动找老师聊天、问问题，同时也可以向老师提出你的建议，慢慢地，你会发现这个老师越来越多的优点，就会喜欢上这个老师，然后爱屋及乌，喜欢上该老师教的课了。当然，这种方法是被迫地主动解决问题，怎么理解呢？送大家一句话：改变不能接受的，接受不能改变的。

课前休息几分钟，有助于上课注意力集中。有些比较活泼的中小学生，经常在课前讨论一些与学习无关的事情，比如某部新上映的大片啊，或者谁又买了一个新颖的玩具啊，等等，这些同学讨论的话题涉及到方方面面。讨论这些事情本身是无可厚非的，课余生活丰富一些是没有错误的，只是如果影响到课堂上的听课效率就不对了。在不改变课余生活的同时，为了不让这些丰富多彩的生活打扰听课时的注意力，最好的办法就是在上课前几分钟让大脑充分休息一下，或者浏览一下将要学习的内容。不要占用课间的几分钟和同学讨论课外话题，把这种讨论安排在放学后的时间更为适宜。

浩浩是个一年级小学生，他的爸爸跟我反映说孩子上课和做作业时注

意力不集中，必须爸爸坐在旁边不停提醒，老师反映孩子在校上课也是这种状态，学习成绩差。还有和人沟通很难，平时和他讲话他可以完全不理会你，但遇到他想讲的话题时他就会滔滔不绝，你根本没法让他停下来。老师要求家长带孩子去检查是否有多动症，在一个月前家长已经带孩子去检查并测了智商，结果显示孩子一切正常。

通过了解，发现浩浩对目前的课堂学习缺乏兴趣。而处于 7~8 岁年龄阶段的孩子对自己不感兴趣的东西是不会主动关注的，要他运用意志强迫自己集中注意力更是难上加难。其次是浩浩在学前没有养成良好的倾听习惯。倾听习惯是需要培养的，而且是在从小对孩子良好生活习惯培养的基础上逐渐养成的。而浩浩的奶奶性急，事事包办，忽视从小对他生活能力的培养。试想，一个事事依赖成年人，没有自己决断力的孩子怎么可能有独立完成学习任务的能力？还有浩浩的注意力转换不够好，如果不让浩浩把他想讲的话讲完，就无法转入另一个话题，造成注意力难以集中。

措施：面对浩浩表现出来的情况，首先要从改变家庭教育中出现的问题入手，父母对孩子要有足够的耐心和爱心，培养孩子的独立性，发现孩子的闪光点，及时肯定和表扬。

其次，建议妈妈要加强与班主任和科任老师的沟通联系，作为桥梁拉近师生间的心理距离，因为一年级的孩子会因为喜欢某个老师进而喜欢上学习，甚至妈妈还可以和孩子一起绘制爱心卡送给老师，肯定孩子的积极情感。

最后，对于浩浩上课注意力不集中问题，要从对学习的兴趣培养着手，例如将课文内容形象化、生动化，使之符合孩子的认识规律。同时训练注意力快速转移的能力。父母可以制作一些道具，交替变化让孩子辨认，用最简单的叙述说明这一道具的特点。每天让孩子训练 10~15 分钟，坚持一段时间后会有成效。

积极发言是优秀学子的法宝

正常情况下，一个人如果一日三餐不好好吃，就算副餐吃得再好，身体也还是不佳。学习和吃饭一样，要想学习成绩优秀，主要靠课堂四十分钟的学习，而非其他。

◎ 身边故事

故事1：在我的邮箱里，曾经收到这么一封求助信，信上是这样写的：今年我上五年级，我的成绩一直在班级排前10名，可不知从什么时候开始，我上课就是不敢发言，看到其他同学在课堂上的发言那么精彩，可羡慕了。每次老师喊我发言的时候，我总是感到很紧张，感觉同学们都在盯着我，手心都冒汗了，准备好的内容总是结结巴巴地说出来，甚至有时还忘记说什么了，站在那儿发愣。虽然老师并没有批评我，但同学们肯定都在笑我。后来，我一听到老师提问题，就赶忙低下头，就怕老师喊到我。老师，我该怎么办呢？

故事2：我是小明，每次上课的时候，我都想举手发言，希望自己每次都答对，能得到老师的表扬，被同学羡慕。但每次都犹豫不决，有时明明知道答案也不举手。看到别的同学答对后得到老师的表扬，自己又很后悔，自己为什么不举手呢？我的答案比那位同学的更准确啊！但我没有那胆量，真怕自己答得不准确，遭受到老师的白眼和同学的嘲笑。

课堂上不敢举手发言，是中小学生中最常见的现象之一，也是许多孩子、家长和老师共同的烦恼。

◎ 你知道吗

上课积极发言是许多优秀学子取得好成绩的法宝。它可以促使我们在课堂上集中注意力，主动参与老师的教学；也可以让老师和同学明白自己的观点，了解自己的思维过程，从而更好地帮助我们掌握知识；还可以锻炼我们的勇气和口头表达能力。不过，在大庭广众之下说话，并不是件容易的事。其实很多同学都有这样的经历：自个儿准备得蛮好的，一到当众发言时，就很难流利地表达出来了。其原因一般有：一是孩子胆子小，不敢发言；二是孩子的性格内向，不喜欢发言；三是孩子缺少方法，不知道怎样发言；四是苛求自己，怕发言不好；五是曾经发言失败，被同伴嘲笑过，一旦遇到挫折就有被伤害的感觉，结果更害怕失败，产生自卑心理，越缺乏自信就越不敢发言。这就需要家长了解孩子不敢发言的真正原因，消除顾虑，鼓励孩子在课堂上多争取发言的机会，像叶子一样，高高举起自己的手！

◎ 这样沟通好

克服自卑、树立自信

敢于举手回答问题，宏观上要形成以下几点认识：首先，要知道自卑是人类发展过程中必然会出现的心理状态。任何人都会有不足，因而都会产生自卑心理，但是自卑是可以通过努力克服的。明白了这个道理，你就会树立有能力克服自卑、摆脱自卑羁绊的观念，不会让自卑阻碍你的发展，而是让它成为促进你努力奋斗的动力。

其次，要正确认识自己的潜能，积极尝试、敢于冒险。事实上，一个人能做到的比他想到的要多得多。对于老师的提问，要相信自己一定能回答出来，而且回答得还会更流畅。

再次，回答问题是表明自己理解了老师讲课的内容，有利于你更专心

101

听课、认真思考。同时，回答问题也是对老师上课劳动的尊重，老师也需要你的反应来评价和调整自己的教学方法和进度。

最后，关注事情本身，别在意别人的评价。当你回答问题出现错误时，往往自己看得很重，夸大了错误的严重程度，而别人却不一定注意你。即使是出现一些笑声，大多也是善意的。

光有宏观认识还不够，还要有心在微观上做到：每次上课前，先预习老师将要讲授的内容，想一想老师可能提出什么样的问题，事先把这些问题和答案写在笔记本上，准备上课时用，做到心里有底。课堂中，如果遇到老师提出的问题恰好是你预习时准备好的，就勇敢地举手，实现第一次举手的突破。如果老师让你回答正好，如果老师没有让你回答，也要肯定自己勇敢举手的行为。有了第一次举手和回答问题的经历，你就成功了一大半。以后上课时再用同样的方法锻炼自己，你会发现自己原来能回答得很好。慢慢地你就不会再关注上课要不要举手的问题了，相反举手回答问题成了一个很自然的事情。假如还有困难，你也不必强求自己，干脆接受现实，不再去想上课要不要举手回答问题。课堂上遇到你会的问题就安心听别人或老师的答案，与自己内心的答案相对照，看看有什么异同。如果自己的答案对了甚至更好，就微笑一下，在内心给自己个鼓励；如果自己的答案错了，改正过来，听懂了、学会了，也就完成了任务。这种无声的对话和交流也是不错的方法，可以避免因为过多地考虑是否举手回答问题而造成情绪紧张。

交给方法，帮助孩子学会发言

平时有些孩子想发言，可是得不到要领，不是没有头绪就是废话，这是学生在教师不断引导下还是不发言的一种原因。因此家长可以帮助孩子做到："言之有理，言之有序，言之有物。"

言之有理。就是在发言时要围绕着一个中心，展开内容的时候，应该抓住要领，与中心有关的内容就多讲，与中心无关的内容应该少说。孩子

明白了"发言应围绕一个中心"以后，才会把话说好。

言之有序。 让孩子知道，发言时要有顺序。讲完一层意思后，接着讲另外一层意思，要注意各层意思之间的联系，使讲话的内容上下连贯起来。这样的发言才能使人明白。

言之有物。 "说话"的时候，做到以"事实"说话。这是非常有效的一个方法。如介绍物体，应该具体指出物体的颜色、形状、大小、声音、气味、质料、作用以及给人的感受；介绍事物，应该具体地讲出事物的发展变化过程；介绍人物时，应该列举出具体的事迹等。有的时候，还可以用打比方、列举数字来补充发言的话题。

随着年龄的增长，遇到合适的时机，你会自然突破不敢发言的困扰。只要你努力学习、认真做事，敢于发言只是迟早的问题，不必为此过分担心。

有个孩子在日记中这样写道：每次上课我总在心中不断地鼓励自己："今天上课一定要勇敢地举手回答老师提出的问题！"课堂上又在心中对自己说："嗨，举就举呗！不就是读读课文或回答问题吗？有什么可怕的！"上课铃响了几分钟后，景老师提问了："哪位同学能有感情地将《凡卡》这篇课文朗读一下？"教室里静得出奇，连同学们的呼吸声都能听得见。我的心突突地跳个不停，我偷偷地向四周看看，有的同学低头默坐，有的同学摆弄手指，有的同学扯着衣角。只有李佳秋、刘乐园等几个朗读水平高的同学举起了手。我多么希望有一个与我朗读水平差不多的同学举手啊！哪怕只有一个！然而，没有。半分钟过去了，景老师温和地对同学们说："相信自己的能力，大胆举起你的手吧！老师相信每位同学都能朗读得很好！"这时，我下意识地动了动胳膊，心又怦怦地跳起来了。哎，真不争气！我不敢抬头看景老师那双眼睛，但我可以想象出他的眼睛里一定充满着失望，为什么只有这么几个同学愿意读书呢？"要是有成绩差的举手，我就接着举。"我心想，然而，还是没有。"唉，怎么成了这种心理呢？怕什

么，不就是读读课文吗！"我又暗暗地鼓励自己。我悄悄地把左胳膊放在桌上，目光偷偷地扫了一下四周，发现没有人注意，才慢慢地举起右手，举得低低的，但我觉得又是那样重。举起手，我又慌忙地向四周扫视一下，忽然觉得我那举起的手，像一块嶙峋的怪石，极不协调，这种不协调搅得我心神不安，真想把手放下。正在我惴惴不安的时候，忽然感到景老师的目光似乎向我这边投来了，我不由自主地迅速放下了自己那举得低低的手。我狠狠地在自己的胳膊上拧了一把："这不争气的胳膊，怎么就举不起来呢？"唉，举手真难！所以每天回家，我又给自己增加了一项作业：读课文给爸爸妈妈听，一开始读书时，我的声音不是很大，读得也不是很有感情，后来，在妈妈的提议下，我才把自己的声音读大了一点，有感情一点，就这样日复一日，终于有所提高。慢慢地从举手朗读课文开始，现在我也敢举手发言了，心底的那块石头也终于落地了……

由于孩子不断地暗示自己，鼓励自己，终于冲破了不自信的镣铐，从简单的发言开始，在那些成功的自我意象的影响和作用下，变得更加自信，终于战胜了自己，勇敢地举手发言了。

"人来疯"的孩子有优点

"人来疯"的孩子会在外人面前落落大方，要放大利用这个优点，慢慢淡化"人来疯"的孩子身上的缺点。

◎ **身边故事**

故事 1：在班主任的眼里，11 岁的小楠是个热爱劳动的孩子。每次学校大扫除时，她都表现非常积极，抢着干脏活、累活。可是在小楠的父母眼里，这个孩子实在是太懒了，不要说帮爸爸妈妈干点家务活，地上掉个

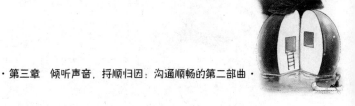

纸片，也不会把它捡起来。

据调查发现：像小楠这样，越是集体组织的活动，表现越积极；相反，在"没人注意"或"没人在场"的情况下，"这些美德就会大打折扣"的现象在学生中呈逐年增加的趋势。这是在学校里经常看到的"人来疯"现象。

故事2：群群是芳芳邻居家的小男孩，今年7岁，已经是南京某小学一年级学生。平时还不算太调皮，可一旦家里来了客人，就变得不是他了，不但大喊大叫，还一会儿打开电视，把音量放得最大；一会儿上蹿下跳，模仿动物的叫声；一会儿扛着玩具枪，对着客人就是一阵"嗒嗒嗒……"当着客人的面，他爸不好训他，说他几句，他更来劲儿，真没办法。弄得做父母的很难堪，不知如何是好。

这是"人来疯"现象在家庭里的一些表现，尤其是年龄比较小的孩子在家庭中比较普遍的现象。

◎ 你知道吗

"人来疯"人人都有过

"人来疯"通俗地讲就是在客人面前胡闹，多指小孩。根据弗洛伊德定律分析，人来疯是人类自我表现欲的无端彰显。人由于种种原因受到轻视甚至漠视时，就会千方百计寻找机会表现自我，以引起人们对自己的重视和青睐。这个机会自然以来了人（生人、客人，直至长辈或上司）为最佳。人来疯精神并不是孩子们的专利，成年人也毫不逊色，只是随着年龄增长和学养加深，一般人都慢慢收敛甚至消亡了，但也有人临死都不会有多大改变。人来疯没有城乡、工农、男女、老幼、级别之分。

不同场合里的"人来疯"

在家里一种表现为平时很乖，但一旦家里来了人或者到了人多的地方，就一反常态，哭闹得天昏地暗，任凭怎么摇曳哄摸也无济于事。还有一种是只要家里一来人，就故意在客人面前跑来跑去、疯疯癫癫，还趁机

向大人提出无理要求。在学校等集体场合中的"人来疯"一般表现为"越是集体组织的活动越积极"，在"没人在场"的情况下，美德会大打折扣。这些都是"渴望被肯定、被重视"心理的表现，常常牵扯父母的精力，影响成人的交流沟通，常被称为"万人嫌"。具体地讲是由以下原因造成的：

内因方面

心理需求。家里没来客人时，孩子是父母关注的中心，当家里来客人或去别人家做客时，父母的注意焦点发生了转移，可孩子对自己从中心的"宝座"上下来很敏感，也会很不适应，因而要通过任性、不听话等方法来引起父母、客人关注，满足"被重视"的心理需求，这也是人性的弱点。在学校等集体场合，随着"4—2—1"家庭的增多及"独二代"的出现，家长对孩子过度关注，但孩子在集体场合中却得不到如家长般的重视，故有心理上的不适应，用抢干脏活、累活来引起老师的肯定和关注，从而满足"被重视"的心理需求。

年龄特点。孩子在2~7岁这个年龄段，虽然已有初步的主客体区分能力，但对自我的认定还是主要来自客体，特别是成人的评价。所以非常希望得到别人的肯定和注意，这也是中小学生通过外在的评价来加强自我认识、自我接纳、自我欣赏，进行自我认识的一个重要渠道，这说明中小学生的集体意识正在形成，展示良好风貌、突显美好形象的"竞争"意识也已经显现。但"人前人后不一样"，长此以往，会出现双重心理和人格分裂，需要引起一定的重视。另外不太容易意识到别人的需要。所以在客人到来时，孩子往往演得非常出色，但不能理解大人的需要。还有一个主观原因是这个年龄阶段的孩子，其神经系统的抑制功能还没有发育完全，兴奋了不容易平静。

外因方面

客人造访，对孩子而言是一种新鲜刺激，孩子的初衷是对客人表示热情、友好，同时也展示一下自己的才能，显示自己的存在，满足自己内心

被关注的欲望。有这种欲望是人的本能，没有什么不好，如果父母不理解，或觉得有损颜面，进行诚惶诚恐的压制，就会出现一些"叛逆"行为，势必指引他将这场"人来疯"愈演愈烈，与他最初的自然表现相去甚远，而成为无理取闹。

在学校等公众场合，同时受过度功利因素的影响，成人社会短视、功利的观念越来越多地折射到孩子的心灵世界中。过于追逐社会取向，会导致孩子在没人注意或没人在场的情况下，劳动态度和助人行为大打折扣。

◎ 这样沟通好

学校里

鼓励孩子间相互帮助，让他们真切体验有能力帮助别人的快乐。预防孩子为了得到表扬而助人的不成熟心理，给孩子让出成长和成熟的时间和空间，引导孩子从身边具体小事做起，改变家长的功利心态，用长远的眼光对待教育。

家庭里

帮助孩子完成角色转换。在客人没来前，就要让孩子明确，不同场合应该扮演不同的角色。客人到来后，给孩子一些表演的机会，例如让孩子背诵一首唐诗或者让孩子唱一首歌，让他露两手"绝技"，或看看他画的画儿，或让他讲个小故事。让孩子先得到了关心和认可，他就不那么张扬无礼了，然后给孩子一个明确的、停止的提示，帮助孩子完成角色的转换。如父母可以说："很好，今天就说到这儿，下一次再跟叔叔露一手，好吗？"这既是在肯定孩子，同时又是在暗示孩子：今天的表演差不多就到这里了。如果需要，再明确地说："下面叔叔要和爸爸说一些事情，你让妈妈给你讲故事好吗？"这时最好不要马上让孩子从事一个人的活动，以免反差太大，孩子不容易接受。

满足孩子合理的需求。客人来后，不能把孩子撇到一边，还要给予适

当关注。如可先向客人介绍一下孩子，然后适当地让孩子也参与到招呼客人的事宜上，比如给客人拿水果、递烟灰缸什么的，别忘了对他礼貌、懂事的行为进行及时表扬，这样孩子会得到满足，也觉得有安全感，良好行为也得到强化。

正确认识，扬长避短。 不妨利用"人来疯"不怕生人的长处，在接待客人或去做客时，让孩子积极参与你们的活动，如一起帮助招待客人，给客人拿水果等，培养孩子良好的待人礼仪；也可正常与客人交流，培养孩子良好的沟通能力，这也是难能可贵的，对孩子不可训斥，先淡化、转移话题，过后再沟通，让孩子明白事理，这样有利于确立是非观念；还可以事先与孩子约定：客人来后第一件事是他向客人表演节目，时间为 10 分钟，接下来是家长与客人谈话时间，双方互不干扰。这样父母尊重孩子、满足孩子展示自己的欲望，孩子一般都会信守约定。

遇到"人来疯"的孩子，我们重在引导和预防，变不利为有利，培养出会交流、能待客、懂事理、有礼仪、思维活、性格开朗的好孩子。

龙龙的父母在博客中写道：

龙龙是个聪明的孩子，可是每次客人来，他都趁机提一些平时我们不应允的要求，如果我不同意，他就又哭又闹，甚至满地打滚，以要挟家长满足他不合理的愿望。开始两次，我碍于客人的面子，违心地迁就了他，谁知他变本加厉，常常故伎重演。我想一味地这样迁就他，会助长他的坏毛病，索性改变战略，对他不理不睬。一次居然摔坏了刚买回来的小猪存钱罐……客人走后，我狠狠地教训了他，告诉他这样做是不对的，也不可能达到目的，并声明自己坚持的道理。孩子也试探着让步，提出不过分的要求，我也适当满足孩子。以后，孩子慢慢就好了许多，能听进大人的话了。我还给孩子讲了些待客礼仪和待客之道，并让孩子帮助一起招待客人，孩子大大方方地给客人端水果，递送餐巾纸，热情而又礼貌地招待客人，客人都夸奖我教子有方呢。

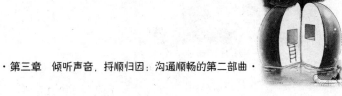

孩子，别一味地羡慕别人

一味地羡慕别人是不自信的表现，但凡事都有两面性，我们可以利用这一点，与孩子探讨今后的生活话题，让孩子抱着理想而生活。

◎ 身边故事

有时候孩子总是看着其他小朋友有漂亮的衣服、好玩的玩具，而心生羡慕，虽然自己也有这些，但总觉得不如别人的，不爱玩自己的。朋友周舟的女儿莉莉，因羡慕别的小朋友菲菲有漂亮凉鞋，于是偷偷地用削笔刀把自己的塑胶凉鞋割坏，然后回家对妈妈说："妈妈，我的凉鞋被小朋友不小心弄坏了，妈妈重新帮我买新的。"过了一天，妈妈却让鞋匠给修好了，莉莉哭啊闹啊，非得让妈妈去买跟菲菲一样的新凉鞋。妈妈没有依她，她只得伤心地继续穿着那双修好的鞋子。

◎ 你知道吗

孩子们长到 10 岁以后，已经开始有了对比、比较甚至攀比的心理。男孩子能够逐渐离开父母独自行动或自行去探索新的事物，对其发展而言应该算是件好事。但要注意不要让孩子这种转变往坏的方向发展，养成到处"野"的坏习惯。

◎ 这样沟通好

为了预防这种情形发生，有男孩子的家长们要养成孩子不要说想去哪里就立刻付诸行动，一定要先回家做好详细的计划之后再实行的习惯。即使孩子们的计划在大人眼里看来幼稚或一无可取，家长也千万不能加以否

定。无论如何，一定要让他们实行，如果不这么做，孩子反而会上哪儿去都不肯告诉家长了。

女孩子方面，如果表现出羡慕别人家庭状况的态度时，家长不妨和孩子聊一聊，让她们知道，每个人都有各自不同的生活方式，同时，跟孩子一起讨论自己家里的长处。

除此之外，家长不妨协助孩子把眼光放远，试着和她们讨论，长大以后，想要怎样地生活等话题。如此一来，即使家里目前的状况不是很好，孩子却能因对未来抱有希望而不觉其苦。不过，有些家长在发现自己的孩子羡慕别人家生活的情形时，会跟着孩子一起羡慕起来，更严重的是开始感叹自己的生活，甚至反过来向孩子数落家里生活状况比不上别人是因为爸爸不会赚钱所造成的。

还有一种极端做法，认为羡慕别人是一种罪恶，一旦孩子有这种表现时就立刻严厉斥责。另外有些说教型的家长会告诉孩子，世界上还有其他生活比不上自己的人，不可以一味地羡慕别人。虽然家长有必要告诉孩子这一点，但这种时候却不是好时机。

在孩子对别人产生羡慕的心情时，家长的说教不但无法排除孩子羡慕别人的心理，反而会导致不好的结果。强行压抑孩子的心理，只会把孩子逼向绝望的深渊，与其这样，不如让孩子拥有恰当的梦想，不论现实状况如何，但对未来却永远不会绝望。这样不但可以化解孩子羡慕别人的心情，也能消除孩子们因此而产生的自卑感。

杜绝"娘化"，培养了不起的男子汉

随着成人后越来越多"娘化"的男性出现，这个社会又在呼吁阳刚的男性气质。到底是哪里出了错？我们的家庭教育如何区别对待男孩？

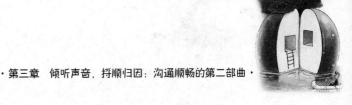

◎ 身边故事

　　姜楠今年十岁，镇江某小学三年级学生，爸爸、妈妈都做生意，妈妈脾气暴躁爱发火，从小对姜楠说得最多的话就是："爸爸、妈妈很忙，没空陪你，乖，你就在家看看电视玩玩啊。"他们家开的超市位置不错，人流不息，门前经过的车辆也很多，生意很好。他们一般都没空陪孩子，对孩子的要求就是："乖乖听话，在家玩。"他们的家是与超市连着的，一间约十几平方米的房子，里面有一张床，还有一张吃饭的小桌子。在家玩，就是与电视为伴。久而久之，孩子整天宅在家里，做做作业，看看电视，与人交流很少。不得已与人交流时，说话声音也低低的，要是有妈妈在场时，他总是蹭在妈妈身边。姜楠妈妈很着急，觉得儿子越来越有点像小女孩了，真害怕儿子长大"娘化"了。

　　现在，越来越多的父母喜爱文静、听话、懂事的男孩，却讨厌调皮好动一刻不停的男孩。但是随着成人后越来越多"娘化"的男性出现，这个社会又在呼吁阳刚的男性气质。到底是哪里出了错？我们需要的难道真的是一个"乖乖的、听话的"男孩吗？

◎ 你知道吗

教育抑制了男孩子的个性

　　我看到过一个帖子，是这样写的：在一个班级里，第一名是女孩子，班长是女孩子，团支书是女孩子，学委是女孩子，语文与英语科代表是女孩子，乖巧听话的是女孩子，懂事体贴的是女孩子，上课认真听讲、积极回答问题的是女孩子，课后认真做作业的是女孩子，试卷干净整洁的是女孩子，计算准确无误的是女孩子，单词默写全对的是女孩子，英语发音清晰的是女孩子，作文被老师拿出来诵读的是女孩子，阅读理解透彻的是女孩子，暗暗较劲、互拼成绩的是女孩子。成绩倒数的是男孩子，不屑做班

干部的是男孩子，上课趴着睡觉东倒西歪的是男孩子，被老师点名回答问题却连问题是什么都不知道的是男孩子，老师出错大声质疑、不给老师一点面子的是男孩子，单词默写全错的是男孩子，口语训练沉默是金的是男孩子，作文分低的是男孩子，做阅读不看文章提笔就做的是男孩子，计算频频出错的是男孩子，拿着相互喜欢的游戏与球队较劲的是男孩子。

这样的帖子想必与我们每一个人都产生了强烈的共鸣，从幼儿园到高中这样的现象比比皆是，年龄越小现象越明显。充分体现了目前学校"阴盛阳衰"的现象。这到底是为什么？我们的男孩究竟怎么了？问题的症结究竟在哪里？这是由于我们不了解我们的男孩，采取了错误的教育方式造成的！

男孩女孩天性不一样

近30年来，一门全新的科学——性别科学正在崭露头角，对性别如何影响男孩女孩的问题，包括美国、英国、加拿大、德国等35个发达国家研究的结果显示，男孩与女孩的大脑之间差别至少有100多处。由于大脑结构和身体结构的不同，导致男孩女孩的天性特点有别，主要有：

（1）男孩更有可能从肢体运动中学习。由于男孩血液中的多巴胺含量较多，多巴胺可增加冲动和冒险行为的概率。男孩流经小脑的血量更多，而小脑是控制行为和身体行动的。流经小脑的血流量多，小脑就比较活跃，所以男孩就爱动。这些因素导致男孩在静坐和久坐的过程中学习能力总体上不如女孩。

（2）男孩不太能分散注意力，不要随便打扰男孩。男孩的胼胝体与女孩的体积不同，女孩的胼胝体能容许两个大脑半球间进行更多的交叉信息处理，可以同时、同质量地完成多项任务。而男孩同时只能做一件事。比如：男孩在玩的时候或者做别的事情的时候，老师、家长叫他，他就像没有长耳朵似的。很多男孩为此遭到老师和家长的训斥。

（3）动手又动脑的学习方式比较适合男孩。由于颞叶中的神经连接不

同，女孩在颞叶中拥有更强大的神经连接，促进了更多复杂的感知记忆的存储，以及更好的听力，所以女孩对声音的语调特别敏感。而男孩则较少听到回响在耳畔的声音，特别是当声音以语言的形式出现时更是如此。所以用听课的方法进行学习的时候，男孩就没有女孩的效果好。男孩需要更多的触觉型的体验，以便激发大脑学习的积极性，比如说那种动手又动脑的学习方式就比较适合男孩。

（4）男孩背记课文有困难。由于男孩与女孩大脑中的海马（大脑中的一个记忆存储区）的工作方式不同，男孩需要更多的时间才能记住课堂上讲的内容，特别是写出来的文字内容。这就是背课文对男孩是件困难的事的一个原因。但是，因为男孩的海马更偏爱序列，在记忆大量序列和层次分类（如要点、子要点、子子要点等）的信息时就非常成功！如很多男孩写作文，经常是：一是什么什么，二是什么，三怎么样……跟写总结似的，这就是男孩的特点。

（5）男孩容易做出冲动的决定。由于男孩的额叶没有女孩活跃也没有女孩发育得早，所以，男孩容易冲动，会使男孩在进行户外独立学习时效果更好。而我们是让很多孩子在一个狭小的教室里固定在座位上学习，男孩的学习效果就大打折扣了。

（6）男孩的语言效果不佳。由于女孩大脑中主要的语言中心发育得更早更发达，还拥有更多的雌激素和后叶催产素，这些化学物质直接影响语言的使用。而男孩由于血液中的后叶催产素含量较少，大脑对语言的重视度不高，导致男孩在静坐或谈话时的学习效果不佳，这种学习方式自然也无法引起他们的兴趣。他们脑中学习的那个键，常常是通过行为反应、等级竞争和攻击性培养起来的。

（7）男孩容易出现"违纪"现象。在完成任务的休息时间，男孩的大脑会进入一种"睡眠状态"，使自己恢复、补充能量后为完成下一个任务做好准备。这种对男性大脑的活动至关重要的睡眠状态很可能在教室里酿

成大祸。大部分未完成作业、在课堂上停止做笔记或睡觉，或者以摆弄铅笔（做小动作）或坐立不安等方式进行自我刺激的学生都是男孩，这样做的目的是为了保持清醒以便继续学习。看来我们都错怪了我们的男孩，总以为他们是故意违纪的。

（8）男孩好长时间专注于单一任务。男孩的大脑处理血流的总量较女孩少 15%。这种结构不利于同时进行多项任务的学习。因此男孩在长时间专注于单一任务时成绩很好，此时深度学习在发挥作用。如果非常频繁地变换任务，他们的表现就不佳。

（9）男孩要多运动。由于男孩主要的荷尔蒙是睾丸激素，睾丸激素在中学和高中期间达到很高的水平。处于青春期的男孩每天通过大脑接受 5~7 次该种激素的刺激。睾丸激素可以提高男孩空间运动知觉的发育和右侧大脑中心的应用。男孩拥有的睾丸激素比女孩的高 20 倍。所以毫无疑问，处于青春期的男孩的大脑和女孩的是不同的。此时女孩的荷尔蒙雌性激素和后叶催产素正不断提高左额叶的语言发展，而男孩荷尔蒙正推动男性大脑的攻击性行为、空间——机械和肌肉运动知觉的身体体验。家长不了解，在这个时期的男孩子，应该多进行体育锻炼，让男孩有机会发泄掉由于荷尔蒙激素给他带来的烦躁。哈佛医学院教授约翰·J.莱特伊说："体育锻炼本身不能使你更聪明，但它能使你的大脑处于最有利于学习的状态。"

（10）男孩进行阅读和写作比较困难。女孩在阅读和写作上的水平平均比男孩超前 1~1.5 年。这一距离从童年早期开始贯穿整个学习生涯。很多男孩的大脑天生不能很好地适应那些强调阅读、写作、复杂的组词造句的教学方式，尽管这些技能是所有文化不可缺的。与男孩相比，女孩大脑中有更多范围的区域专门负责语言功能、感知记忆、静坐、倾听、语调和神经交叉串话，因而复杂的阅读和写作对她们而言显得比较容易。但对男孩而言就成为比较困难的事情。

（11）男孩的思维充满好奇，富于创造力。从人类历史的遗传来看，

由于男性主要从事狩猎活动，因而他们需要培养出一种更具空间——运动知觉能力的大脑。他们需要良好的视觉，但又不需要像负责生儿育女的女性那样具有特别精细敏感的感知能力。男孩的大脑是极其兴奋的。与女孩大脑相比，血液更多地流过脑干，因此更适合身体运动，但不适合语言的导入与输出。纵观整个人类历史，男性通过狩猎等空间——机械运动原理、经济和贸易上的数字往来、发明与创造中涉及的科学原理进行有机的自我发展。男孩的大脑是一个美丽的连接迷宫，正等待着连接数字、距离、大小、方位和方向。

男孩的思维充满好奇，富于创造力。可是，我们中国的男孩怎么就落个没有创造力的名声呢？也正是由于男孩的大脑趋向于空间——机械游戏和学习，和女孩的大脑相比，它总是要"占有更多的空间"。当男孩被限制在狭小的空间时，男孩就会像热锅上的蚂蚁般坐立不安，感到困惑和焦虑，随之便会出现许多违纪问题。比如：男孩需要的桌子都要比女孩的桌子有更大的空间。

男孩的大脑时常喜欢把东西铺开，这是男孩大脑常见的学习方法之一（这就是为什么男孩学习的时候把书和本子搞一桌子的原因）。男孩喜欢把东西展开或拆开，然后再重新组合或重建（这也是男孩为什么喜欢搞破坏的原因）。

有的家长问："为什么我家儿子不喜欢老师或家长给他推荐的书，喜欢看那些漫画、与科学有关的书呢？"这是男孩的荷尔蒙、神经性、心理特点和他们空间——机械的大脑所决定的，他们只喜欢他们感兴趣的书。大多数男孩喜欢读：

一是充满空间——运动知觉活动的书。如恐怖电影、科幻小说、体育传记，还有那种令人兴奋、神秘、充满阴谋和在正义与邪恶之间最终决一死战的内容的书。

二是技术或机械类的书，如科技类的书。

　　三是图解或视觉类的书，如漫画书。只有当男孩进入大学时，他们的大脑发育趋于完成，这种现象才会消失。所以如果你想让你的儿子喜欢读书，就不要把你开的书单强加给你的儿子。总之，男孩们在一时冲动惹出麻烦或做错事的过程中学习，成长为男子汉，成为律师、医生、运动员、飞行员、公司经理人等，推动人类社会的改革与创新。

　　我们的家庭教育要适合男孩的特点。

　　男孩天性中许多关键要素不适合目前的传统教育。不是男孩出了问题，而是我们的教育出了问题。显然，目前想改变现行的教育体系，似乎不太现实，但我们可以改变我们的家庭教育。

　　在学校里，男孩的天性没有得到承认。他们被迫放弃自己的视觉和空间技能、运动技能，随着时间的流逝，男孩们变得"安分守己"了，但他们的特殊天赋也终于被钝化或扼杀了。很多男孩由于淘气、违纪和学习原因被勒令"请家长"。而家长呢，回家后就气急败坏地把儿子"修理"一顿，谁都没有意识到男孩的行为背后隐藏着深深的原因，可以说，我们的教育正在伤害着我们的男孩。

　　梁启超说过："少年强则中国强。"其中的"少年"，在当时的历史条件下应当是以男孩为主的，男孩是否强大关系到国家与民族的未来。

◎ 这样沟通好

从小就培养男子汉意识

　　男孩在四五岁的时候，就已经有了性别意识，他已经知道自己是个小男子汉。这个时候，父母就要有意识地培养其男子汉的作风：

　　男孩跌倒了，告诉他：自己爬起来；

　　男孩胆怯了，告诉他：你可以做得更好；

　　男孩犯错误了，告诉他：好汉做事好汉当；

　　男孩不听话了，告诉他：不给父母添麻烦，是男子汉的一种荣耀！

值得注意的是，让男孩从小就具有男子汉意识，父亲的作用是巨大的。无数事实证明，父母过多地保护和担心，会削减男孩的男子汉气概；而父亲更显严格的规则、更显宽松的约束，则会赋予男孩无与伦比的坚强与勇气，进而促使男孩更快地成长为一名优秀的男子汉。

成功的男孩，不能只活在家长的梦想里

生活中，男孩家长常常会有许多的无奈。教他勇敢，他做事却总是唯唯诺诺；教他坚强，他屡次轻易放弃；教他果断，他还是拖拖拉拉。每当遇到这样的情况，男孩的家长总会这样自我安慰："等他长大后，他自然会懂得……"可事实却往往与家长的期望截然相反。如果你期望一个一直都轻言放弃的男孩，长到 18 岁后，忽然一下变得坚强起来，这现实吗？如果你希望一个一直都畏畏缩缩的小男孩，在 20 岁之后，忽然像个出色的外交家一样去交际，这可能吗？如果你盼望你一直花钱大手大脚的儿子在 25 岁之后，能像理财专家那样去理财，这只能是你的一个美好梦想。任何一个男孩都不能只活在家长的梦想里。所以，需要父母在他很小的时候，便脚踏实地地引导他去积累成功的能力和品质。

男孩要真"富养"

这里所说的"富养"包含两个概念：一个是父母太多的溺爱和包办，一个是钱财的充裕。有的父母特别宠爱男孩，一切事情都依着男孩；有的父母很有钱，他们给男孩很多零用钱；有的父母很有能力，男孩的大小事情他们都会包办；然而，父母这种让男孩过于"富养"的做法，又会给男孩带来什么呢？父母的过度宠爱可能让他们变得自私而没有责任感；太多的金钱让他们只想用"奢侈消费"的方式去消耗体内过多的睾丸素，从而忘记了自己还要学习；父母的事事包办则让他们丧失了劳动的能力、应对困难的能力、抵抗挫折的能力……正因如此，明智的父母从不会让自己的男孩太过"富养"，当然让富家子女去过半饥不饱的日子，那也不现实，不管是富人家的男孩，还是穷人家的男孩，都要给男孩在精神上"富养"，

以最少的指导、最大的耐性和最多的鼓励，寻找和创造机会让男孩去体验、去经历磨练，更早地走向独立，更早地明白最基本的"是"、"非"标准，更早地懂得必需的事理和常识，能够做到：举止合范，进退有度，在取舍之间能把握好分寸；在成功之时，他可以喜不自胜，但不会得意忘形；在失败之中，他可以黯然神伤，但不会意气消沉；为官、为富、为贵，不会泯灭良知，不失恻隐之心；身为布衣匹夫，依然会傲骨凛凛，心清魂净地做人；在犯了错误之后一定会从自身去找症结，而不是怨天尤人，百般推脱责任……

别对男孩来"硬"的，要和男孩沟通做朋友

男孩最怕什么？很显然，他们最怕没有人理解、没有人支持，以及没有自由！男孩最不怕什么？家有男孩的父母都知道，男孩最不怕的就是武力胁迫，"越打越犟"是他们的长项。因此，所有男孩父母一定要牢记这样一个教子箴言：如果你现在不和你的男孩成为朋友，那么青春期之后，他就会把你当作"敌人"！和男孩做朋友，其实很简单：给男孩更多自我选择的权利；和男孩一同分享他的喜怒哀乐；尊重你的男孩，并放弃"不打不成才"的教子观念；时刻让男孩感受到你不温不火的关爱，巧妙约束但不强硬控制。

有个叫一鸣的小男孩，他今年五年级，他的爸爸是个生意人，对一鸣的教育很重视，也很有方法。一鸣的成绩一直不错，在班上是班干部，年年被评为"三好生"。有段时间一鸣有一点怕苦厌学情绪，那时正好是个下雪天，一鸣的爸爸看到一个环卫工人辛苦地铲着雪，就一边开车一边对一鸣说："你跟他比，谁更辛苦一些？他今天能不能怕苦不出来铲雪？"一鸣一一回答了他爸爸的问题。在他们沟通的过程中，一鸣自己也与自己的内心进行了一次对话，进行了一次自我教育。

他们家每年都会在寒暑假时间自由旅行，今年安排到南非玩。一鸣非常高兴，但是一鸣的爸爸妈妈不会英语，一鸣担当了父母的翻译官。一鸣

在旅行中不但能与外国人交流，还在异国他乡交了好朋友呢，一鸣的英语也在实际运用中有了突飞猛进。下一次的旅行就准备由一鸣全程安排了。

一鸣的父亲在家庭经济许可的情况下，采取了"富养"的教育方式。在润物细无声中加深了学习目的性教育，不但对学习有促进，更注重了男子汉人际交往、责任感等品格的教养，帮助孩子尽早成为一个了不起的男子汉。

我争取比你还行，早日告别嫉妒

嫉妒是人人身上都有的现象，适度的嫉妒是学习与生活的动力，但失去一定的度将会造成人生的悲剧。我们要积极沟通，引导孩子把嫉妒早日调控在适度的范围内。

◎ 身边故事

故事 1：宝宝和贝贝是双胞胎姐妹俩，现在已经是小学二年级的学生了。妹妹贝贝无论在家里还是在学校里，总是容不下姐姐，看到爸爸妈妈偶尔对姐姐好一点，比如生病了多抱姐姐一会儿，她就心里不愉快，半天不与她爸爸妈妈讲话；看到姐姐成绩比自己好，就说姐姐是考试看别人的；听到别人夸姐姐长得比自己漂亮，衣服穿得比她漂亮，就说姐姐丑死了，难看，有什么了不起的；看到姐姐比自己行，超过自己，则心中就不愉快。甚至于有一天，突然跟妈妈悄悄地说："妈妈，如果家里就只有我们三个人，没有姐姐该多好啊！"妈妈反问："你不要姐姐吗？""我不要姐姐，有姐姐不好。"原来，妹妹贝贝一直跟随着她父母长大，而姐姐从一生下来就跟着奶奶在农村长大，一直到上幼儿园才与父母一起生活。

这是双胞胎姐妹，妹妹贝贝嫉妒姐姐的故事。由于姐姐的加入，妹妹

贝贝在父母面前的一号人物的绝对优越地位受到挑战，再加上父母在教育过程中经常拿两孩子对比，姐姐吃饭快、聪明、成绩好、不娇气等优势，使得贝贝终于说出"我不要姐姐，有姐姐不好，还是家里只有我们三个人好"。这种嫉妒到了非要解决的地步，已经是刻不容缓了。

故事2：我是一个小学六年级的女生，学习成绩还算可以啦！长相也不错！可是最近身边的朋友都跟我疏远啦！不知道为什么啊！我在我身上也找到了一些缺点，并改正了！可我觉得还是很孤单啊！怎么办啊！我很想跟他们友好相处啊！……哎！老师您能帮帮我吗？

这是一名六年级女生写给老师的求助信，她正受到同学之间嫉妒的困扰呢。无论是在生活上还是在学习、工作中，无论在古代还是现代，无论是小孩子还是成年人，都会碰到嫉妒的现象。历史上周瑜嫉妒诸葛亮，白雪公主被后母皇后嫉妒，家庭中婆婆和媳妇之间的嫉妒还有亲子间和夫妻之间的嫉妒，同学之间、同事之间等的嫉妒，故事2中同学之间的嫉妒。老师收到女生的纸条后，很快回纸条给予指导，要这位同学在其他同学面前要考虑别人的感受，适度示弱，还要学会找到别人的优点，赞扬别人，不吝相助，不要给朋友造成自卑心理，这样减少别人对她的嫉妒。

◎ 你知道吗

嫉妒是一种正常的心理现象，人2岁时就开始有嫉妒意识，那时可能因为想得到零食、玩具、小玩意等，6岁时因想得到更多的关注和赞扬而嫉妒。嫉妒心理的形成与发展可分为潜意识嫉妒心理→显意识嫉妒心理→变态嫉妒心理三个层次。处于潜意识嫉妒心理层次的人，其嫉妒心理是羡慕、竞争。显意识嫉妒心理具体方式是对被嫉妒者进行挑剔，或散布对其不利的言论。严重者则对被嫉妒者进行人身攻击或诬陷、诽谤，使被嫉妒者感到压力或痛苦，而嫉妒者则以此求得心理的平衡和满足或达到一定的目的。嫉妒主要发生在同等地位、同一领域，如姐妹俩、同学，还有优越

感很强的人身上，如双胞胎的妹妹，原来她在父母面前是"唯一"的，无人可替代，现在姐姐来了，她的优越感地位受到了威胁，这也就说明父母的抚养方式出现了问题。孩子相应的行为也可能出现问题：一方面，向被嫉妒者进行攻击，做出损人利己的卑劣行为，但不极端；另一方面，采取极端、非理性行为，以各种消极的情绪、情感和有害的行为表现出来，造成一些无可挽回和令人痛心的危害。还有一种可在特定的条件下激励人，最终超越别人。

◎ 这样沟通好

说出压力

发现孩子有妒意不要随便贴上"可耻想法"的标签，并予以打压，这样会加深孩子内心的扭曲，而是让孩子知道嫉妒在许多人身上都有，内心有此感觉是正常的，但要让孩子说出压力和需求才是疏解孩子内心压力的最佳途径。

建立自信

缺乏自信心的孩子总喜欢强调自己的弱点，而那种低人一等的感觉更容易激发他们的嫉妒心理。因此，家长要帮助孩子寻找自己的优点或者自己比别人进步的地方，以帮助其克服嫉妒心理。

实现需求

分析孩子需求的合理性，并帮孩子满足一些合理的需求，指引孩子实现需求的途径，鼓励孩子化嫉妒为力量，通过努力实现自己的理想。

诱导排解

有些腼腆、内向性格的孩子不会当面承认自己的嫉妒，而把不甘和不满压抑在心里，伺机找不相干的事发脾气或借题发挥。这时家长点破大可不必，有条件的话，不妨让孩子与被嫉妒的对象一起生活一两天，让他自己去感受十全十美的孩子和家庭是不存在的，对方也有烦恼，也有得不到

的东西，只是你不知道而已，要学会接受，而不是发脾气或搞破坏。嫉妒与好胜的共同之处，是不甘心自己落后，总想胜过对方。在学习上、工作中争上游不服输是好事，是一种积极的心态，但事事为人先，样样不服输却是不可能的，世界上没有十全十美的事物。我们要用"你行，我争取比你还行"的强者口号，引导孩子保持积极健康的心态，克服嫉妒心理。

名著《三国演义》中周瑜因为嫉妒诸葛亮的聪明才干，所以千方百计地刁难诸葛亮，想让他难堪，可是诸葛亮机智勇敢，每次都能出奇制胜地让周瑜甘拜下风，周瑜屡战屡败，哀叹道："既生瑜，何生亮!"之后，便被诸葛亮给活活气死了!

周瑜千方百计想让诸葛亮难堪，想除掉他，这都是因为什么? 这都是嫉妒心在作怪! 但如果周瑜把对诸葛亮的嫉妒转化为超越诸葛亮的动力，把对付诸葛亮的时间和精力放在他们的建国大业上，把对诸葛亮的嫉恨转化为对诸葛亮的敬佩，虚心向他学习……那么他的聪明才智也一定会超过诸葛亮，他们的国家就会更加繁荣昌盛!

动物王国里，动物们愉快地生活着，小猴子在树林里自由自在地嬉戏，小鸟在天空中飞翔，鱼儿在水里欢快地游着，大象则悠闲地在散步。狐狸走过来，对大象说："您是动物王国的盟主，我非常敬佩您。可是，猴子却说您不能爬树，小鸟和小鱼也说您不能飞翔，不能游泳，不能做盟主。"大象一听，非常生气，它下命令以后不准猴子们爬树，又把小鸟的羽毛都拔了下来，把小鱼都赶到小池塘。于是他爬上了树，一下子把树干压断了，重重地摔倒在地上。然后大象用鸟儿的羽毛给自己扎了一对翅膀，但怎么也飞不上天。后来，大象一个人去河里游泳，可是，大象没有鱼鳃，不能在水里呼吸，最后扑腾了几下，被淹死了。

这个故事让孩子了解到每个人都有自己的长处和优点，如果非要用自己的缺点去争夺别人的优点，后果是可怕的。引导孩子明白：与其嫉妒别人，不如把嫉妒化为前进的动力，让自己变得更优秀，赢得更多的赞扬。

对于故事 1 中的妹妹贝贝，父母改变了沟通方式：第一，让孩子接受一直都有两姐妹，两姐妹都是父母的最爱的事实；第二，让两孩子之间，相互找优、缺点，正确认识自己；第三，有意无意地让两孩子在家互相做有姐姐或妹妹的好处；第五，鼓励孩子为对方做有益的事情。一年下来，妹妹贝贝一看不到姐姐就急忙找姐姐，觉得"有姐姐真好"，"我要努力，争取超过姐姐"，而姐姐也不甘示弱。不但及时化解了嫉妒的危害，还把嫉妒转化为不服输的精神。

心软"有毒"

教育过程中不但需要爱，还有很多时候需要我们理性的管理。此时我们只能无奈地选择"狠心"，"心软"只会害了孩子。

◎ 身边故事

故事 1：六年级的蓉蓉是个漂亮的小姑娘，看上去很让人喜欢，在班上说话不多，经常看到她下课后独自一个人坐在座位上，课堂上如果遇到回答不出的问题或者老师批评后，就不屑一顾地跟你吵吵。和同学的关系也不融洽，总想命令同学们，经常和同学们吵架甚至于打架。妈妈告诉老师，原来，小蓉蓉是一个早产儿，身体不好，从小在爷爷奶奶的身边长大，无论有什么要求，爷爷奶奶对她都尽量满足，稍有不满意，就大哭大闹，一次又一次，她会哭得满头是汗，死去活来，"我们全家都怕了她。"她会搞得全家不得安宁，全家人只好对她百依百顺。那天数学卷上有一道题目，明明是错的，但她说错的就是错的，在家就是不改，后来到学校老师面前看她又改过来了。

故事 2：贝贝 8 岁了，上小学二年级。由于父母工作较忙，贝贝基本

上是爷爷、奶奶带大的。爷爷、奶奶把贝贝当作掌上明珠，百依百顺、宠爱有加，想要什么就给什么。久而久之，贝贝形成了固执、自私、任性的性格。你要她向东她偏向西，她想要什么就得立刻给什么，如果不给就大哭大闹，甚至赖在地上撒泼。在学校里，贝贝也听不进老师和同学的批评意见，一遇到不顺心、不如意的事，她就乱发脾气，又吵又闹，根本听不进老师和同学的劝说。老师、家长为此而很伤脑筋。

像蓉蓉和贝贝这样的情况现在是屡见不鲜，听不进家长、老师的话，又和同学搞不好关系，简直是任性地让人接受不了，重要原因是父母过度的纵容和溺爱造成的。这种过度性行为是一种消极的心理品质，会阻碍儿童人格的完善。长此以往，孩子会成为一个情感淡漠，缺乏社会责任感的人，所以应及时采取措施进行矫治。

◎ 你知道吗

任性是儿童，特别是独生子女常见的坏习惯，主要表现为固执、不听从劝告，不接受他人意见、一意孤行。任性是孩子一种不正常的心态，是孩子要挟大人满足自己某种需要的手段。养成这种不良品质的原因，有如下几个方面：

家长的迁就

不得不承认，有些孩子的任性是我们家长惯出来的。当孩子提出不合理的要求时，家长心疼孩子，不忍心拒绝，就尽量满足、迁就孩子。慢慢地，孩子就会形成以自我为中心的心理和行为定势。

教育缺乏一致性

现在的独生子女，几乎是六个大人围着一个孩子转，父母之间、爷爷奶奶之间、姥姥姥爷之间，对于孩子的不合理要求，处理方式或者意见难免不一致，甚至互相矛盾。一方批评孩子，就会有另一方甚至是几方护着，次数一多，孩子有了优势、有了靠山，任性就愈演愈烈了。

教育方法欠妥

家长对孩子的非分要求，缺乏耐心的教育，动不动就训斥、贬低孩子，不分时间、场合，孩子为了保全自己的面子，产生任性、对抗行为。

特定年龄阶段的后遗症

孩子成长过程中有两个反抗期：一个是青春期，孩子会经常表现出和家长顶嘴，表现出叛逆的倾向；另一个时期从孩子三岁时就开始了，这个时候的小孩特别任性，爱撒泼，甚至会在大庭广众之下给家长难堪，家长不给买东西就吵闹的孩子就正处在这一时期。

◎ 这样沟通好

孩子和家长的关系有时候就是在斗智斗勇，为了让孩子健康地成长，家长需要掌握一些技巧，有自己的"亲子兵法"。为了让家人幸福平安，让孩子养成良好的习惯，每一个家长必须都得掌握几项"绝技"。

心软"有毒"

在孩子任性、吵闹的时候，不要劈头盖脸地严厉批评，更不能打、骂，可以因势利导，正面耐心地讲道理，给孩子说明不合理的要求不能满足的道理。如果孩子不听，继续哭闹，家长可以采用"冷处理"的方法，不劝说、不解释、不争吵，让孩子感到自己的哭闹行为是无效的。等孩子冷静下来，家长再严厉地指出他任性不对。无论孩子如何耍赖，家长一定不能心软，对孩子无礼的要求绝不迁就。

管教一致

在孩子任性时，家庭各成员教育孩子的观点应保持一致。一方批评孩子时，其他家庭成员不要出面袒护、干涉。如果大人之间遇有意见不同的时候，不要当着孩子的面争吵，一定要避开孩子去商量。

立规在先

还有些孩子，年纪小，脾气可不小。家长和老师轮番上阵他都爱理不

125

理，逼得家长动用武力。可是骂过、打过之后，孩子还是老样子，真是让家长又伤身又费心。对付这样的孩子，最好的方法就是和孩子一起讨论，来个"约法三章"。比如说，跟孩子约定每个星期买一次玩具，每周六全家一起去逛商场的时候，家长一定要给孩子买。规矩不只是针对孩子的，双方都需要遵守。家长一定要让孩子明确什么时候能得到自己想得到的东西，这样孩子的生活有了规律，希望也都不会落空；孩子不同意父母的意见，有自己的主张，也必须说明理由。这里需要强调的是：总结出你认为重要的规矩，定好孩子破坏这些规矩要承担的后果，然后告诉孩子。如果孩子按照规矩做了，家长要及时表扬并适当奖励；一旦孩子违反了规矩，就要让孩子承担任性的后果。让孩子承担责任，这一点很重要。

贵在坚持

这是一个需要长期坚持的过程，不能说今天心情好，小孩一要就给买；明天心情不好，小孩怎么要都不买了。这样只会塑造出一个焦虑而缺乏信任感的孩子。家长每个星期六带着孩子买一件玩具，孩子会在心里对父母充满感恩——"妈妈对我可好了，每个星期都给我买玩具。"这样孩子就不会反复无常地提要求。时间长了，就不会闹、不会任性了。

控制情绪

教育孩子不是打出来的，更多的是坚持出来的，否则就会进入恶性循环的怪圈。你的孩子学习不好，你不能打他，正因为你打他打得多，他的脾气才会暴躁。家长要控制好自己的情绪和行为。当孩子任性时，用冷静的头脑对孩子进行管教，孩子受到尊重，才会愿意按照你对他的要求去做。

矫正孩子的任性，需要家长认认真真下一番功夫，从矫正自己入手，耐心、细心地引导孩子。上面两例中的孩子经过家长一年多时间的努力，取得了较好的效果，在这个过程中，通过沟通立规在先、而后坚持尤为重要，打骂是无效的。

"老师好！"随着一声清脆悦耳的声音，一个小男孩和奶奶一起走进了

教室。"飞飞，把老师昨天留的作业拿出来"。听了这话，飞飞斜眼看了一眼奶奶，奶奶似乎明白了什么，忙说："老师，昨天飞飞晚上肚子疼没写作业。""是吗，现在还痛吗？"老师关切地问。飞飞回到座位后，奶奶扭过身来偷偷地对老师说："你得管一管我们家的飞飞，他最听老师的话了，飞飞特别喜欢看动画片，每天一放学就把遥控器抓在手，每天晚上看电视都到 11 点钟，连老师留的作业也不写，家长阻止时，他又哭又闹，我们拿他一点办法也没有……"

由于家长的溺爱，导致孩子在家里什么事都由着他的性子来，万一家长没听孩子的话，他就会发脾气，由于家长的溺爱，导致孩子养成了一些不良的习惯。

措施：利用接送孩子的时间和家长交流沟通，共同制定好的教育方法，并针对家长的做法提出自己的一些见解。

一是重视身教。家长期望孩子具有良好的学习习惯，首先应该从自身做起，给孩子树立好的榜样，并严格要求自己，要求孩子做到的，自己首先应该做到。

二是家长该说"不"时要说"不"。孩子毕竟是孩子，不免要些小脾气，家长该说"不"时要说"不"，不仅要说"不"，而且要说明为什么"不"，让孩子知道自己错在什么地方，应该怎么去做才正确，从而使孩子养成良好的行为习惯。

培养良好的学习习惯，要让孩子从身边的点滴做起，不仅要让孩子将其贯彻到学习之中，还要渗透到生活之中。

真是功夫不负有心人，在家长和老师的共同努力下，飞飞进步很快，不仅每天能按老师的要求早睡早起，而且作业按时完成，并清楚、工整地书写，听奶奶说，"飞飞变得懂事了，也不再任性、耍小脾气了"。

让孤僻的孩子合群起来

孩子孤僻的性格不利于人际交往和正常生活，要早日智慧地加以引导，让孩子尽快与人正常交往，在友谊的滋润下阳光起来。

◎ 身边故事

故事 1： 孙好 11 岁，是小学四年级学生，学习成绩较好，但不够稳定。性格明显古怪，主要表现为好发脾气、抑郁不欢、缺乏爱心。遇到一点不顺心的事，就大吵大闹。在家里和在学校里都是一样，不能挨批评，一挨批评就会一个劲地哭，他最反感的是同学的批评，哪个同学批评他，他就会对批评他的同学怀恨在心。在学校里，他很少与老师、同学们交谈，老师找他谈话，他一声不吭，面无表情。上课时无精打采，眼睛无神，对什么事情都总是提不起兴趣。在他五岁那年，父母因各种原因离异，他从此跟爸爸生活。父母离异后，母亲还能隔三岔五地来看他，问寒问暖。但后来，母亲嫁去他乡，有了自己的家庭，从此，母亲来看他的次数少了。由于父亲爱喝酒，缺乏了对他的关爱。不久，父亲再婚了，婚后，继母又对他漠不关心。从此，他就变得沉默寡言，终日抑郁不欢，疑心较重。在家里他从不与父亲说话，因为他觉得父亲既然不爱他了，他又何必去关心父亲呢？平时也不愿参加学校活动，人际关系较差，同时，学习成绩每况愈下。孙好自感学习退步，害怕老师批评，同学嘲笑，常焦虑不安，情绪不稳定、好冲动，曾流露出悲观厌世的情绪。

◎ 你知道吗

孤僻症（也叫自闭症）属于人的一种性格特征，先天性的因素并不

多，主要是后天各种主客观环境的负面影响，导致心理长时间处于压抑状态。与孤独不同，孤独者通常渴望与人交往，在与人交际时一切如常，绝不会有做作、使人感到不舒服的表现。而孤僻则是一种人格表现缺陷，尽管自视甚高，常显出一副瞧不起人的样子，但内心脆弱，害怕被人刺伤，因而不愿与人交往，在不得不与人交际时，也显得行为怪僻、奇特和做作，常会给人一种神经质的感觉。孤僻是我们常说的不合群，指不能与人保持正常关系、经常离群的心理状态。在中学生群体中约占 5%~8%。孤僻的人一般为内向型的性格。孤僻的人缺乏同学、朋友之间的欢乐与友谊，交往需要得不到满足，内心很苦闷、压抑、沮丧，感受不到人世间的温暖，看不到生活的美好，容易消沉、颓废、不合群，缺乏群体的支持，整天提心吊胆地过日子，忧心忡忡，易出现恐怖心理。这种消极情绪长期困扰，也会损伤身体。其成因一般为幼年的创伤经验。研究表明，父母离婚是威胁当代儿童精神健康的重要因素之一。此外，父母的粗暴对待，伙伴欺负、嘲讽等不良刺激，使儿童过早地接受了烦恼、忧虑、焦虑不安的不良体验，会使他们产生消极的心境甚至诱发心理疾病。缺乏母爱或过于严厉、粗暴的教育方式，使子女得不到家庭的温暖，会变得畏畏缩缩、自卑冷漠，过分敏感、不相信任何人，最终形成孤僻的性格，在交往中遭到挫折。由于缺乏必要的社会交际能力和方法，使得他们在人际交往中遭到拒绝或打击，如耻笑、埋怨、训斥，使他们的自主性受到伤害，便把自己封闭起来。越是不与人接触，社会交往能力就越得不到锻炼，结果就越孤僻。但只要找到各种心理症状的关键所在，即可以依次进行人为干预，孤僻的性格会得到很大的改善，从而使一个人的性格走向健康与光明。故事中孙好孤僻的性格主要成因有：

性格内向

寡言少语，不愿主动与人交往，把自己封闭起来，因而觉得生活无意趣，在情绪上以抑郁、悲伤为主要心境，在意志行动上，表现为精神不

振，不想动，遇事从消极方面进行归因，以悲观的眼光看未来。

家庭创伤

父母对他关心不够，不重视感情沟通，使他缺少亲情，产生谁也不相信的心理，遇到不顺心的事，他就会大发雷霆。由于学习成绩退步，常表现为自我评价低，对前途、希望看得非常悲观，自卑感随之产生。突然间失去了父母的关心、疼爱，他幼小的心灵一下子不能承受如此巨大的打击，精神支柱骤然崩塌，油然而生失落感、迷惘感，使他痛不欲生。由于长期不能摆脱这种天生的恋父恋母的情结，总是生活在失去父爱母爱的孤独无助之阴影中，像一只迷途的羔羊，他变得性格消沉失意，不知所措。

封闭自己

内向、脆弱的他又不善于向别人倾诉以排遣心中的愤懑，于是，采取逃避主义，把自己禁锢起来，不与人交往。凡事故意漠不关心，做出一副瞧不起人的样子，显得气势凌人。其实，他内心很脆弱，很怕被别人刺伤。由于他平时喜欢独来独往，因而越发与别人格格不入，人际关系极为紧张，使他陷入孤独、寂寞之中。

自卑冷漠

由于看到疼爱自己的母亲为了自己的幸福而忽略了他，从此对他关心不够；自己信任的父亲也为了自己的幸福重组家庭，弃之而不顾；父母的所作所为，使他感到他们的自私，感受到了自私对他的伤害，并使他产生了世间处处充满自私的错觉，甚而误入了"人不为己，天诛地灭"的误区。

◎ 这样沟通好

体验重组家庭也有爱。首先找孙好了解其成长过程所遇到的挫折，帮助其分析目前学习、生活中所遇到的心结。其次找其父亲、继母谈心，让他们了解孩子的表现及其畸形性格形成的原因，使他们从思想上高度重视，从生活细节、学习方面入手，让他逐步感受到父母的浓浓暖意，体验

到亲情的温暖。

感受亲情依旧

通过各种渠道，与他亲生母亲联系上，让她每月写一封信或每周打一个电话给他，让他感觉到亲人就在他身边，依旧关心他的成长，并没有抛弃他。

消除自卑心理

课堂上，尽量给孙好表现的机会，对他所取得的点滴进步进行夸张些的表扬，使同学们羡慕他、接近他；老师、家长与他沟通时要多用表扬、鼓励、肯定的语气。让孙好增加自信心，尽快消除自卑感。

自我正能量

让他把各种奖项贴在墙上，每当心情不佳或遇上困难时，抬头看到它们，以重拾自信，并激励自己，增强学习的积极性和主动性。

激发说话欲望

安排一个性格开朗，能说会道，乐于助人的同学与孙好同桌，给同桌布置任务，让他每天与孙好说五句话，话题随意，并做好记录，及时反馈。通过训练逐渐激发孙好与人说话的欲望。

为人处事之道

让孙好多接触些被公认为慷慨大度、乐于助人的同学，让他们的好思想、好行为来感染他，学会他们处世的态度与方法，学会关心他人，改善人际关系，摆脱孤独。

书信释放压力

与孙好通信，让他把自己忧伤的事以文字形式发泄出来，以减轻心理压力。并在回信过程中给予必要的心理辅导。教他学会自我安慰、自我调节，遇到不愉快的事，应多从好的、积极的方面着想，保持开朗的情怀。鼓励孙好把自己高兴的事向知心朋友、老师、家长诉说，让别人分享欢乐。通过通信，不断学会自我调整心态。

　　通过一系列活动设计，在教师和家长的配合下，在同学们的帮助下，孙好的状况有了明显好转，孙好逐渐变得开朗了，与同学交往增多，参加活动也较活跃。不再因为自己的学习成绩退步及同学们的看法而焦虑不安，情绪变得乐观，各科成绩进步较明显。更为可喜的是，他会主动向老师问好，同学们还能常常看见他那灿烂的微笑。现在他与同学、家人关系良好，乐于助人，富有爱心，能体谅别人的难处，能以平和的心态看待问题，他终于走出了阴影的缠绕，走向阳光灿烂的新天地。

　　故事2：斌斌出生于一个外来务工家庭，今年9岁，双亲的工作都很繁忙。父母没什么文化，渴望孩子弥补这一不足，对斌斌的要求可高了。一旦斌斌在学习上出现点问题，父母就严厉批评甚至打骂。长期重压之下，心理负担过重，缺乏理解，缺乏自信，比较悲观，学习成绩一般，语文成绩较差。回避与老师说话，不愿意、不敢与同学交往、相处，甚至是老师让他参加小组的交流讨论与各种活动，他都拒绝参加，自顾自活动。有时候他又比较以自我为中心，稍不顺心就开始哭闹。遇到事情总是自己幻想出一个十分可悲的结局来。一次上数学课，需要用到三角尺，而他没有带。老师让他自己去向同学借，他先是发呆，然后就开始哭。老师问及他哭的原因时，他的回答是："他们肯定不肯借给我的。""为什么他们肯定不肯借给你呢？"老师追问道。斌斌抽噎着没有回答，此时坐在后面的一个同学反映斌斌并没有向他们借，并且马上就递过来一把崭新的三角尺。

　　此类事情经常发生，经过仔细分析，就能发现斌斌出现这样的反应，是由他孤僻自卑的性格引起的。他形成这样的性格，也是多方面因素综合作用的结果。家长过高的要求导致斌斌在长期的失败中形成了不自信的心理，性格逐渐变得自卑。而正因如此，使得他与同学之间的交往出现了问题，而这些问题又更进一步地加重了斌斌的自卑感，时间一长，由自卑产生孤僻，变得害怕和周围人交往。纠正斌斌孤僻性格是这样做的：

降低要求

通过与家长联系，劝说斌斌父母为孩子减压，还给孩子一片自由发展的天空。笔者把斌斌近段时间的学习情况、性格、交往的发展状况分析给家长听，建议他们综合考虑实际情况，适当地降低要求，提出一些他能够达到的目标，并帮助他实现这一目标。比如他语文成绩不够理想，家长不要马上要求他在语文各方面表现得很完美，可以先在他写字的笔顺上提出要求，做到笔顺正确，然后在字词的记忆掌握上下功夫。基础有进步了再考虑他阅读和写作方面能力的提高。这样一步一步实现阶段性的目标，会让他增强自信。另外，建议家长对斌斌多鼓励少批评，多关心少打骂，为他营造一个温馨、平等、有成功感的家庭环境。

融入集体

首先，为孩子营造一个平等友爱的学习环境。安排一些外向、活泼、乐于助人的同学坐在他周围。这样，当孩子在学习中或是生活上出现困难时，同学能马上热情地帮助他，让他从与这些同学的交流慢慢发展到和其他同学的交流。其次，鼓励孩子多参与集体的活动组织。活动是产生情绪的重要源泉，也是学生融入集体的重要途径。让他参与到各种社会实践活动中，接触社会，获得许多书本上得不到的知识，丰富生活经验。再次，给孩子正面评价。上课多请他回答问题，多给他在黑板上表演的机会，让他在同学的面前体验成功，增强自信。最后，加强师生和亲子交流。引导他正确认识自己的优点和不足，肯定自己，悦纳自己，做到不自卑、不自怜、不自责。通过发挥集体和伙伴的作用，帮助斌斌在集体中找回自信，提高交往能力，融入到班集体的大环境中。

进行一段时间的心理辅导后，孩子的学习、交往的自信心明显提高了。家长反映他能主动和父母谈学习上、学校里的事，有一定的自觉性。在校内，他能和老师进行交流，下课有时还会主动问老师问题。和同学之间的相处也好了很多。现在他不但能主动和同学交谈，加入到小组的学习

讨论中，而且有时候还能和几个同学一起玩耍、做游戏，春游的时候还很开心地加入了一个活动小组。虽然他现在还是经常会哭，但是他的性格已经有了很大的改变，在他的身上基本看不到孤僻与自卑的影子，相信他今后一定能有更大的进步。

别让生活的缺憾成为孩子的永久伤害

自卑、没有安全感这两种心理弱点常常在一些孩子身上出现，单亲家庭孩子身上表现比较突出，而这是由于家庭不完整而造成的。它用物质无法弥补，心病还要心药医，对单亲孩子更要多关爱、多沟通，重视情商的培养优于学习成绩的提高，让他们早日勇敢地走出心灵的阴霾，做阳光、健全的好孩子。

◎ 身边故事

故事 1：镇江某中学的戚菲菲同学，在她读小学三年级的时候，妈妈因爱上了别人，离开了菲菲。菲菲一直是跟父亲相依为命，也一直很照顾爸爸，在餐桌上经常为爸爸夹菜。只是与继母总是处不好。他爸爸先后找过两个继母，一开始的时候，都还处得不错，后来就都被她气走了。读高二的时候，她独立的小房间内、写字台上不放文具，不见书包，放的是流行的小手提袋，最醒目的是一套价格不菲的名牌化妆品，每天花费大量时间，大有与年轻的继母比美的架势。高三的时候，不断地向父亲提出这样那样的无理要求，除了要化妆品，还要在家里养狗，而且要让狗在继母与父亲的房间里大小便，不许父亲弄，每天要让继母弄，否则将考虑离家出走，也不参加高考，高考前夜不归宿，父亲找她谈话，她的条件就是继母必须走。无奈，父亲为了女儿，又一次让继母走了。

　　这是单亲重组家庭中的孩子，孩子因父母的离异，心理上产生不安全感、孤独感，对父亲产生依赖和对继母产生排斥，而这一切不是用物质可以弥补的。如果父亲能让孩子知道他永远不会不要她，继母和父亲一起疼爱她，不会抛弃她，也许他们的问题会得到缓解。

　　故事 2：游泳神将菲尔普斯从不幸的童年到今天，付出了很多努力。童年时就备受其他孩子的欺负，他傻傻的表情、过高的个子、超长的下巴招来无数孩子的嘲笑，加上他被诊断出患有多动症，每天要服利他林也使他成为其他孩子取笑、欺负的对象。7 岁时他父母离婚，为了逃避家庭的不幸他经常待在游泳俱乐部里，从 14 岁开始，每周 7 天，每天游 10 英里。单亲家庭对他影响很深，不仅让他没有其他孩子那样快乐的童年，而且也使他想通过游泳的成功来证明自己，让妈妈高兴。他共获得 14 块奥运游泳金牌，是世界上获得奥运金牌最多的人。

　　不论在哪个国家，单亲家庭的孩子会因为亲情的缺失，别人的嘲笑，使孩子的心理扭曲，这些并不一定是用成就来衡量的，也更不会因为得到"金牌"，心理就阳光。

　　故事 3：一个 14 岁少年因抢劫罪被判有期徒刑。他在看守所中染着黄头发，胳膊和额上刺着文身，表情漠然。他父亲告诉法官：和妻子离异时孩子 3 岁，由他抚养。他爱孩子，甚至没有再婚，希望孩子将来有出息。但在缺少母爱的家庭中，孩子变得内向消沉，学习成绩下降。父亲教导他，他就逆反、顶撞。当他交上与他相同家庭背景的朋友后，最终走上犯罪道路。

　　在孩子经历家庭的解体和重新组合过程中，有些孩子在心灵上却永远地留下了创伤，形成了个性迥然不同的特殊孩子，让他们健康成长，任重而道远。

· 与孩子沟通
就这么简单 ·

◎ 你知道吗

单亲孩子的教育是一个社会话题

单亲家庭是指由于离异或死亡或犯罪等变故，由父亲或母亲一人与孩子组成的家庭。这类家庭中的孩子要么缺少父爱（母爱），要么两方都缺失。主要有单亲（或无亲）家庭、单亲重组家庭。而离婚率的增加又是近年来造成单亲家庭的主要原因，少数的是因为父亲或母亲故去或双亡。

我曾在常州某所普通小学调查到，该校每班 35 人，平均每个班大约 3~5 个单亲家庭的孩子，占学生比例 13% 左右。全美父道组织调查显示：虽然只有 20% 的孩子是住在单亲家庭中，却有 70% 的少年犯出自单亲家庭。全美国 60% 的强奸犯、72% 的少年凶杀犯来自无父的家庭，90% 离家出走的孩子和无家可归的孩子来自于无父的单亲家庭。国外的心理学家同时也研究发现，据他们的统计，虽然单亲家庭对孩子产生消极的影响，但是，却也可以产生更重要的积极的影响。35% 的诺贝尔奖获得者来自单亲家庭，54% 的美国总统和英国首相来自单亲家庭，比如林肯、丘吉尔、英国前首相希思、克林顿，还有科学家牛顿、英国歌唱家埃尔顿等。研究和解决单亲家庭孩子的心理健康问题，如何与单亲孩子进行有效沟通，如何教育单亲孩子已成为全社会关心的一项重要工作。

单亲家庭孩子的心理特点

单亲家庭的孩子因享受不到充分的家庭温暖，或因社会的某种偏见，或因其家庭的经济原因以及其他因素，往往会表现出下面一些不健康的心理现象及行为特征：

自卑型。父母是孩子们心目中的骄傲，特别是父亲，在幼小的男孩心中，是百事通，是万能者，是世上最了不起的人。处在一个没有父亲或母亲的家庭里，孩子就自然没有这份优越感，也由于世俗的偏见，认为离婚总是不光彩的事，单亲孩子的自卑感便油然而生。他们从不谈起甚至回避

双亲的事，对任何人都保守着这个秘密。他们填表时会隐瞒家庭情况，经济有困难不会申请补助。这类孩子有的曾有美好而远大的理想，有的甚至一度争硬气要改变环境，但又由于自卑，不能使自己的理想协调发展。自卑的心理影响了想象力与创造力的发挥，属不健康的心理现象。

孤独型。单亲孩子，特别是随父亲生活或住在重组家庭里的孩子，由于父亲的粗心或与继父母之间的隔阂，他们的亲情交流受到限制，觉得自己在家庭中是多余的人，自然而然就产生孤独感，行为上表现出离群，不大方，没有多少人与他玩。

美美同学，小时聪明灵活，读幼儿园时父母闹离婚，直到小学二年级的时候，美美跟着父亲离开了母亲，与继母住在一起，继母又生了一个儿子。虽然继母挺注意关心美美，但是由于父亲的粗心，让孩子觉得自己多余。久而久之，美美与双亲之间拉开了距离，失去了家庭对他的正面引导，性格随着年龄的增长发生变化。上课从不发言，想说而忸怩作态，故意引起同学、老师的注意。初中时看过不少不健康的图书、动画片，上了高中就开始谈恋爱。

渺茫型。每人都有自己的自尊与自信，在正确引导下，能树立信心，确立生活的目标。然而，有的单亲孩子由于没有美好的家庭熏陶，引导他们应去追求什么，选择什么，他们中很多人会感到渺茫，或者有的压根儿就没有思索过这些问题，生活中没有明确的方向。

女生甲，由于父母离异，与外祖母一起生活，外祖母心疼这孤苦伶仃的外孙女，很吝啬使用批评词汇，造成了外孙女的固执己见，事事以自我为中心。作为老一辈工人的外祖母，自然不懂现代科学文化，根本谈不上辅导她。对外孙女的学习想关心却无能为力，常常是被外孙女哄得没奈何。孩子胸无大志，行无目的，不思学习，贪图享受，羡慕豪华生活，追求影视明星，在"泰坦尼克号"热中，她连续看了六遍，老师问她影片的主题是什么，看了有何启示，她却一字不能谈。"那为什么要看呢？""大家

都看嘛！"外祖母有时也劝劝，得到的回答是："你不要对我抱什么希望，反正父母也不管我，读书考学校，那对我太渺茫。"

独尊型。这类孩子有的由于缺少管教，有的由于亲情的隔阂不接受继父母的管教，或继父母不便于管得太严，从小就养成了上不服天，下不服地的唯我独尊的心理特点，事事处处以自我为中心，心目中没有父母、没有同学、没有老师、没有他人。有的孩子不但不叫继父母，就连自己的亲生父母也不叫。行为上表现出自私自利，不关心父母，不关心集体，没有规矩，不遵守校规班纪。

逆反型。单亲孩子有的因为父母离异觉得不光彩，同时也受到同学的歧视，慢慢对父母、对家庭产生一种厌恶感。有的因为家里突然增加了第三者，言行受到约束，如果继父母对自己存在偏心，则会产生更大的逆反心理。有时不愿跟父母说话，父母忠言相劝，他故意说父母是错的，总之，一味要与父母对着干，以此来报复父母。更可怕的是这种对家长的逆反发展到对老师、同学、社会的逆反，从而产生破坏性行为。

孩子鑫鑫，母亲是公安局一个干部，继父为检察院一个干部。很小的时候孩子就生活在组合家庭里，行为没有约束，从来没有叫过父亲，其实继父非常关心鑫鑫，对鑫鑫的教育不厌其烦。但是我们看到，老师和继父教导他时，他一是眼望窗外，二是三缄其口，最后对继父的千叮咛，万嘱咐报之一句："晓得，还啰唆什么？"他常常是很晚回家，甚至不回家，放假也背着书包在学校内外玩，借口说是学校补课。用钱没有节制，常常以谎言骗走家里很多钱。与同学在外面抽烟、喝酒，家里不给钱就吵，有时甚至向老师借钱却从来不还。对这类学生如果放松教育，将会对社会产生不良后果。

依赖型。单亲家庭中尤其是学龄前就成为单亲的孩子会过度依赖父母，或者还会对父母有过分的要求，行为放纵，男孩可能会变得女孩化和爱欺负人。在成年后生活自理能力差，做什么事情都需要他人的帮助。这

种过度的依赖性让他在同龄人中很难找到好朋友，就会变本加厉地依赖父母，阻碍了其社会化进程。

溺爱型。有的父母离异后感觉对不起孩子，认为是自己没有给孩子一个完整的家，所以对孩子提出的要求一味地满足。渐渐给孩子造成了错觉：爸爸或妈妈对我的要求都会满足。认为所有的事情都有父亲（母亲）替他们完成。他们不想长大，想尽可能多地享受父母过度的爱。

由于单亲家庭的孩子过早经历了情感挫折与环境骤变的坎坷，所以这些孩子在成长过程中，可能要比正常环境中的孩子多走许多弯路，他们因此成了令人关注的重大社会问题。

◎　这样沟通好

单亲家长的沟通技巧

单亲家庭的孩子大多给人一种孤僻的感觉，这很可能是由于幼小的心灵遭受打击所致，看到孩子性格上的变化，家长应当如何帮助孩子早日改变呢？主要有以下几个方面：

坦然接受。单亲孩子的内部心理状态和内部心理活动同外部世界是不协调的，他的内心希望有一个完整的家，可是现实却没有。这就需要家长在和孩子的交流中关注到孩子内心的矛盾，通过沟通，引导孩子接受现实，正确面对，消除单亲家庭不光彩的阴影。可以这样跟孩子说：

"虽然爸爸和妈妈因为……分开生活，但你和原来一样，永远永远是我们的宝贝。"

"……就我们俩过了，但爸爸、妈妈还像原来一样爱你……"

"妈妈有你真好！"

"你是上天给我的最好礼物！"

"虽然爸爸不跟我们生活在一起，但我们依然生活得井井有条。"

不可以跟孩子这样说：

"你妈不要你，跟人跑了。"

"你不乖，爸爸也不要你。"

"真可怜，没有妈妈哦！"

"可怜，我不关心，就没人要了。"

更多关爱。 孩子的生活环境起到的潜在影响是很关键的，若不能生长在一个充满生机和阳光的环境下，会让孩子的性格产生很大变化。父母的离异对孩子的影响主要是亲情的缺失，但并非所有的单亲家庭都会对孩子造成这样的影响，有许多单亲家庭的孩子，其优秀的一面甚至超过正常家庭的孩子，所以事物都是一分为二的。所以关键是单亲家庭是如何引导和教育好孩子的，你可以给予他（她）更多的父爱或母爱以弥补缺少之不足，能分散注意力就想法让孩子不觉得孤独。如果孩子特别依赖父母，那作为父母就要考虑为了孩子着想，委曲求全也好、忍辱负重也好，也不能随意离婚，为人父母的更应想到这一点。可以这样跟孩子说：

"我们永远不分开，我照顾你，你也可以照顾我。"

"虽然妈妈不跟你生活在一起，但想妈妈的时候，随时可以找妈妈。"

"虽然爸爸不跟你一起生活了，但爸爸永远都关心你。"

"这是你最想要的……"

"我从你爸爸那知道你最近受到老师好多表扬呢！"

"老师说，你学习进步了，懂事会照顾别人了，祝贺一下吧。"

不可以这样说：

"我已经够烦的了，你还添乱？"

"事情够多的了，你还不让我省心？"

"老子能带着你就不错了！"

"你找你老娘去，看她理不理你。"

积极沟通。 可见，亲子之间的沟通是必要的，沟通可以了解孩子的思想和行为，不沟通则会让父母与孩子的距离逐渐加大，产生代沟。单亲家

庭的男孩十分容易出现沟通匮乏的问题，作为父母就需要积极应对，不可逃避，给孩子讲明父母是不得已而为之，就算不在一起了，父母对孩子的爱依然如故，离开孩子身边的父母就应经常带孩子出去玩，多些沟通和理解。多用鼓励和赞许的语言肯定孩子做得好的，对不良性格和嗜好要加以引导并讲清利害关系，让孩子自己定计划改正才是上策，与其想用严厉的办法去堵，还不如疏导和防止在萌芽状态。多和孩子交心，换位思考，思想通了就什么都通了。可以这样说：

"你有什么想不通的，找爸爸说说你的想法，爸爸会注意的啊。"

"妈妈最近有些疏忽你，下次遇到这种情况，你直接提醒我啊，对不起！"

"我们之间什么都可以说，不说我们之间也会生疏的！"

"一个人的智慧毕竟有限，有问题，我们一起商量啊。"

"爸爸也是在向你学习哎。"

"我遇到一个问题，你帮我想想怎么解决。"

不可以这样说：

"没见我正烦着吗？滚一边去！"

"老子自己还自顾不暇呢。"

"有问题自己解决。"

"我也不知道怎么办。"

磨练独立。很多单亲家庭的男孩容易缺乏独立生活的能力，家长一人照看的情况下，孩子的生活很难照顾周到，也会造成性格孤僻、不求上进的情况。像这种家庭的孩子从小就要引导好，训练孩子独立生活的能力，让孩子从小就要自食其力、勤俭节约、不过于依赖父母，自己能完成的事自己动脑筋完成，训练孩子独立生活的能力就能保证将来遇到挫折和打击时及时调整心态和正确面对，而不是躲避和颓废。这样一旦因父母离异或其他原因变成单亲家庭时，孩子的性格就会更加坚强和独立，不会受到太

大的影响。可以这样说：

"爸爸一个人照顾你，难免有疏忽，你也学着照顾自己好吗?"

"你提醒妈妈啊。"

"真能干，能自己洗衣服。"

"谢谢你帮妈妈倒水。"

"越来越能干，能整理自己房间，还帮爸爸整理，谢谢啊。"

"咱家孩子一点不娇气，比同龄人能干。"

不可以这样说：

"可怜，没有爸爸就要比人家小孩多吃苦。"

"自己的房间都不整理，寄生虫。"

"咱家没有爸爸，你在外让着别人一点啊。"

情商教育。单亲家庭在遭遇家庭的变故后，一般家长都会心灰意冷，生活的情趣没有了，一切暗淡无光，大人的心态都很消极，更何况孩子。家长要及时培养自己和孩子的兴趣、爱好，转移孩子的注意力。让孩子明白尽管自己是单亲孩子，但是依然可以快乐地生活。单亲家庭的孩子比其他孩子面临的问题更多，家长要与孩子一起动脑筋想办法，努力面对新生活。奋发向上，磨练出孩子坚毅的性格，努力培养孩子成为国家的栋梁之材。对于已经出现的性格变化，需要家长长时间地接触并用亲情感化、来颠覆。可以这样说：

"有多大事，不就是爸爸不和咱们住在一起嘛，我们一样很好。"

"我相信你能解决好这个问题。"

"遇到问题正常，这就是生活，克服了就好。"

"这么难的事情你都能解决啦? 厉害!"

不可以这样说：

"真没出息。"

"真笨。"

"你以后像你爸一样的没出息。"

"人家孩子比你好。"

豁达乐观。 "孩子是父母的影子"，要想让孩子健康成长，更重要的是家长一定要有一个积极上进的心态，积极奋发的精神状态，面对现实，具有平和稳定的情绪，情趣广泛。这样才能影响孩子，勇敢地面对生活中的挑战，走出单亲家庭给他们带来的心理阴影，形成健康的心理，培养孩子乐观开朗的性格。可以这样说：

"不管有多大的困难，爸爸永远支持你。"

"你瞧，咱宝贝特幽默。"

"你是个有主见的孩子，勇敢地试试看吧。"

"不要怕，迎接生活的挑战。"

"孩子，这是生活对你的挑战，需要我做什么吗?"

不可以这样说：

"单亲家庭的孩子就是不好跟人家比。"

"这就是命，谁叫咱们命不好呢。"

"你妈都不要你，你还开心。"

"咱们就凑合着过日子吧。"

疏导宣泄。 不良行为的发生往往是不良情绪导致的，在单亲家庭中单亲孩子内心深处有很深的被拒绝感和对自己和他人的愤怒，这些不良情绪导致单亲孩子逆反、不服管教。这样的情绪不要堵而要适当宣泄。方法有：①放声大哭，心理学家研究表明：哭对人体有利的一面在于，它是宣泄悲痛、释放情绪的一种手段。人在悲伤时不哭，是有害于自身健康的，该哭时就应该哭，不要强行压抑。②向亲朋好友诉衷肠，面对家庭中突然的变故，家长要引导孩子，把心中的委屈和愤怒说出来，如果孩子不想告诉父亲（母亲），可请其他亲友帮忙，多听听孩子的心声，让他发发牢骚，诉诉衷肠，出出怒气。③踢皮球、摔东西。当孩子的情绪非常难过、不好

时，可以给他一个既能发泄愤怒，又不会伤害他人的物品，比如用足球往墙上狠踢几脚，或使劲拍桌子，摔些不值钱的或不易摔坏的东西出出气都可以；或者不停地干活等。④急走或跑步，人在情绪低落时就不爱动，越不动，情绪越低落，形成恶性循环。解决的办法是急走或跑步。单亲家庭中的父亲（母亲）平时有时间时要多带孩子运动。事实证明身体活动可以改变情绪，而情绪状态也可以反过来改变身体活动。我们应该运用这一原理去改变低落的情绪。让"急走"、"跑步"、"强劲步行"、"散步"等活动释放消极情绪。⑤放声大喊，高声歌唱。在心情不佳时听听音乐，雄壮的歌曲可以振奋人的精神，在自己情绪低落时放声高歌可以提高士气。当自己憋闷时可以放声大喊，把心中的郁闷释放出去。

切记"争宠"。让孩子一直感觉到自己的父母虽然没有生活在一起，但是家还是存在的，不管是哪一方带孩子，都应该让孩子与另一方有接触与交流的时间，感觉父母之爱。双方都要讲理智，切忌在孩子面前"争宠"。如果有可能，应该让孩子与父母同时团聚。可以这样说：

"我认为你爸这样做是对的，你听你爸的。"

"回家，听妈妈的话，有问题好好跟妈妈讲啊。"

"你妈一个人带你，也挺不容易的，你也帮我照顾照顾你妈啊。"

"是这样做好，我也支持你爸，你说呢？"

不可以这样说：

"儿子，你爸没有妈对你好。"

"他跟你小妈好上了，没心思关心你了吧？"

"你这个没良心的，忘记爸爸那次打你啦？"

"我给你1000元，比你爸给你的多吧？"

扩大交往。扩大孩子的交往面，还要让单亲孩子与其他亲友中的长辈接触，这对孩子的成长有好处。多一些人的关心和爱，让家庭的气氛更浓厚一些。此外，单亲家庭的家长要多给孩子当家做主的机会，这样让孩子

有了锻炼的机会，让他们多为家长分忧解难，反而有利于他们尽快地成熟起来。可以这样说：

"多征求一下别人的意见。"

"不要老看书（电脑），跟别人交流也是一种学习。"

"这样做合适不？再找人商量商量？"

"你小姑今天生病了，去关心一下？"

不可以这样说：

"别出去丢人。"

"女孩在家，别像你妈一样的被人骗。"

"把学习搞好比什么都强。"

"外面没什么好人，别出去。"

调整期望。在单亲家庭中，由于父母的婚姻失败或其他原因，单亲的家长容易对孩子寄予很高的期望，让孩子感觉到压力很大，失去学习兴趣。要调整家长对孩子的期望，明白孩子不是你的私有财产，他们有自己的兴趣和爱好，他们有自己的理想。作为家长要尊重孩子、理解孩子、支持孩子。可以这样说：

"只要尽自己最大努力了就行。"

"只要你努力，妈妈不会怪你。"

"成才的道路多的是，可以再找适合自己的路。"

"我们一起分析你的选择，最终还是你决定，妈妈不强求。"

不可以这样说：

"你必须听我的，考大学才有出息。"

"你考不上一本学校，就对不起我。"

"妈妈为了你没有再嫁，你必须要争气考上名牌大学！"

忌不良用语。单亲家庭的孩子往往比较敏感，而家长面对社会竞争总会有情绪糟糕的时候，但尽管如此，单亲家庭中的父母一定要注意自己的

用语，有些不良用语会使孩子产生微妙的心理变化。有句话叫做"坏孩子都是妈妈唠叨出来的"，可想这些唠叨中大部分都是不良用语，改善自己的用语，能增加家庭中亲子沟通的频率。在家庭中家长要多注意孩子的言行，及时跟孩子谈心，了解情况之后，及时疏导。

老师与单亲家庭孩子沟通的四大技巧

建立单亲子女档案。 首先是从入学起，就着手建立单亲家庭学生档案，对他们的家庭情况、心理行为和学习生活进行深入的了解和跟踪，并详加记载。并定期举办家长座谈会，与家长沟通，让家长懂得帮助孩子调适学习心理，并能及时发现孩子的心理变化。其次是利用网络保持与家长的联系，在网上与家长一起学习先进的教育理念，与家长共同成长。如在以往的活动中，我们一起听专家利用心理学原理讲解家教的热点、难点问题，共同探讨正确的教育方法，及时反馈同学在家、在学校的表现，一起共商教育的对策。

消除忧郁，融入集体。 良好的同伴关系对医治单亲孩子因家庭变故带来的创伤无疑是一味良药。作为教师，自身观念要开放，心态要豁达。一是尊重单亲孩子的人格和生活方式，不能有歧视、嘲笑、戏弄单亲孩子的做法。二是鼓励单亲孩子参加班级组织的各种活动，让他们感到同学、老师都很重视他们，尽量淡化他们与其他孩子之间的差别，避免他们感到窘迫、难堪和不安。三是善于发现单亲孩子身上的闪光点，重视他们的点滴进步，帮助他们在班集体中树立起威信和良好形象，使同学们接受他们并乐意亲近他们。四是及时与家长沟通，深入了解孩子在校外、在家中各方面的信息，针对性地采取沟通教育措施。五是引导单亲孩子调节情绪。情绪调节是个体管理和改变自己或他人情绪的过程。在这个过程中，通过一定的策略和机制，情绪在生理活动、主观体验、表情行为等方面达到良好的、适应的、可管理的状态，从而发挥情绪管理的正能量，提高活动效率。建议不良情绪发生时通过一些行为上的改变而调控情绪。如找个朋友

尽情地倾诉，听听音乐、打打球、散散步、打打受气袋、享受美食，或者把自己心中的不快写出来等。这些行为能宣泄情绪或转移注意力。经常运用，能增强自我对情绪的调控能力。

搭建"阳光房"。沟通教育是真诚的、心心相印的教育活动，她要求尊重孩子的心理需求，只有从心底里发出来，也才能深入到心灵深处去。对单亲孩子本着"爱心、热心、诚心、耐心"和科学的态度，为他们付出更多的爱，使孩子重新享受失而复得的温暖与快乐，就能医治他们内心的创伤，帮助他们克服生活中的困难，相信他们也同样会生活得快乐、幸福。如有个叫乐乐的女同学，她因脾气古怪经常与同学闹矛盾，老师狠狠批评她后，她哭得很伤心。通过了解才知道她父母离婚数年，现跟随母亲生活，家庭境况又不好，常常心情苦闷，情绪低落。了解这些后，老师主动向她道歉，她当时扑到老师的怀里放声大哭了，从此，她们成了无话不谈的好朋友。一次，老师发现她面色铁青，捧着肚子，一副极其难受的样子，老师立刻走上去问明原因，原来母亲为了挣钱养家到外地打工去了，她由比她大几岁的小姨照顾，早上没有吃早餐。老师马上买来两个热气腾腾的包子让她先吃饱。在老师真诚理解和无私的关怀下，她享受到了成长过程中阳光般的温暖，一天比一天变得性情开朗，而且乐于助人，学习十分努力、成绩优异。她说："只有学习成绩好才能回报老师的关爱"。经常与她谈心，有预见性地与她沟通今后生活中还可能会遇到的变化、挫折，让她有充分的思想准备，还一起探寻应对策略。还与她畅谈理想，帮助她树立明确的目标，正视现实，把握自己的命运。这样才能够帮助并逐步引导他们克服不正常的心态，与其他孩子一样健康成长。

定期家访，培养多元化价值观。老师要定期家访，与家长促膝谈心，纠正卸任于老师、学校，而家里可以不管的错误教育观念，强调家校密切配合共同教育孩子的必要性。中国青少年研究中心花了一年多时间完成的少年儿童偶像崇拜与表扬教育的研究报告，近7成少年儿童是以文体明星

作为偶像，科学家只有 2.3%，劳动模范只有 0.4%。而在 20 世纪 80 年代初，小学生长大后的梦想一般都说是当解放军、科学家、艺术家等，这些是最多的，极个别同学回答说长大后想当相声演员和歌星什么的。时代发展到现在，价值取向趋于多元化，但是从报告上体现的，崇拜科学家的只有 2.3%，崇拜劳动模范不足 0.4%。发现孩子价值观反而更加单一，也变得更加现实、更加物质、更加功利。这个结果是当今这个社会商业化的偶像包装与运作的结果，但我想更大的层面是成年人将世俗的压力、自己的期望转化成单一的成功概念并且灌输给孩子的结果。可以想象，之前火过的无论是"虎妈"还是"狼爸"，还是"鹰爹"，他们所强调的成功都不会是让孩子成为一个劳动模范，很多孩子在本该接触自然、阅读诗歌、倾听生命，面对自己心灵从而形成价值观的时候，过早地就变成为打拼房子、车子、票子而做准备的小机器。我们应该开放一些研究院、科学院等机构然后与公众，尤其跟小孩做互动，让他们明白自己工作的魅力在哪儿。这样可能有更多的孩子接触到不同的榜样，从而形成不同的多元的价值观。

孩子与单亲家庭孩子沟通的四大技巧

（1）不要总是说自己或别人怎么怎么好，单亲家庭的孩子反感别人的炫耀。

（2）一般单亲家庭的孩子不轻易把自己的喜好表达在外表，你对他的好，一定要自然并发自内心，否则你无法走进他的心灵。

（3）不用命令式的口气，因为他觉得连父母都不要他、不管他，别人更没有资格。

（4）找他感兴趣的事情做，说他感兴趣的话题。

单亲家庭孩子自我沟通时的七点提示

要自信，不自卑。学会肯定自己，正确评价父母，接纳单亲家庭的现状。

要坚强，不脆弱。人生不会一帆风顺，父母离异只是个考验，要勇敢

面对现实。

要自立，不依赖。父母与子女本来就是分离之爱，经历分离则有助于孩子独立人格的培养。

要平和，不埋怨。以平常心看待父母离异后伴随而来的各种麻烦与问题，抱着"面对一切荒诞，付之一笑"的豁达态度，则有利于培养自己良好的心理承受能力。

要乐观，不忧郁。要相信即使是家庭完整的孩子同样也会面临各种复杂问题，所以要学会将生活的阴影留在"背后"，永远面对灿烂阳光，设法通过正常渠道排除困难和挫折。

要开阔，不自闭。如果你有点自我封闭、孤芳自赏、我行我素、远离人群，这是不可取的自虐行为。而应善于人际交往，主动关注他人，关注世界，努力开辟一块顽强生存的开阔领地，才是明智的选择。

要坦诚，不回避。对单亲家庭孩子的教育原则是坦诚、沟通和鼓励，家长和老师不要对婚姻家庭这些事避而不谈，要让孩子知道，离婚和再婚在社会中都是正常的事。另外，生活费、学费等经济问题，随着年龄增长，孩子应学会通过与父母的谈判和协议来获得保障，必要时还可用法律武器来维护自己的合法权益。

学校与单亲家庭孩子沟通的技巧

教育要从为每一个孩子的发展出发，但学校的教育不是万能的，单亲家庭子女的教育问题已经是一个重要的社会现象，因此要重视以下几个方面：

（1）推行社区教育活动，把单亲家庭学生（包括其他学生）在社会上的情况也掌握起来，只有把社区教育与学校、家庭的教育结合起来，形成学校、家庭、社会协调配合的教育网络，才能使学校和家庭教育的成效落到实处。

（2）强化心理健康教育，开设心理健康教育课程，定期举办专题讲座。

开设心理健康教育课程，是促使中学生健康发展的重要措施。这不仅可以使学生了解自身心理发展、变化的规律与特点，而且对于帮助他们缩短心理适应期、加快人格的成熟、掌握心理保健知识都具有积极的作用。此外，选择适当时机举办专题讲座也是十分必要的。如新生入校时讲授"中学新生的心理适应"、考试前讲授"考试焦虑及其对策"，针对单亲家庭学生也可以建立相应的辅导专题讲座。

（3）创办心理教育机构，开展心理咨询服务。对单亲学生的教育工作并不是单靠学校一个部门的努力就能完全解决的事，它的顺利开展需要社会、家庭、学校、政府等部门互相合作，互相支持，互相理解才能收到最大的转变效果。在大家的帮助下使他们走出阴影，找回自信，形成阳光的性格。

2013 年最美孝心少年——16 岁女孩黄凤，虽然妈妈离开家，但她连续 10 年，独自照顾意外摔伤高位截瘫的爸爸，11 岁时她推着 400 斤的铁板车把爸爸带到上海治病。无论风霜雨雪、再累再苦也不曾放弃！16 岁的她说："委屈时看见我爸笑，就没事了。"离异重组家庭的 13 岁女孩吴林香，6 岁时父母离异，独自照顾患肺癌晚期的母亲，在逆境中她始终微笑。虽然妈妈最终离开了人世，但她依然微笑着生活。还有单亲留守家庭的孩子们，他们虽然是单亲孩子却能承受连成人都难以承受的负担，尽管身世坎坷，可仍然坚强、乐观，学习也不错，在班上同学、老师都很喜欢他们。

黄凤、吴林香、何秀巡、林章羽、路玉婷、邵帅等最美孝心少年，都是单亲家庭中的孩子，因为心中有"爱"，使他们能坚强面对生活的坎坷，承受生活的重压，坚强、乐观地生活着，"爱"让他们阳光。

千万别毁了孩子的自尊心

自尊心人人都有，它是一柄"双刃剑"，既有积极的一面，如自信、自爱，也有消极的一面，如自卑、自负、偏激。自尊心一旦被伤害，消极的一面就会占据主导地位，影响孩子的不只是学习，还会是孩子的其他方面。所以，我们要保护每个孩子的自尊心，特别是特困孩子。因为他们的经济贫困，可能有时会比较敏感。对他们，我们要把贫困作为教育资源，教育孩子接受事实、苦其心志、树立正确的人生价值观，在贫困中练就顽强刻苦、穷则思变的生活毅力。切不可隐瞒孩子，让孩子生活在现实家庭生活之外。

◎ 身边故事

潇潇的爸爸和妈妈在他 3 岁时就离婚了，跟着父亲过，父亲怕他受委屈没有再找后妈，不管刮风还是下雨，一个人带着孩子，既当爹又当妈，孩子要什么都尽量满足，生怕孩子委屈了。到了四年级，孩子见别的小朋友穿一些名牌鞋、名牌衣服，回家也问爸爸要，爸爸不给买就不高兴了，并对爸爸说："人家有，为什么我没有？你真没本事，没妈的孩子像根草。"父亲听了这种话，尽管自己心里很痛，尽管囊中羞涩，还是满足孩子的愿望。

由于父亲始终无条件地满足孩子的愿望，滋长了孩子的虚荣心，孩子在与别人的攀比中更加自私、任性，没有同情心和责任感，从不顾及别人的感受，还抱怨父亲。当孩子对父亲提出物质需要时，要敢于说"不"，更要多与孩子讲"不"的理由，让孩子理解父母，了解生活的不容易，成为家庭里与你共患难的一员。

◎ 你 知 道 吗

贫困会使孩子自卑焦虑。生活在贫困家庭的孩子,较早地体会到了生活的艰辛,吃、穿、用落后于一般学生。沉重的生活压力和精神压力对他们的影响不同,有的人能够平静地接受家庭贫困的现实,将自己磨练得愈加坚强,渴望通过自己的努力改变家庭的命运;也有的孩子内心充满焦虑、自卑自怜,甚至抱怨父母、自暴自弃、对社会失去信任;还有的产生了消极的心理影响,厌学、厌世情绪严重,对社会看法极端、片面,拒绝接受教育现象较多。

◎ 这 样 沟 通 好

告诉孩子真实的家庭经济状况

有的贫困家庭父母耻于跟孩子谈钱,总觉得面子上不好看,有的甚至"打肿脸充胖子",自己省吃俭用也要让孩子吃好、穿好、兜里有钱。这样做的结果,不只是会增加自身的压力,还不利于孩子正确认识自己的家庭经济状况。要告诉孩子真实的家庭经济状况,不但使其了解父母的艰辛,还可共同沟通,采用合适的方式分担父母的忧愁,培养孩子的责任感和经受挫折的勇气。

进行心理调适,正视贫穷

由于贫困被人瞧不起而容易自卑、产生孤独感、不公平感、虚荣心等不良心理,这比贫困本身对孩子成长的影响更大。要引导孩子正视家庭贫困的现实,保持一颗平常心,在消费上量力而行,不跟别人攀比。

鼓励孩子自强自立

教育孩子认识贫困的根源,懂得知识改变命运的道理。同时教育孩子理解,要使生活过得好,必须刻苦努力学习,掌握生存本领,以便日后能自食其力,引导孩子建立摆脱贫困的信心,自立自强。

保障受教育权，不歧视女童

　　努力为孩子创造较好的学习生活条件，避免孩子因家庭贫困而辍学、流浪，或基本生活需求得不到满足影响其身心健康，争取得到政府和社会救助。我到江苏宿迁峰山县一所小学，有少数女孩到小学四、五年级，就辍学随父母进城打工了。而对于男孩，父母则让其读书，一般是读到孩子不想读为止。

　　袁梅的儿子刚上小学时，父亲去世了。母亲没改嫁，含辛茹苦地拉扯着儿子。那时村里没通电，儿子每晚在油灯下书声朗朗、写写画画，母亲拿着针线，轻轻地、细细地将母爱密密缝进儿子的衣衫。当满山的树木泛出秋意时，儿子考上了县重点一中。母亲却患上了严重的风湿病，干不了农活，有时连饭都吃不饱。那时的一中，学生每月都得带 30 斤米交给食堂。儿子知道母亲拿不出，便说："娘，我要退学，帮你干农活。"母亲摸着儿子的头，疼爱地说："你有这份心，娘打心眼儿里高兴，但书是非读不可的。"儿子固执地说不，母亲说快去，儿子还是说不，母亲挥起粗糙的巴掌，结实地甩在儿子脸上，哭着对儿子说："你不读书，只能帮妈妈干农活儿，没有更多的钱给娘治病。""咱家虽穷，但是妈妈既然生了你，就有办法供你读书，生活艰苦点，但咱孩子不怕这点苦，对不？"儿子跪在妈妈面前痛哭着说道："儿子明白，我吃苦不怕，可是你腿不好。""妈妈的腿不用你担心，我能坚持。""儿子担心你呢。""没事没事，儿子你快去，我会尽快把学校要的米送去的，听话。"儿子答应了母亲，并且说道："我一定好好学习，但是你身体不行，有事一定告诉我啊"……

　　儿子终于上学去了，母亲得了晚期风湿病，连走路都困难，更甭说种田了，只得瞒着乡亲，更怕儿子知道，毁了他的自尊心。每天天蒙蒙亮，拄着棍子悄悄到十多里外的村子去讨饭，然后挨到天黑后才偷偷摸进村，每月讨来了要交给学校的 30 斤米。校长最终知道了这件事，不动声色，以特困生的名义减免了儿子 3 年的学费与生活费。3 年后，儿子以 627 分

的成绩考进了清华大学。欢送毕业生那天，儿子从校长那儿才知道母亲的举动。

也许不是所有的父母，都像这位母亲一样在艰难中支撑着儿子的天空。但天下父母对孩子的爱都是一样的，母亲紧紧地捍卫了孩子的受教育权，保护孩子的自尊心，在极其艰难的条件下，母子同心，共同克服种种困难。

让孩子正确认识钱的作用

由于家庭、社会的一些阴暗面让有些孩子特别是"富二代"过早、过多地看到、听到或者经历过，使他们片面地认识了钱的"巨大"作用，结果毁了孩子。

◎ 身边故事

钟先生11岁的儿子小钟因拒绝向一名"香港富二代"蔡某缴纳保护费，结果被拉到停车场暴打，并将小钟的衣服扒光，从头到脚被泼油漆，甚至拿起刷子，反复在小钟的脸上、眼睛、鼻子、嘴巴和生殖器上涂抹。钟先生称，行凶者还叫嚣："我爸爸是香港富豪，派出所不能拿老子怎么样。下次不给钱，连你们全家都给灭了！"事发后第二日，蔡某家长来到了医院并寻求与小钟家长协商解决，但是面对记者的镜头，年仅16岁的蔡某仍然狂妄地竖起中指，并称"我鄙视你，告诉你们给我适可而止，等我发威，你们上级……就灭了你们！"蔡某家属则告诉记者："派出所就是我家开的，我们想怎么样就怎么样，我认识省、市、区大领导，你们爱报道不报道……"

还有，年仅20岁的胡斌驾驶非法改装的三菱跑车在杭州繁华的文二

西路街头与朋友"飙车"，将看完电影、正在穿过斑马线回家的 25 岁青年谭卓当场撞死。

从杭州胡斌开车撞人逃跑案，到如今的李双江之子打人、轮奸事件，"富二代"俨然成了"寄生虫"、"败家子"的代名词，而"富二代"犯罪也成为社会关注热点。"富二代"通常是指改革开放以来，人们对占有社会财富 20%的那一部分先富裕起来的人的子女的称呼。"富二代"犯罪是指区别于传统的为财、为色、因仇等诱因的街头暴力犯罪，而出现的以游戏、戏谑、恶搞为目的的犯罪动机。被网友们称为吃饱喝好后撑得慌，寻找感官刺激而引发的犯罪。这是中国犯罪的新动向，特别是青少年犯罪的新苗头。虽然这部分犯罪只占社会犯罪的很小一部分，但是，危害性、影响力却不小。

◎　你知道吗

"富二代"犯罪的原因，可以从社会、家庭教育、自身三方面来分析。

社会原因

一部分"富一代"的"唯钱"价值观，直接导致了他们的"富二代"子女从小就丧失了正确的财富观念和正确的人生观和价值观。现今社会潜规则日益盛行，让"富二代"在"权钱交易"中更多地看到了"有钱能使鬼推磨"的金钱力量，不知不觉中造就了他们为所欲为、骄横跋扈的行事方式。

家庭教育原因

生活上过分满足物质的供给。一心为子女提供优越的生活条件，用金砖玉瓦堆砌子女的生活，使子女成为财富的奴隶，不注意培养他们正确的价值观、珍惜资源的心理和抗压能力。

教育不接地气，过分重视金钱的力量。对子女实行隔离式贵族教育，把子女自幼送至贵族学校，"富二代"从小就开始享受金钱带来的特殊待

遇，娇生惯养，习惯于富贵奢华的生活，失去了与其他社会阶层接触的机会，形成了明显的社会阶层和等级意识。在面对社会压力时不具备正面应对的能力，而选择偏激或者金钱化的处理方式。

精神生活上缺少沟通交流。许多家长由于工作繁忙或自身素养的影响，不注意对子女的情商教育，使子女在心灵上极度空虚，得不到父母的关爱和社会的认同，从而性格和行为愈发偏激和极端。

自身原因

富二代、星二代犯了错，父母习惯用金钱、权力帮他们"摆平"，"有恃无恐"的心理，使他们缺乏"规则意识和底线价值"的阀门。网民们的观点如下图所示：

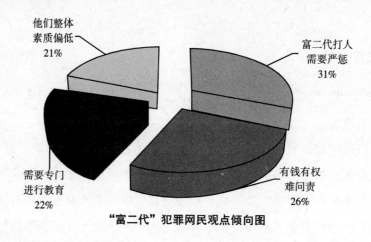

"富二代"犯罪网民观点倾向图

◎ **这样沟通好**

忌用金钱教育方法

有的父母忙于工作，把子女交给老人、保姆或上寄宿学校，同时花高价为孩子请家庭教师、买各种高档的学习和生活用品，而自己却不安排时间关注孩子，与孩子很少沟通。孩子缺失管教时不仅容易出现心理和行为问题，而且与父母情感疏远。家长应该认识到自己对孩子的教育影响是其

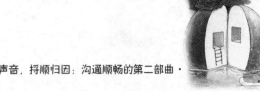

他任何人都不能替代的，孩子成长中最需要的亲情不是金钱能买到的。

重致富途径教育

富裕家庭很少有一夜暴富的，许多父母乃至祖辈都经历了创业初期的艰苦奋斗。父母要把曾经的艰难告诉孩子，使其明白劳动创造财富的道理，并懂得珍惜。对"富二代"而言，不应该过分依赖父母给予的财富，应该把父母的财富作为一个起点，充分运用父母提供的先天优越条件，寻找属于自己的致富之路，成为一个能够独立的个体。

家庭教育要接地气

父母应该抽出更多的时间回归家庭，让"富二代"子女感受家庭的温暖和正常家庭的生活方式，关注他们的精神生活，做他们的导师，帮助他们建立正确的价值观念，提高辨别能力和判断能力，选择正确的生活方式和生活态度，而不是迷失在金钱当中。不把子女的成长环境局限于同一阶层的人群，进行隔离式教育，这种隔离式教育虽然能够使子女的成长减少很多阻力，但也人为地造成了"富二代"子女与社会其他阶层人员的隔离，所以在对子女的教育中，应该与多层次的人群接触，增长他们的社会经验和阅历，提高"富二代"子女在社会生活中的处事应变能力和情商。重理财教育，帮孩子在有目的的挣钱实践活动中体验钱的作用，使孩子具有存钱意识，引导孩子合理花钱。针对不同年龄的孩子，理财教育有不同的特点和内容，理财教育是融于日常生活之中的。

预防比惩戒更重要

曾有调查显示，青少年犯罪已成为中国社会转型中凸显的问题，并且呈现出低龄化、暴力化、团伙化等趋势。"养不教，父之过"。综观李天一的成长过程，几乎就是对家庭教育缺陷的最好说明。从国内名校读到国外私立高中，从"幼儿申奥形象大使"到少年冰球选手、少年钢琴家，李天一的成长轨迹中闪耀着"星二代"的光环。光环背后，却是父母听任未成年儿子无证驾驶打人、放纵17岁儿子深夜泡酒吧。家庭教育在青少年犯

罪中占据举足轻重的作用。而李天一刚刚走出劳教所后不久，又卷入涉嫌轮奸案被刑拘，有人以此推断出劳教制度对未成年人的改造作用并不大。姑且抛开劳教制度的争议不谈，李天一的案件多少表明，青少年犯罪预防比惩戒更重要。这也是其他国家应对青少年犯罪的经验之谈。

像在美国华盛顿，为了遏制青少年犯罪率上升势头，将对青少年的"宵禁令"提前两小时，规定未成年人晚上 10 时以后不准出门，对于罪行比较轻微的、初次涉足犯罪的青少年，判处 8~2000 小时不等的社区服务作为处罚。在英国，未成年人刑事司法制度还对监护人进行裁决，剥夺不尽职父母的养育责任，将未成年人转移到其他家庭或社会收养部门收养。在奥地利，司法部等多个政府部门联合推出预防青少年刑事犯罪的"十点计划"，强调解决青少年犯罪的重点是"预防而不是事发后惩戒"……

如何预防青少年犯罪

预防未成年人犯罪，通用的药方是：法制教育+道德培养。第一，建立社会干预机制。对疏于监管的父母，不妨借鉴"他山之石"，剥夺其监护权。同时对处于困境中的儿童进行早期干预。第二，完善社区矫正制度。司法部数据显示，从 2012 年至今，社区矫正期间重新犯罪率一直保持在 0.2%的较低水平。但这需要两个前提：一是必须有大量的社区义工，对社区矫正者提供心理咨询及其他帮助；二是要有完善的社区矫正平台，如此才能防患于未然。第三，普及法律知识教育。在青少年群体中普及法制观念和基本的法律常识，使他们对自己的行为及其后果能有更加清楚的认识，从而杜绝犯罪现象的发生。

金钱不一定能买来快乐，但金钱一定会改变人们对事物的看法。我们应该在孩子小的时候运用多元化和多样化的价值观念影响孩子，这是父母的一个重要责任。这里我很想把美国人的做法以俟读者。

在美国大富豪家庭，未成年孩子中有 45%的人在学习之余也去打工，近一半的孩子从父母那得不到零花钱。父母花在孩子身上的钱主要是让他

们体验生活，而不是买一堆物质的东西令其尽情享受。美国的富人大多是白手起家，依赖自己的勤奋、努力和知识一步步走上富翁之路。所以美国富人缺少贵族气，有点贫民富翁的味道。在养孩子和教育孩子上很实际，按照富豪们的家庭收入，在孩子身上花的钱简直说是有点"吝啬"。但这种"吝啬"换来的却是富二代的自强，这是那些富豪能维持几代人继续富有的一个秘诀。

美国有个富翁叫丹尼，他的父亲只是一个中学教师，所以他没有"钱长在树上"的优越条件，但他却掌握了"将钱从树上摇下来"的本事。丹尼大学毕业后自己开了一家公司，生意红火，自己也富了起来。从苦日子走过来的人，当然不希望自己的孩子再过苦日子，有了钱让孩子享受豪华生活一点也不为过。丹尼有7个孩子，最小的3岁，最大的16岁，他们可以吃穿不愁，但没一个孩子可以从老爸口袋里拿到大把的美钞去享受，甚至连每个月的零花钱也没有。丹尼告诉自己的7个宝贝："你们想花钱可以，但要自己去赚钱，而且不是打扫房间、做做家务这种工作，你们要到社会上去赚钱"。3岁的孩子能到社会上去赚钱吗？这丹尼才40多岁，不至于老糊涂了吧？小的真不行，奶还没戒掉呢！6岁的儿子第一个跳出来为老爸撑腰，别看人家只有6岁，却是个厨房高手，放了学在家里自己做小饼干，然后到大街上去卖，一个小时可以赚到85美元。美国加州最低工资标准是每小时8.5美元，这小家伙比大老爷们还能挣钱。丹尼13岁的儿子干脆开了一家公司，自己做起了小老板。丹尼说，他的孩子们知道老爸的意思不是要他们自己挣吃饭钱，而是在工作中体会赚钱的艰辛和努力的重要性。丹尼在教育孩子上最深的感受是父母不能让孩子形成这样的观念：我可以享受一切，因为我是富二代。丹尼认为，富二代可以享受一切，但还要有运用财富和进一步创造财富的能力。

在美国，很多富有家庭的子女不知道老爸老妈是富人，甚至不知道自己已拥有了天文数字的财富。美国的富豪们真是抠门，有钱了连自己的子

159

女都不知道，事实上还真是这么回事，1/3的富豪没有告诉自己的孩子家族到底有多少钱，一半多的富豪告诉子女老爸有点钱，但有多少钱好像每人都是一笔糊涂账。记得最有趣的一个故事：一位富家子弟上大学的时候没钱花，连用洗衣机洗衣服的钱有时还要向室友借。有一天室友上网看到这位穷了吧唧的同学的老爸竟是世界大富豪，然后告诉了这位富家子弟，这位穷学生方知老爸这么有钱。后来这位穷学生也成了富豪，他写了一篇文章说：我从老爸身上学到的最有用的事，就是从不把自己看成是富豪，也绝不会干"有钱能使鬼推磨"的事。美国的富豪对孩子跟穷人家父母对孩子的确不同，人们常说穷人的孩子早当家，而富人的孩子就得晚当家。他们认为80后的富二代想当家基本没门，到了30岁还凑合，更多的富豪则希望子女在35岁以后慢慢地管理老爸的财产和基业。

其实穷与富只是过渡，在人的生活中，金钱并非身外之物，关键是你如何运用金钱，不要将金钱与人生的价值混为一谈，这是简单而重要的道理。

让孩子生活在"真"环境中

由于家长的溺爱，有些孩子在"能干"父母的庇护下，体验到权力的特殊作用，慢慢模糊了视线，迷失了自我。该怎么办呢？

◎ 身边故事

2013年10月16日晚21时40分许，李启铭在河北大学新区超市前，开一辆黑色轿车将两名女生撞出数米远。被撞一陈姓女生于17日傍晚经抢救无效死亡，另一女生重伤，经紧急治疗后，方脱离生命危险，现已转院治疗。据目击者陈述：肇事司机撞人后，依然若无其事开车至教学楼接

女友，后被保安和追赶而来的众多学生拦下，并被警方控制。当保安和学生勒令肇事司机下车时，肇事者口出狂言："有本事你们告去，我爸爸是李刚"。

从"官二代"飙车撞人到"官二代"殴打执法人员，"官二代"已经是一个承载着种种劣迹的特殊群体，对于这些人的违法犯事，再怎样严重的惩罚都不能根本性地解决，还是应该从教育的角度做到防微杜渐才是最根本之道。

◎ 你知道吗

"官二代"的"王派"意识

透过众多事件，我们可以清晰地看到两种"官二代"意识：一是"官二代"自生而来的优越感，养尊处优的环境培育出了一个个公子哥，在社会化的交往中，吃不得一点亏，事事要占上风。二是"官二代"老子天下第一的"王派作风"，这类"官二代"目无法纪、目中无人，尤其是对待普通老百姓，总是一种高高在上的自我感觉。这源于各种社会资源能为其买单，如果犯事，父母盲目袒护，一般都能大事化小，小事化了。

部分"官二代"的家庭教育"贫血"

相比前者，有些"官二代"不但要求自己自立、自强，更是在优越的家庭条件支撑下，发奋学习，努力做人，凭借实力叩开成才的大门，走向社会更是不断进步。这两种不同结果凸显出不同的家庭教育。有一些为官父母，从孩子的启蒙教育到长大成人，把这些义务统统交给了保姆和老人，而自己很少关注孩子的身心健康和对其正确价值理念的引导。更多时候是学习靠家教，升学靠关系，教育靠学校，这样不仅没有教育好孩子，更是使这些所谓的"关系哲学"在孩子的心里根深蒂固。等到问题出现时，大加呵斥，痛思反悔，才知是自己失职所致。

◎ 这样沟通好

面对一些"官二代"违法违纪行为的成因，很多人把矛头指向了"官一代"的家庭教育，"官一代"该如何教育"官二代"的问题已经是亟待解决的了，从心理学角度来说，官员父母们要努力做到：

传递正能量

一些官父母自身价值观消极片面，虽然他们极力掩饰以及小心翼翼地避免在子女面前表露出来，但他们的"微表情"总是会泄露其内心的秘密，并且，即使他们能掩饰自己的消极价值观，却很少能毫不犹豫、理直气壮地去反对那些消极价值观。例如，他们虽然能大声宣扬公正廉明、大公无私的正面行为，但面对权钱交易、行贿受贿、暗箱操作等行为，却很少能"爱憎分明"、"高声"地予以批判。根据社会心理学的内隐自尊理论，人们总是无意识地避免否定和批评与自己态度和行为相一致的事物。反而，这种高声宣扬好的方面却不敢批判坏的方面的行为，给子女一种言行不一的伪君子形象。所以，若要影子不斜，最根本的还是身子要正。实际上，多数"官父母"具有正确积极的价值观和是非观，但问题是旗帜不够鲜明，立场不够坚定。一些父母对权力至上、金钱万能、人人自私等消极价值观以及恃强凌弱、欺瞒拐骗等违法违纪行为态度暧昧，言语犹豫、底气不足或遮遮掩掩。尤其对待潜规则，给子女传达的是"这么做也有一定道理，即使不对也是被逼无奈"的观念，这等同于默认其合理性。因为，人们往往会把含糊、迟疑、犹豫的言行视作心虚、撒谎或默认的信号。

抑制负面行为

表扬能够鼓励人的正面行为，批评则能提醒和约束人的负面行为。"官二代"屡屡犯事，与家教不严不无关系。在优越家庭中成长的孩子，如果缺少父母的提醒和批评，就会缺乏对是非善恶的分辨能力。就像学车时教官不教交规，学员开车自然一路绿灯，不知要遵守何种规则，以及何时该

小心驾驶、何处有危险、何时该拐弯和刹车，自然容易发生事故。注意自我批评。自我批评一方面可以给子女树立一种典范——做错了要像父母一样勇于承认错误和自我批评；另一方面可以让子女知道，以后不能再指望父母采用某种错误的行为来帮自己解决问题，因为这种行为父母并不认同。

"太能干"的父母要低调

一些"官二代"之所以"不顾后果"地犯事，其实并非不考虑后果，而是考虑到这一后果可以由父母来承担和解决，才变得肆无忌惮，而这与一些官父母平时的"太能干"有关。一些官父母久经社会历练，处理各种问题得心应手，因此，在子女面前有意无意地表现得非常能干，什么事都能解决，甚至有些官员父母给子女暗示：不上课也能拿到毕业证，没知识、没能力也能被录用，出了事能摆平，进了监狱也能捞出来，无所不能近乎全能。有这么"能干"的父母，其子女撞人、杀人、毁容等行为的出现也就不难理解了。所以，父母即便真的很能干也要低调，不要让子女觉得父母很能干，这样子女做事才会考虑后果，也才能培养子女的责任感和自我约束能力。

多沟通少替代

青少年的问题行为不是突然发生的，而是由内及外逐渐积累的。一些"官二代"之所以出现一些严重的事件，部分原因是因为他们内在的心理偏失和小的不良行为出现时父母没能及时发现。一些官父母由于工作繁忙，缺少足够时间关心和了解孩子的身心发展，只能匆匆看成绩、看排名、看奖项等外在的表现，不能耐心、细心地观察孩子的成长过程尤其是道德和人格等内在的心理。于是孩子出了问题（往往先是心理上的问题后是行为上的问题）没有及时发现，直到闯大祸了才后悔莫及。另外，父母即便发现子女的问题，却又没有时间和耐心关心和教育，于是只能直接插手干预、包办解决，这样省时省力，非常高效。然而这种方式正是剥夺了子女摸索锻炼、独立承担责任的机会，造就了他们遇事依赖家长和不负责

任的心理。

延迟满足子女要求

从一些"官二代"的犯罪行为中，我们可以看到他们的行为表现得似乎很刻板：对于自己的要求，他人必须满足并且是立即满足，一旦不能立即满足就会情绪化或采取极端行为。这其实反映的是其自我延迟满足能力的不足。延迟满足是这样一种心理和行为现象：人们为了获得更有价值的长远利益而甘愿延缓当前利益的满足。心理学家研究发现：那些自我延迟满足能力强的孩子，他们成年以后将表现出更好的社会适应性、更高的自我控制能力以及较少的冲动性。可以推测，一些"官二代"延迟满足和自我控制能力的缺乏，与生活中"官一代"过快地、无条件地满足子女要求有关。因此，官父母应该从小就锻炼孩子的自我延迟满足能力，可以通过时间上的延迟、注意力的转移以及设置附加条件来应对子女的要求。

扣好"第一粒纽扣"

子女第一次闯祸时，一些父母很焦急，害怕子女受到什么委屈或者是丢面子，于是急于干预、解决。此时，一些官父母不注意区分事情的大小轻重，一律包办解决，殊不知，这其实已经泄露了父母对待子女犯错的态度底线和问题处理模式（如潜规则），而这往往成为子女以后类似行为的参照，成为他们继续依赖和要求父母干预、解决的讨价还价的筹码。因此，对于子女的第一次闯祸，父母要冷静分析事件的性质以及子女独立解决的能力，除非迫不得已，否则子女自己犯的事应该让孩子自己去完整经历和处理，这样他们才能体验到自己的不良行为对他人和自己带来的后果，也才能提高独立解决问题和承担责任的能力。而子女以后再有类似行为发生时，父母也可将第一次的处理方法作为拒绝帮忙解决的理由。

掸去孩子身上的"官气"

生长在官员家庭，"官二代"时刻都要受到父母"官言官行"的影响，因而不免会沾染些"官气"。例如，有些官父母自视高人一等，言语之中

尽显官员的权势。子女耳濡目染之后，自然也会沾有矮化和厌恶普通民众的气息。于是，一些"官二代"俨然成了"二代官"：以官员的身份和语气对待他人，用官场的思维和方式来解决问题。一些父母正是没有注意到孩子身上的这些"官气"，或者注意到了却不以为然、不加纠正，导致孩子本不是官却官气十足、乱施官威，遭到民众的反感和批判。值得提醒的是：如果"官气"不从"官二代"本身去纠正，即便民众不以"官二代"为标签称呼他们，他们自身对"官二代"的自我认同，同样会造成一些媒体所谓的"人为制造阶层隔阂"。

让孩子生活在"真"的环境中

作为一家之长身居高位却要在子女面前自我批评，自己很"能干"却要表现得不能干，公务缠身却还要花很多时间在子女身上，子女闯祸了却不去管……这很难做到。但为官父母还要从是否对孩子健康成长有利的角度出发，努力让孩子自然地、不带标签地快乐成长。不仅仅是"官二代"，"星二代"、"富二代"也都存在类似问题。这三种家庭往往不能给孩子一个正常的成长环境，这些孩子的生活环境往往"失真"，在"失真"的环境里，孩子更容易"失重"。普通孩子要奋斗很久才能得到的机会，他们可能轻易就得到。他们的生活有"三过"：过于容易得到想要的东西、被过度关注、被过高期望。

在过分注重孩子的精英教育的同时，部分家长忽视了对孩子完善的人格培养，这是本末倒置的。著名教育家陶行知说：不要让孩子做人上人，人外人，要做人中人。爱心、责任感、尊重别人、自我管理，这些是比学习成绩、特长技能更重要的，但也恰恰是最容易被忽视的。

可以跟孩子这样说：

"这种做法不是不妥，而是绝对不对。"

"你要对你自己的言行承担责任。"

"自己是最强大的，爸爸妈妈帮不了你。"

"我这样做是不对的，绝对没有下次了。"

"这个暑假可以带你玩一玩，但你要……"

同学昌荣，现在是某部级干部，他的女儿柯柯现在是浙江大学二年级学生。柯柯是自主招生进的浙江大学。在高中三年时间里，女儿勤奋刻苦、品学兼优，凭自己的实力当上班长，工作认真负责。但有一次，孩子在晚自习时，从书包里拿出手机看时间，这时不巧被检查晚自习的教务处主任看到。柯柯做了解释，可是教务主任认为还是要按纪律给予通报。班主任替孩子委屈，打电话给他爸爸，他爸爸说："还是听孩子自己的意见吧！"孩子的意见就是："我是有点委屈，但是还是说明自己没有严格遵守纪律，如果严格遵守纪律就不会有这事了。"就这样孩子在年级组被通报批评了一次。班主任找到孩子，怕这件事对孩子有影响，可是孩子笑笑说："如果这点委屈我都不能承受，以后我还能做什么事呢？老师放心，谢谢您的爱护！"老师被孩子的这种举动，这样的语言震惊了，眼泪差点滚下来。当时班主任不知道孩子的父亲的身份，只是觉得孩子"太好了，难得的好。"好长时间后，班主任才从电视中知道他父亲的身份，真正是十二万分的佩服。

后来班主任在与孩子的父亲聊天时得知：父亲忙，经常晚回家，母亲又在外地，孩子经常一个人在家，基本上是自己管理自己，照顾自己的生活，有什么事也是主动跟父亲交流，还时常照顾父亲，经常给父亲打洗脚水。"很懂事，很独立，很谦虚。一点都看不出是这么大领导家的孩子"，班主任评价说。

懂得取舍也是孩子需要学会的

有舍才有得，懂得取舍是生活的智慧。在孩子固执时，我们要让孩子从小就懂得取舍，具有取舍的智慧。这是孩子一辈子都需要用到的。

◎ 身边故事

故事1：一天，一个家长特地找到笔者，反映她家姑娘圆圆的一些事情。"圆圆今年7岁了，上小学一年级，在衣着方面很有主见，她说要穿什么，就要穿什么，不管是脏了，还是天气冷了，比方说今天零下三度，她竟然不可思议地说要穿那双最喜欢穿的单鞋，不肯穿棉鞋，一直坚持，哭啊哭，我把那双单鞋浸到水里，没办法了，她说今天不去上学了，我心里真的不忍这样打她、骂她，真的不知道怎样教育她，"还有，"自己说想学下围棋，学了一年了，老师说她学得挺好，她看到有的小朋友不去学了，说她也不想去了，我好说歹说也没用，只好放弃。"

一个知识越少、懂得事理越少的人越封闭、越固执。知识越多，知道自己不知道的东西越多，越可能开放、宽容。一个人知识增多的过程，实质上是一个心智不断成长、不断开放的过程，是固执不断祛魅、不断祛蔽的过程。固执与知识不足有关。

故事2：有个笑话，说有个财主的儿子学习写字，第一天学个"一"字，画一横，第二天学个"二"字，画二横，第三天学个"三"字，画三横。他觉得学会了，不用学习了。结果财主的姓"亿"的朋友来了，要他写个"亿"字，据说他会写，不过写了好几天。至于他写的是"亿"字还是"9999万"，就不得而知了。这个财主的儿子好笑，其实大多数固执的人也是这样的。

这是一种思维定势而引起的固执。意大利著名教育学家蒙台梭利说过："对成人而言，儿童的心灵是一个难解之谜。我们应该努力地探寻隐藏在儿童背后的那种可理解的原因。没有某个原因、某个动机，他就不会做任何事情。一个成人若想找到这些谜底，他必须对儿童采取一种新的态度，增强对孩子的责任感。他必须成为一个研究者，而不是一个迟钝麻木的管理者或专制的评判员。"

◎ 你知道吗

固执是坚持己见、不懂变通的心理现象（即冥顽不灵）。顽固，是指认准了的事情一意孤行、死不回头。与任性不同，任性是没有明确的观点，想到什么就是什么。导致固执的原因可能是思维定式，也可能是由于心理的保护，有时人们未必认识不了事物的客观性，只是由于自我防御机制或劝解语言欠当，会使人坚持自己的看法，还有可能是由认知失调引起的。固执是一种偏执型人格障碍。这类人具有敏感多疑、好嫉妒、自我评价过高、不接受批评、易冲动和诡辩、缺乏幽默感等特点，是人际交往的大敌。固执可分为感觉性固执、记忆表象性固执、情绪性固执，这些心理现象可以连成一体，形成一种习惯，当别人破坏这种习惯时，就会使个体产生不愉快、不舒服，甚至苦恼的情绪，从而引发攻击性行为，表现出强烈的固执。注意：固执和执着是两个不同的概念。执着是优点，否则就阻碍了孩子成才。如果是固执，需要从小修正，慢慢引导、教育。

孩子固执只是表面现象，成长是一个过程，孩子出现状况总有一定的原因。孩子形成固执的原因具体来说有以下几点：

早期家庭教育失当有关

造成孩子性格固执普遍有三种原因：其一，家长惯出来的。有些家长在孩子很小的时候，给予的关怀和爱护太多，孩子有什么要求，无论正确与否都一律满足。时间长了，孩子就形成"想要什么就能得到什么"的错误认识，愿望没有得到满足的话，就会大哭大闹，这个时候家长妥协，就助长了孩子的固执。其二，家长打骂出来的。有些家长对孩子的期望值过高，只要孩子稍微有点过失就打骂孩子，久而久之，孩子就形成逆反心理，即使知道自己错了也要反抗，形成固执的脾气。其三，家长暗示出来的。孩子有时候耍小性子、发脾气是很正常的，却被家长认为"犯倔、任性"，人前人后讲孩子怎么不听话，给孩子贴标签，久而久之，孩子接受

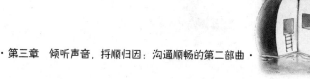

暗示，真正变得固执了。

孩子进入"执拗敏感期"

孩子 2 岁以后，自我意识不断发展，主观意识越来越强，喜欢说"不"、"我就要"。这表明孩子已经进入"执拗敏感期"，这不能说是坏脾气。他只是不想再像以前那样，事事都要依靠你：穿衣服、吃饭、到外面去玩都要听从你的安排。他开始有自己的独立愿望，以为（当然这个年龄的孩子还只是无意识地以为）什么事情都可以自己做了，不需要再求助于人。而且，他希望别人也能知道这一点，但往往很多想法和行为会与成人的主张产生冲突。他们的思维发展能力有限，无法去分析问题，做出正确的判断。这个时候，他会非常委屈、失望，语言表达能力又不够，只会用哭闹来表示反抗。

固执性格有其积极的方面，首先，这种个性的孩子通常比较有主见，他们不会"随波逐流"，无论身边的人有多强大、多成熟，都不能对他们产生威胁；其次，个性固执的孩子往往比较专注，这对于他以后的学业很有益处，他们会在更短的时间里掌握一门技术工种；最后，这种性格如果能与耐力配合的话，通常做事情成功的概率会比较高。

◎ 这样沟通好

对于孩子的无理取闹，家长一定要克制自己的情绪，耐心地帮助孩子平稳度过。如果处理不当，一味顺从或压制都会给孩子成长带来不良影响。如果教育得当，将来也许会更有成就。然而，要达到美妙前景的路程并不平坦，需要父母具有更多的耐心和适宜的方法去引导。家长可以尝试以下几种做法：

首次固执

家长一定要重视和抓好孩子第一次出现固执任性的教育。比如带孩子上街，他看见商店里的一架玩具飞机，就哭闹，如果不买给他，他就坚决

不走，并且这是孩子第一次哭闹要买东西的固执任性行为，家长就应该谨慎对待。如果经济条件允许，就满足孩子合理的要求，主动地买给孩子。不要等孩子哭闹时才买，使孩子误解为只要哭闹，就能得到他想要的东西，这反而会助长孩子的固执任性行为。如果是不能买的东西，家长就绝不能心软，迫于眼泪而迁就孩子的不合理的要求。如果孩子硬是站在柜台前不走，父母可以先走开。或者站到另一边，不理睬他一段时间。等到孩子哭闹没劲了，或感到再拧下去也没意思了，再启发、诱导他改掉发"拧"的坏脾气。父母要简明易懂地告诉孩子为什么不买的理由，并说明用哭闹这种方式来要挟父母或别人是不好的，是不能达到自己目的的。孩子的固执任性行为第一次就被及时责罚，得到及时的教育和引导，即使以后再次出现，稍作劝阻孩子就会听从了，出现三次、四次的可能性更少，甚至不会再出现。如果家长认为"孩子还小，不懂事，现在讲没用"，对孩子首次出现的固执任性行为置之不理，错过了第一次最佳的教育时机，就会导致以后矫正的重重困难。

体验固执

如果家长总是想方设法让他屈服、一味压制，他的反抗可能就会更加强烈，孩子反而容易形成任性、纠缠不休、固执等人格特征。如果孩子的执拗是合理的，比如他非要穿红毛衣而不想穿绿毛衣，你就没有必要和他较劲。给他一定的自由，满足他想独立的愿望，放手让他自己做一回主。如果是固执，不妨让他在确保安全的前提下，可以在体验固执的失败后，再给予适当点拨和支持。但此时千万别跟孩子说："我早就跟你说过……"而要说："没关系，我很乐意帮助你"之类的话。当然，遇到这种情况，你需要有一点富裕的时间和足够的耐心。让孩子在体验中明白：采纳别人建议或接受别人帮助有时是必须的和必要的，学习本身就是从不会到会的过程。如果孩子意识不到这一点，今后怎么能够学到更多的东西呢！

智慧让步

对孩子的行为既要严加管束和引导，又要适当放开，让孩子有自由发展的空间和自主决定的权利。这是把孩子的固执任性行为消灭于萌芽状态的有效方法。一般来说，孩子玩游戏或玩他喜欢玩的东西，当他玩得入迷时，家长突然想让他停止，去完成大人要求他做的事，孩子一般是不乐意接受的，也就容易犯任性固执的毛病。在这种情况下，家长就可以采用管放法，欲擒先纵，欲管先放，适当让步，或让他从中选择。比如，孩子玩得正高兴，家长想让他吃饭，可提前一点时间说："孩子，快要吃饭了，再玩一会就把玩具收起来，看你收玩具快，还是我做饭快，我们比比看。"这样，既可以使孩子摆脱任性固执的产生，防止出现"顶牛"状态，又可以使孩子感受到信任，并产生满足感。

学会取舍

父母不妨经常告诉孩子：真正聪明的人常常以退为进。如果两个小朋友都想玩一个玩具，并且争抢起来，最后反而谁都玩不上或玩不好。如果大家轮流玩玩具，不但可以更早玩上，而且可以商量出更有趣的玩法。

书籍抚慰

从书籍中获得抚慰：法国数学家、哲学家笛卡尔说过："读一些好书，就是和许多高尚的人谈话。"实验表明，经常阅读伟大人物的传记，更能使那些固执的人得到心灵上的慰藉。丰富的知识使人聪慧，使人思想开阔，使人不拘泥于教条的陈规陋习。但是应该注意的是，越有知识越要谦虚，为人处事要尊敬和信任他人。

自我调控

要善于克制自己的抵触情绪，以及无礼的言语和行为。对自己的错误，要主动承认，善于应用幽默，自我解嘲地找个台阶下，不要顽固地坚持自己的观点。养成渴求新知识，乐于接受新人新事，并学习其新颖和精华之处的习惯。

以身作则

孩子固执的性格多半与父母的性格有关。所以，在"改造"孩子的同时，父母别忘了自我修炼。父母应注意自己的言行，不要太固执己见。尤其是在孩子面前，父母应尽量避免为小事而争吵。

及时评价

当孩子做对了事情时，家长能及时地给予肯定、鼓励、支持、表扬、奖励，就等于给刚种下的小苗浇了定根水。当孩子做错了事情时，家长就要立即与孩子沟通。让孩子明白自己错在哪里？应该改正什么错误。为孩子"转变"、"搭梯子下楼"。千万不能口头威胁"等你爸（或其他人）回来收拾你"。长此以往，孩子正确的行为得到巩固，错误的行为会逐渐消除。

圆圆的妈妈改变了与圆圆的沟通方式：孩子坚决要做的事情，不妨放手让孩子去实践。比如说有一次，妈妈说今天会下雨，要带伞，圆圆认为不会下雨，即使下雨也可以跟同学一起撑伞回家。妈妈认为自己带伞有备无患，万一同学有事，自己也不受影响，能独自回家。可圆圆很固执地坚持自己的做法。圆圆的妈妈平静地对待这件事，没有再说话，结果放学后圆圆被淋得像落汤鸡似的回了家。经过几次事情后，现在圆圆能够和妈妈好好沟通，大多数时间也能考虑别人的意见和建议，而不那么固执了。

孩子，做事别燥才好！

急躁会使人心神不安，心神不安会使人容易出错，出错容易让人灰心，家长要有意识地帮助孩子纠正急躁个性。

◎ 身边故事

小明的脾气特别急，有一次妈妈让他到副食商店买一种新来的酱油，

话还没听完，他就嚷着"知道了，知道了"，跑了出去。可到了商店他却傻了眼，原来还没有听妈妈说是哪个牌子的，于是只好回家问妈妈。可走到半路又回来了，原来是忘记带钱了。学习上也改不了这个毛病，平日里从不肯好好学习，一到考试前两天就急得不得了，于是起早贪黑地学，可是由于太着急了常常成效不大。

小明这种情绪反应就是急躁，它是小学生中常出现的情绪反应之一。

◎ 你知道吗

急躁的表现

通常情况下，急躁的人常有如下表现：不论做什么事，兴头来了马上动手，既没认真准备，又无周密计划，而且一开始就急于见成效，遇到困难时更是烦躁不安；在等候消息时，心情格外急切，坐立不安；处理矛盾和问题时，易鲁莽和冲动；盲目行动，往往事与愿违。在学习上则表现为好高骛远，急于求成，有时很想把成绩搞好，但又缺乏扎实的努力，一段时间后成绩没上去，急得不知从何干起；特别是经过努力以后成效不大，就耐不住性子，结果成绩还是上不去，形成越上不去越急、越急越上不去的恶性循环。通常孩子急躁是由以下原因造成的：

（1）过分满足孩子的要求，孩子缺乏独立性，养成了依赖心理，而依赖心理是急躁个性形成的土壤。有的家长一旦孩子有需求，事无巨细，事事包办代替，事事姑息迁就，孩子一旦离开家长的怀抱，就不知所措，进而常常在学习和生活方面"不如意，不称心"，急躁个性则由此产生。作为家长，应多鼓励孩子做有益的事情，并且不怕孩子失败，以此帮助孩子形成独立处事的能力。这样，"不如意，不称心"才不至于打垮孩子，还可以提高孩子分析问题、解决问题的能力。

（2）孩子缺乏认识和对待困难与挫折的能力。孩子的兴趣爱好容易更换。当他对一件事情感兴趣时，常常赋予极大的热情，可是，由于知识的

欠缺或是其他原因，结果往往因为不得要领而导致失败，兴趣随之减弱。不久对另一事物又产生兴趣，同样的原因，结果也是失败。如此一而再再而三，而孩子又缺乏对付困难和挫折的能力，加之得不到家长的及时帮助与正确引导，结果孩子遇事总会烦躁不安。天长日久，急躁个性得以形成。

（3）长期不安静的学习生活环境导致孩子急躁。目前，孩子的学习负担量普遍偏重，身心承受着相当大的压力。如果有相对安静的学习环境，孩子还可以静下心来全力学习。如果孩子的学习环境常常处在唠叨、酗酒、赌博、吵架、打闹或是劲歌狂舞等环境之中，那么，孩子是难以学习的。长此以往，恶性循环，使孩子看见书本就烦躁不安，在焦躁中度过学习时光，如果家长又有急躁性格，孩子的急躁个性怎能不形成并且加重呢？

急躁会使人心神不安，甚至会出现情绪上的紊乱状态。急躁的人容易灰心，急躁的人易怒。生活中，爱发脾气的人往往都是性子很急的人。愤怒容易使人失去控制，在盛怒下失去理智，做出伤害自己或他人的行为，在很大程度上都是由于急躁情绪的推波助澜所致。

◎ 这样沟通好

很多研究认为性子急不急是天生的，在笔者眼里，哪怕就是天生的，我们也可以通过一定的训练让它得到好转。对此我们这样来沟通：

暂缓满足需求

日常生活中，如果孩子对你提出要求，家长要对孩子的需求进行分析，不合理的要求不必满足，怎么发脾气都不能满足，可以用转移、冷淡、改变环境等办法。合理的需求要分轻重缓急，有的情况应立刻给予满足，有的则可以暂缓满足。不能立刻满足的事情家长应用语言讲清道理，如家长正在忙工作，孩子却缠着家长讲故事，家长应对孩子说："现在妈妈（爸爸）有要紧的事做，等忙完后一定给你讲故事。"当然，家长在做完事情后必须兑现承诺，让孩子知道父母说话算话。长期坚持这样做，孩

子就会懂得要学会等待，不能影响别人做事。对不合理的需求也要讲清楚为什么不合理，并说明正因为这种要求不合理，再闹也不能得到满足。这样做就会使儿童的行为逐渐建立在理性的基础上，知道哭闹不是解决问题的方法。

有计划满足需求

合理制定生活计划，养成有规律的生活习惯。凡是应该给予孩子的，都应在计划中得到体现，使孩子感到满足和愉快。计划的周期性重复使孩子很自然地记住生活程序，养成有规律的生活习惯。如饭后散步，睡前听故事，即使孩子突然想去散步，也会抑制自己的欲望，耐心等待散步时刻的到来。做工作也可以先定个计划。比如期末考试要到了，可以把每天用几个小时复习，都复习哪些科目安排一下，做到心中有数。这样，复习起来就不会毛手毛脚的，刚拿起数学课本想起今天的生字又没背，刚背两个字又想起明天有小测验，最后什么都没做好。

减少急躁情绪

孩子学习时，家长要尽量为孩子创造一个安静的学习环境，不给孩子产生急躁情绪的条件，同时家长应注重自身的精神文明修养，注意自己的情绪，以身作则，为孩子克服急躁个性做出榜样。

自我暗示

许多小学生有这样的毛病：教师布置一项任务，还没听完上句就跑了，等到真正做的时候才发现有许多东西还没弄清楚。因此，在做任何一件事时，应在心中暗示自己"沉着"、"冷静"，在弄清楚该做什么、怎样做之后再动手，这样就会取得明显效果。

具体活动磨练

在孩子学习之余，家长可有意识地让孩子练字、画画或陪孩子下棋等。在一笔一画的练习中，在细致观察、描摹中，在步步思考、揣摩中，磨练孩子的韧性。

纠正孩子的急躁个性不是一朝一夕就可见效的事，需要家长耐心而不断地努力。改变认知，改变行为，形成习惯，就逐渐改变了性格。

乱发脾气会后悔，要控制冲动情绪

乱发脾气是情商里情感控制力差的表现，情商是影响一个人成功的重要因素，占80%。坏脾气如果不加以改正，会影响孩子的成功，我们要重视孩子情绪的控制和疏导。

◎ 身边故事

故事1：小勇，小学三年级男生。成绩不是很好，在学校常受同学嘲笑。妈妈在一年前又生了一个弟弟，平时对他疏于照顾。爸爸工作很忙，脾气比较暴躁。妈妈带他来看门诊的原因就是因为小勇脾气很坏，在学校动不动就和同学吵架、打架，老师常打电话向妈妈告状，妈妈说他几句，就大喊大叫，满地打滚。平时不让他玩电脑，多说几句就烦，并和家长顶嘴。

故事2：某某的孩子上幼儿园大班了，他脾气暴躁，动不动就发脾气，简直没法管教。比如，某天晚上都9点了，他还在玩玩具，妈妈叫他收拾好玩具准备睡觉，他竟然发脾气大吼："去你的，我还没玩完呢！""该死，你把我玩具弄坏啦！"妈妈真头疼，这样的孩子怎么管教啊！

故事3：某某女儿今年6岁了，稍有不如意，将头一扭就发脾气，噘起小嘴巴，用力狠狠地跺脚，有时候还哭闹不止，家长软硬兼施都不奏效，自己还特别生气，怎么办？

上述三个孩子都是爱大发脾气的，对于那些性子本身就急躁的父母而言，教导孩子管理情绪无疑更加困难。通常的情况是，坏脾气孩子的父母

一方很有可能就是坏脾气。如果你是个急脾气的人，孩子就很容易从你那引发一场战争，两人相互大叫，没有赢家。如果你忽略他发脾气或者走开，其实很清楚地传递了这样的信息：发脾气是不可以接受的。这也是孩子学习规则重要的一部分。父母需要牢记的是：如果孩子有一次通过发脾气达到了不合理的目的，他就会再发脾气，一而再、再而三地使用这种手段。

◎ **你知道吗**

情商（EQ）在70%的程度上决定了一个人的成功。而情商最重要的组成部分就是情绪管理能力。情绪控制是需要父母们花费很多心思教育的内容。孩子爱发脾气形成了习惯，成为比较稳固的行为特征时，就是我们说的性格暴躁了，反过来这种性格的外在表现则是经常地大发脾气。孩子爱发脾气一般有如下几个原因：

以发脾气来反抗

孩子的行为受到约束，或是觉得自己的权利被侵犯了，就会发脾气或是动手打人，以示反抗。如有的家长向孩子提出要求，孩子不愿意接受，家长又要他照办，孩子就会发脾气以示反抗；当别的小朋友抢孩子心爱的玩具时，孩子也会发脾气以反击对方。

以发脾气来发泄

孩子的愿望落空时，常以发脾气来发泄。如孩子想做某事，受能力的限制做不好时，心中的挫败感油然而生，特别是与旁边比他好的小伙伴一比较，心里就越发焦急，容易发脾气。

以发脾气来吸引大人关注

当孩子觉得自己被冷落或是受了不公平的待遇时，就会发脾气，以引起大人们的关注。

177

以发脾气要挟大人而达到目的

有些家长把孩子娇宠惯了，只要孩子一发脾气、哭闹，就妥协而满足孩子的需求，孩子尝到甜头以后，就会屡屡以此手段要挟家长，因而养成动不动就发脾气的习惯。

环境习得

即家庭照管者或家庭成员，有遇事易发火、急躁的，孩子耳濡目染，也会形成暴躁的性格。

由以上诱因可以看出，要预防孩子形成暴躁的性格，一定要想办法减少、避免孩子发脾气的机会。

◎ 这样沟通好

为孩子创设一个宽松的环境，即尊重孩子，提倡家庭民主作风

有的父母认为，孩子是自己生的，自己有权利按照任何方式管教他。这种家长制的思想，就是父母用高压的方式，拒绝孩子有独立的主见，这势必会引起孩子的不满和反抗。这种思想的家长，需要改变你的教养态度和方式，首先要尊重孩子是个有独立人格的人，允许他表达不同的意见，当孩子的观念发生错误的时候，要温和地引导他，而不要命令与指责；孩子在这样的一个宽松的环境里，感受到父母对他的爱，发脾气的机会自然就少了。如故事 1，建议小勇的父母先给孩子时间，让他把事情讲清楚，把怨气先释放出来，不管对错，先别急着批评教育。等孩子气消了，再慢慢讲道理，比较容易被接受。其次，注意提醒方式，不要啰嗦。平时爸妈让小勇少玩电脑，多点时间看书，或要求他去做点什么事情，只是很笼统地说"少玩点"、"认真写作业"，并没有和孩子商定好玩电脑的时间，或具体怎么检查作业质量。当没有达到自己的要求时反复重申同样的命令，难免会使孩子发脾气。

正确对待孩子的需求

孩子不知道需求的满足是要受一些条件的制约的，爱轻易地提出这个那个要求。对待孩子的要求，合理而又能实现的，应该尽量给予满足，以免引起不满；过分的或是不合理的，有些甚至是无法实现的要求，要明确地拒绝，但是要向孩子说明不满足他的理由。千万不能因为孩子发脾气而轻易地满足他，这等于助长他爱发脾气的行为，以后总以发脾气要挟你而能达到目的，久而久之就形成了暴躁的性格。孩子不仅有物质上的需求，也有感情上的需求，家长应多花些时间和孩子培养感情，进走孩子的内心世界，多关注、了解他，要不孩子会通过发脾气等方式来引起你的关注。故事 1 中的小勇就是通过发脾气来引起妈妈的关注，和弟弟争宠。

为孩子树立好榜样

父母是孩子的原始模仿对象，如果父母的性格暴躁，在孩子面前要多克制自己，做好孩子的表率，以免孩子耳濡目染，也形成暴躁的性格，如故事 1 中小勇的爸爸。有的家长情绪好时，对孩子异常亲切，但稍不如意便勃然大怒，结果孩子被弄得无所适从而变得爱发脾气。这样的家长表现出的心态与他们的家长资格是不相称的，他们还没有长大成人，遇事幼稚、冲动、不理智，常常是要求孩子在情绪上为他们做出让步，而不是他们为孩子的发展做出考虑，这是不可取的。

帮助孩子提高控制情绪的能力

其实，人人都会生气、伤心、沮丧和失望。不同的是，情绪管理能力强的人，是会用健康的方式表达出情绪的。尖叫、地上打滚、哭喊、摔东西、骂人、踢打都是坏情绪的表达方式，却不是健康的。总的来说，你需要清晰地传达这样一个信息：生气可以，但是以消极、发脾气或者造成伤害的方式发泄怒气是不可以接受的。因此，家长可以教孩子一些控制和调节情绪的手段，如"安全发泄岛"、"情绪垃圾箱"、"呼吸气球操"等被广泛使用的。孩子知道，当自己特别生气的时候，可以到自己的房间，可以通

179

过打枕头、把头埋在被子里进行发泄；还可以把不开心的事情画下来，扔到情绪垃圾箱；还可以做"呼吸气球操"，以使自己平静下来，以更健康的方式表达自己的想法。

最后提醒家长，不要在孩子发脾气的时候，你也向他发脾气，需要冷却，一方面这无疑是"火上浇油"，因为在他情绪开始恶化的时候，已经没有理智可言；另一方面会让孩子觉得你也是用发脾气来解决问题的，容易模仿。有时也可以巧妙转移，用孩子所喜爱的动画等电视节目或其他吸引孩子，转移他的注意力。另外，根据研究发现，爱发脾气还可能与身体有关，通过饮食可以适当调节，这里不做说明了。

小路是小学五年级的一名女生，一次在课堂上突然大喊大叫起来，老师询问她怎么回事时，竟然在全班同学面前"哇"地大哭起来，身边的一些同学还在嘲笑她，她见同学们嘲笑她，哭声更大了，一边哭一边骂同学："疯子啊，十三点啊！"同学们听了，反而笑得更厉害了。此时，教室里哭声笑声一片，上课是不可能了。老师面对这样一个突如其来的情况，冷静地看着，大约两三分钟后，同学们慢慢地停止了笑声，一会儿小路也停止了哭声。老师什么也没说，什么也没做，然后继续上课。快下课时，老师布置了一个作业：就今天课堂上所发生的事情，我想对老师和同学们说一句话，下节课一上课请同学们发言。老师把小路留下来，问她："你今天想跟老师说什么话吗？"小路迟疑着，老师见状，跟孩子说："老师知道你今天的心情不好，现在就不要说，你什么时候想跟老师说，都可以来找老师，但是老师不找你，好吗？"

过了一天，小路主动来找老师，对老师说："我想了想那天在课堂上的表现，不应该，既影响班级上课，还在同学面前出丑了。""孩子，不要紧，成长过程中，谁不会做点傻事儿，但主要不是丑不丑的问题，关键是在你以后的成长过程中碰到类似的问题，你会解决吗？""会了，哭、闹不但不能解决事情，相反还会使事情更糟糕，谢谢老师宽容我，不批评我。"

"如果经历一件事情，能使自己更加成熟，很好，我们不只是要学习文化知识，管理自己的情绪也是生活、成长中必修的课程，今天要表扬你，你的情商见长了。但是课堂表现分数还是要扣的，同意吗？"小路点点头说："谢谢老师没有责怪我"，说完愉快地从老师这儿走了。

责备对孩子的成长有用吗？不如让孩子们自己反省吧，有人说："我们不该在别人痛苦的时候，火上浇油，"有人说"我们不该嘲笑同学，要是自己也挺生气的，"还有人说："我们不应该影响课堂上课，要学会控制自己的情绪"、"我们要注意场合"、"受了委屈，注意发泄的方式"等。

在孩子大发脾气的时候，老师没有发火，冷却再冷却；也没有责备与责罚，只是给孩子少有的时间和反省的空间，得到的是孩子的成长，虽然耽误了一点文化知识的学习，可孩子得到的是一辈子都有用的社交过程，这个过程中有经验和教训，太值了。

别让孩子生活在无限期盼中

在教育孩子的过程中，任何人都替代不了父母的作用。"留守儿童"阵营庞大，他们的生活、学习状况令人担忧。他们虽有父母但少有父母的陪伴，他们的生活就在对父母的无限期盼中度过。如何在现有状态下，充分发挥教育功能，尽可能地走进他们的心灵，避免给家庭和社会造成不必要的遗憾……

◎ 身边故事

故事1：一年级的学生涛涛，今年还未满8岁，但他父母常年在外，有时过年过节都难得回来一次，他和一个刚上幼儿园的小表妹一起跟随着年迈的爷爷奶奶生活。涛涛是个非常聪明的孩子，在班上的学习成绩都是

名列前茅的，他的数学经常考满分，具有极强的学习能力，只要老师稍加点拨，就能很快解决；而且他还有一张能说会道的嘴巴，他是班上和学校里最闪亮的明星，简直能和《家有儿女》中的"刘星"一比，此外他还写得一手的好字，那每一笔、每一画几乎都赛过中学生了。但是涛涛身上的缺点也是十分的明显：骄傲自满的情绪非常严重，经常流露出看不起别人的表情，有时还在课堂上直接嘲笑、讽刺那些回答不出最简单问题的学生；他性格倔强、固执，自我中心的个人主义非常严重，与人相处或办事，总是首先从自己的立场出发，从不替他人设身处地思考，缺乏责任意识和集体意识，经常将自己引起的矛盾或不良影响推卸到别人身上；处事情绪化，遇事不冷静，逆反心理异常明显，经常与同学发生争吵；不爱劳动，每次值日都喜欢偷懒或者心不在焉、不认真做。涛涛有如此表现的主要原因：父母的离开和祖辈的溺爱使得他的个性就像一匹脱缰的野马一般自由散漫、毫无拘束。

涛涛学习没有问题、成绩好，跟着爷爷奶奶生活，祖辈给了其过分自由的空间。他需要父母多多关心，体会父母的关爱，让孩子懂得生活的规则意识，并在规则之内学会管理自己。同时在实践中发现自身不足，正确认识自己，改变自身的不足。

故事 2： 芳芳，三年级，父母都在苏州城里打工，家里还有一个小她三岁的弟弟。姐弟俩跟着年迈的奶奶过日子。奶奶身体不好，一年四季都吃药，冬天还要输液。有时候病得还很厉害，病得厉害的时候，连饭也不能做，需要孩子在家照顾奶奶，要做饭、洗衣、带弟弟，有时还要陪奶奶输液，连学也上不了。

虽然大部分监护者能够为"留守儿童"提供生活上的支持和帮助，但是，由于一些监护人年龄偏大、身体不好、生活不能很好地自理，他们不但不能为"留守儿童"提供生活上的照料和关怀；相反，这些孩子在洗衣做饭等方面要花很多时间和精力去照顾监护人，这构成"留守儿童"的逆

向监护。有时候为了照顾老人，他们被迫由在学校住宿变为阶段性的走读。"留守儿童"的逆向监护不但给他们的生活增添了很大的负担，而且会给他们的学习和生活带来极大的负面影响。

◎　你知道吗

留守儿童阵营庞大

农村留守儿童，是指父母双方外出到外地打工，而自己留在农村生活的孩子们。他们一般与自己的隔辈亲人，甚至父母亲的其他亲戚、朋友一起生活。监护主要类型有：单亲监护、祖辈监护、亲友监护、同辈监护或自我监护。报告显示，0~7 岁农村留守儿童和城乡流动儿童共有 9683 万，已近一个亿的规模。根据《中国 2010 年第六次人口普查资料》中抽取的 126 万人口样本推算出：全国有 6102.55 万农村留守儿童，全国每 5 个孩子中，就有一个农村留守儿童，在全部农村留守儿童中，男孩占 53.71%，女孩占 46.29%，男女性别比例为 114：75。留守儿童是一个不容忽视的庞大群体，一个令无数人关注的字眼，一直牵动着人们的神经。可见，在我国广大农村，留守儿童占有份额绝对是不小的比例，且在不断增长。由于"留守儿童"特殊的生活和教育环境，由此引发的生活、教育、情感、心理等一系列问题日益凸显。

存在问题

农村"留守儿童"问题已成为当前基础教育的一个重要问题。由于他们失去了父母的陪伴与呵护，在身心成长方面面临着突出问题：一是生活问题。由于没有父母很好的生活照顾，部分留守儿童营养严重不足，身体健康受到很大伤害。二是教育问题。父母在外打工，一些留守儿童的农活、家务活增多，学习成绩下降，有些还由于厌学等原因逃学、辍学。三是心理问题。由于亲情缺失，一些留守儿童不同程度地存在性格缺陷和心理障碍。四是行为习惯问题。由于留守孩子的家庭教育的缺失，使一些留

守儿童没有养成良好的生活习惯，缺乏道德约束，违法违纪案件呈上升趋势。五是安全问题。部分留守儿童因父母不在身边，而经常受到同学、邻居的欺负。在管教上出现"三多"和"三缺"问题：隔代监护多溺爱、寄养监护多偏爱、无人监护多失爱；生活上缺人照应、行为上缺人管教、学习上缺人辅导。

"留守儿童"在心理上的问题更多地暴露出性格上的缺陷，如自制力差、自我中心、金钱主义、自私、自卑、孤僻、任性、暴躁、逆反等。有心理问题的"留守儿童"，在日常生活和学习过程中就会表现出以下一些症状：违纪、叛逆。在农村学校违纪学生中，"留守学生"占绝大多数，低年级及学前儿童一般表现为逃学、迟到；不完成作业；小偷小摸；不诚实、经常说谎；高年级"留守儿童"开始出现叛逆心理，攻击意识很强，与老师顶撞，不服从管教，更有甚者还盲目冲动、打架斗殴。厌学、自卑。大多数"留守儿童"的行为习惯较差、对学习没有兴趣、不愿参加活动、自卑心理严重、生活无聊而空虚。小学低年级"留守儿童"中，胆小怕事、课堂不敢回答问题的占75%以上；高年级"留守儿童"中，由于对学习失去信心，开始沉迷于网络游戏之中。内向孤僻。由于缺乏与父母的沟通，缺乏父母亲情的滋润，许多留守孩子长期处于自我封闭的状态，"代管监护人"的缺位沟通使他们长期看电视，并模仿局中人，自言自语或与小狗小猫说话，长期的自我封闭导致部分留守儿童的性格内向、孤僻、冷淡。怨恨父母。少数孩子不理解父母外出打工行为，认为父母没有能耐，由此产生怨恨心理，甚至怨恨父母无情，和父母产生情感隔膜。

留守儿童问题产生原因

家庭教育的缺位、亲情关爱的缺失，是导致孩子产生心理问题的直接原因。学校的不当评价、教师的不当教育，是导致"留守儿童"产生心理问题的重要原因。社会的不良环境、成人的不良影响，是"留守儿童"产生心理问题的重大诱因，具体表现在：社会上的不良场所。农村小集镇上

的一些公开的和隐蔽的网吧，小学儿童自控力本身就不强，而"留守儿童"又缺乏父母的监管，网吧对他们的不利影响就更大。成年人的不良行为。农闲时节，"闲人"太多，致使赌博风盛行，许多"留守儿童"的代管监护人也参与其中，整天在牌桌上生活，很少过问孩子的情况。这种"潜移默化"对孩子带来很大的不良影响。

以上分析尽管不尽全面，但应引起社会、家庭、学校的重视，儿童本身是一个弱势群体，他们对自己身边的环境只有无条件适应，希望我们在提高社会经济环境的同时注意创造和谐生活环境。

◎ 这样沟通好

留守儿童的监护人一般受教育的程度不高，往往只是把被监护人的人身安全和"吃饱穿暖"放在最重要的位置。认为只要孩子平安就可以向其父母交代，对孩子学习成绩的好坏、行为习惯的养成、心理和精神上的需要，一般很少关注。"再忙碌的父母都可以成为好父母，再遥远的距离也能传递亲情。"对于留守儿童的教育，关爱最重要。为此我们要做到：

保障必要费用

父母应当履行对孩子的抚养、教育义务，即使孩子不在身边也不能推卸责任，对孩子的教育影响和亲情是任何人都替代不了的。父母应当向提供孩子基本生活、医疗和受教育的费用，"宁愿亏自己，也不亏孩子"。

找机会与孩子团聚

与孩子团聚，既可以使父母走到孩子身边，也可以使孩子来到父母身边。目前，暑假留守儿童进城看父母，与父母团聚的孩子在火车上看到的比较多。这是一个新现象，也是解决留守儿童总是期盼与父母团聚的一个非常有用的措施。网上有这样一个小小的报道：老家江西农村的初二男孩张某，暑假期间进城来到江苏南京与在南京打工的父母团聚。在父母的鼓励下，利用晚上时间在南京卖气球，8天时间赚了1000元钱。孩子觉得暑

假过得很充实，既与父母团聚，增进了亲子感情，又让自己受到了锻炼，还无比自豪地说："我没增加父母的经济负担，我的路费是自己赚的"。

保障沟通不断

这一点非常重要，据西部某劳务输出大省在一县域内的调查显示：70%的父母年均回家不足 3 次，有的甚至几年才回家 1 次；近30%的留守儿童与父母通话、通信频率月均不足 1 次。我们要做到：孩子虽然不与我们住在一起，但是父母的心永远和孩子在一起。包括三个方面的沟通：一是与子女的沟通。父母在外应尽可能地与孩子多见面，并以各种方式经常保持与子女的联系和沟通，孩子也要主动与其父母交流。二是与监护人的沟通。父母双双离乡一般将子女委托祖辈或其他亲属照料，这些人临时履行对孩子的监护职责，不但要保障孩子的生活需求和适龄孩子接受义务教育，保护孩子的合法权益不受侵害，还要与监护人保持沟通，监护人也要及时将孩子的情况反馈给其父母。三是保障与老师的沟通。父母离开孩子外出打工，不能陪伴孩子左右，不能密切关注、了解孩子的需求和感受，在学校的学习、情感、品质等方面的表现，家长要勤通信息，调整教育方式。

注意防止对话缺失

如有些家长一打电话给孩子，张嘴就问两件事：学习怎么样？身体怎么样？"这是一种对话缺失，留守儿童纵有万般的烦恼，一般都不太会表达，甚至说不出来"。彼此的话越来越少，渐渐地，有的孩子不愿接电话，电话越来越少，孩子真的成了断线的风筝。沟通的内容可以是"吃喝拉撒睡"各个方面，沟通的方式可以是电话、书信、短信、视频等。

可以跟孩子这样说：

"最近老板给爸爸加了工资，妈妈说也让你高兴高兴，你最想要什么东西？"

"最近生意有点难做，我们在想办法，你也帮我们想想？"

"最近我看了一个电视剧，里面的某某我挺佩服的，他……"

"今天我有一个事情办得挺好，跟你分享一下啊……"

"今天我有一件事情办得不够好，要是……做就好了。"

"你在学校里，有什么高兴的事吗？让妈也高兴高兴？"

"今天考试不太理想，没关系，总结一下，改掉不犯就好，别难过。"

"在家跟奶奶说话、做事别任性啊，奶奶对你好，你也要……"

"听说你最近被老师表扬了，怎么回事啊？"

"天冷了，身上加了什么衣服？"

"今天看到报纸上说，某牌的牛奶不安全，你买的时候要看看啊。"

问话要涵盖生活的方方面面，可以是孩子的"吃喝拉撒睡"，也可以是家长自己的"衣食住行想"诸方面，不仅是成功的，也可以是失败的，不过应该是正面的、积极的、乐观的，即使是失败的，也是让孩子学习家长不向困难低头的精神。这样可以让孩子从交流中更多地了解家长的不易，又让孩子打开话匣子，了解孩子的内心想法，帮助孩子消除困惑，也让孩子初步了解社会，学会做人，提高解决问题的能力。

保障学校教育的针对性

建立"留守儿童"成长档案。以学校为单位，对全部"留守儿童"的生活、思想、学习和家庭教育情况进行调查摸底，逐一登记造册；建立反映其进步与不足的成长记录档案，并实行动态跟踪、分类管理、信息共通的工作程序，根据档案记录情况有效地做好工作。

建立"留守儿童"家长联系热线。通过书信、短信、电话、家访、召开家长会等形式，与"留守儿童"的家长主动沟通，经常联系，让家长及时了解、掌握孩子的情况。

建立"留守儿童"生活疑难咨询室。咨询室除了定期对"留守儿童"进行一些课程内容和生活能力培训外，还满足孩子遇到疑难问题有地方可以倾诉和求助。既增强孩子的生活自理能力，帮助其养成良好生活习惯，

又提高孩子的自我保护意识和法律意识。

成立教育监督机构。 建议成立留守儿童教育监督机构，促进学校、社会和相关机构对留守儿童教育职责的履行，及时弥补留守儿童的监护和教育缺陷。建议让留守儿童尽量住在学校，建立多种形式的留守儿童的保护网络。比如建立以父母、亲属为主体的家庭监护网络，以基层组织为主体的管理网络，以学校老师为主体的学校帮护网络等，对留守儿童给予对口的帮助。

值得庆幸的是国家正在从法律层面保障以后进城打工的农民工更多地可以选择把孩子们带在身边，从根本上解决留守儿童问题。有这样一个故事：

有一个镇里的小学，一个四年级班里二十多个学生中，有十几个是"留守儿童"。其中有个学生叫小颜，"留守儿童"的性格特点和不良行为习惯在他身上表现得淋漓尽致。小颜的父母在小颜两岁时就外出打工了，一年只回来一次。小颜交给他奶奶看管。奶奶要干农活，平时都不怎么管他。而且本身的教育意识和教育能力不高，觉得上学了，一切交给老师就行了，对他的学习都放任不管。因此，小颜养成了散漫的生活态度。而且学习也很差，上课不认真听讲，经常不完成家庭作业，还编一些谎话骗老师。同学们讨厌他的习惯、做法，看不起他。他也因此经常跟同学发生纠纷，经常跟同学打架。他的父母要是一听说他学习成绩差，就打电话把他痛骂一顿。童年的生活少了父母的陪伴与关爱，还要经常遭到责骂，再加上遭到同伴的排斥，不好的行为表现也会遭到老师的批评，从而让他形成了孤僻的性格，心理十分自卑，缺乏自信。他对学习渐渐地失去兴趣，也逐渐产生逆反心理。可以说是班上认为的那种无可救药的学生了。很多老师也认为只要他上课时乖乖坐着不吵闹就好了。

每每看到他"孤独"的身影，班主任老师就暗暗发誓，一定要带他回到班级的大家庭里来，一定要让他重拾起学习的信心和勇气。古希腊医学

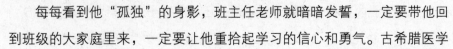

家希波克拉底曾说过："了解什么样的人得了病，比了解一个人得了什么样的病更为重要。"因此班主任老师开始慢慢地观察他，了解他的心理特点及其成因后，班主任老师主要采取以下三个措施：

家校联系，形成强大的教育合力。人的教育是一项系统的工程，在这项系统工程之中，家庭教育是一切教育的基础。虽然留守儿童的父母不在身边，但我们可以与他们取得联系，让他们配合学校的教育，以免发生教育的"短路"。班主任老师首先对他进行了家访，通过聊天，帮助家长走出教育误区，提高思想认识、转变观念，与学校教育形成合力。让他奶奶知道教育不只是学校的事，家长更有责任，要求她督促孩子完成家庭作业。同时跟他父母取得联系，告诉他们不要以分数来衡量孩子的好坏，当他的成绩不理想的时候，家长也不要以打骂相威胁。还要求他们经常给孩子打电话，让孩子感受到父母的关爱。班主任老师也经常给他父母打电话或者聊 QQ，把小颜在学校的表现跟他们汇报，并跟他们商量对策，告诉他们对小颜要多鼓励，少批评。有一次，小颜在作文中写道："我多么希望我的妈妈也能像别人的妈妈那样待在我身边。"班主任老师知道他想念妈妈了，特意带他到家里跟他父母视频聊天，看着他们激动的脸庞，听着他们亲切的话语，连老师都感动了。

倾自己之所爱，搭起信任的桥梁。真挚情感是在心灵的沟通基础上建立起来的，而发自内心的爱才能达到这种默契。面对这个孤单的背影，面对这张落寞的脸庞，又怎忍心对他横眉立目严加呵斥？即使出现令你不愉快的一幕，又怎能狠下心来去惩罚他？班主任老师一次又一次地对自己说："你是他的老师，如同他的母亲，你应该帮助他。"于是经常找他聊天，聊天的内容不局限于生活、学习，想到什么就聊什么，了解他的兴趣爱好，消除他的困惑，让他知道老师一直在关注他。生活中有了困难，班主任老师会像关心自己的孩子一样去关心他、帮助他。有一次他发烧了，班主任老师亲自把他送到卫生院，陪他做检查、打针，倒开水给他吃药。

他过生日时，班主任老师给他送一件他喜欢的小礼物，还请全班同学和他一起过生日。这一天，他流着泪说："这是我第一次过生日，以前只是在电视里看到别人吃蛋糕，今天我也能吃到蛋糕了。谢谢老师和同学们！谢谢！谢谢你们！"听了这句话，班主任老师知道自己的努力没白费。班主任老师还尽量挖掘其闪光点，努力从赞美中去满足他的心理需求，使他产生欣慰、幸福的内心体验，增强自信心、上进心，提高学习的兴趣与内在的动力。

充分发挥集体的作用。班级就好像是一个大家庭，班主任的教育艺术就在于使这个大家庭对学生产生巨大的吸引力，特别是对缺乏爱的"留守儿童"，更应该让他们在班级里获得情感体验，让他们对班级产生向往感，友爱感。人非草木，孰能无情。儿童在集体中自然会受到教育。

班主任老师利用晨会、班会等恰当时机做好班级学生的思想工作，告诉他们不能因为种种原因而孤立班集体中的任何一员，向学生讲述团结合作的重要性。并号召班干部带头和他一起玩耍，如果他有什么困难，我们要主动去帮助，以此来带动全班学生态度的转变。针对他的情况，班主任老师还特意举行了一次班会，主题是："想对你说……"，班主任老师还"偷偷做了手脚"，私底下跟几个同学说好在班会时对他说一些喜欢他、鼓励他的话。从这以后，他跟这些同学特别亲近，在下课或者活动时，常听到他们叫："小颜，快来呀！"

经过家长和班主任老师以及同学的努力，小颜取得了可喜的进步。能按时完成作业了，上课还能常常见到他高举右手迫不及待地想发言，在操场上还经常能看到他和同学们嬉戏时活泼的身影，听见他开朗的笑声。

作为班主任老师，更应该经常给他们创造不同的成功机会，作为教育工作者，应该特殊对待这一类学生，要有一些特殊的方法，既要做他们的老师，又要做他们的父母，走进他们的情感世界，引导他们健康快乐地成长。爱的阳光能使他们健康、快乐地成长。

第四章

众筹教育正能量：
沟通顺畅的第三部曲

教育团队包括父母双亲、祖辈、老师、其他伙伴及伙伴家长在内的与孩子生活有较多接触的人。主要是孩子父母、老师以及孩子家庭的其他成员。他们之间建立目的一致、相互支持、协作的教育人际关系，众筹教育正能量，这十分重要，但目前常被多数人忽视。只有满足孩子低一层次的心理需求后，孩子才可能更专注地学习，更有热情地实现人生的价值。如下图所示：

◎ 倾听老师，摒弃冲撞

◎ 家长与老人沟通好，形成教养共识

◎ 父母间相互支持、协作是最好的家教

◎ 爷孙辈间也分工

◎ 家长间换位思考换人心

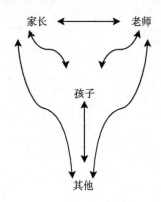

顺听老师，摒弃冲撞

良好的家庭教育离不开老师的支持、指导与配合，家长如果不重视建立师长之间真诚合作的同盟关系，势必对孩子的学习成绩、心理和性格等方面，都产生不利影响。

◎ 身边故事

宋思已经是五年级的学生了，上课经常讲话，老师与孩子谈过几次，仍然没有一点改观。那天上语文课，宋思又偷偷摸摸地在下面和同桌讲话，老师用眼神和语言提醒了几次，没有一点效果。眼看就要下课了，老师就让宋思站在讲台边听课，可又挡住了后面同学的视线，于是让孩子蹲下来听讲，并且让孩子下课后到老师办公室去面谈。下课后，孩子非但没有到老师办公室找老师，反而自己给父亲打了个电话，一边哭一边告状说老师让她蹲着，还要准备惩罚她呢。家长听完孩子的电话，怒气冲冲地打电话责问老师，并对老师说："我要找校长理论，到教育局告你！"老师面对这样的家长也毫不示弱。于是两方面争吵了起来，最后家长发动媒体参

与此事，越闹越大，学校为了平息此事只得把老师调离了这个班级。老师调走后，宋思在班级里就没有同学和她玩了，因为她和她家长"太厉害"了。

面对这样的结果，谁都不愿意看到，双方都受到伤害，有的是当时能看到的，比如说对老师的伤害；有的是看不到的，比如说对孩子的隐形伤害，如"太厉害了"、"离他远点儿，省得惹事。"其实，当孩子这样做，她的目的很简单：用父亲对她的宠惯，逃避老师的惩罚，而并没有想到愈演愈烈的负面影响。此时，家长一定要冷静，根据事情的轻重程度，寻找最佳方式和老师好好沟通，既解决问题，同时又使伤害降到最低甚至没有，千万不要轻易地把老师置于对立面。因为，一般情况下老师的初衷和家长一样都为孩子好，只是方式欠妥或价值观不一致。

◎ 你知道吗

亲师间是目的一致的同盟关系

家长与教师都是孩子成长路上最重要的引导者，两者之间是目的一致的同盟者。因此，家长的四种做法是要不得的：一是孩子交给老师，好不好是老师的事，家长没必要为这事操心或觉得自己不会教育，不如全权交给老师；二是惧怕老师，觉得自己不会表达，遭老师讨厌，或说得不好，对孩子不利，或者怕老师训斥，所以远远地躲着老师；三是老师也起不了太大的作用，优秀的孩子是家长培养出来的，用不着联系；四是家长先入为主的观念影响，认为老师不好沟通，难说话，还不如省点劲儿用在孩子身上呢。这四种做法体现了家长不正确的定位，从担任你孩子老师的那一天起，不管你接不接受，你们之间就已经是目的一致的盟友而非敌人；是协作者而非雇佣者；是责任共负而不是互相推诿的关系。所以家长与老师在交流时，目的在先，做到既不惶恐也不狂妄；既不抵触也无需留神；既不要从不联系也无需三天两头地与老师联系。

与老师沟通是家长的"天职"

没有家庭与学校的配合，家庭教育和学校教育都可能陷入困境。因为孩子回来说的话，未必都是准确的，像上述故事中的家长和老师，都需要进一步地了解和沟通。家长和老师及时沟通、密切配合，是孩子健康发展的基础。在工作中，我们发现与老师沟通良好的家长，一般地，孩子的成绩和表现也良好。可一些家长不愿意与老师进行沟通，往往借故于"工作忙"等原因（有的家长即使是每学期一次的家长会也要找亲戚朋友代替）。我们要放松自己，把老师当作一个普通的人，不要带着任何负担去和他们交流，像正常谈话一样就可以了，也不要担心自己说得不好会影响孩子。主动走近老师，积极配合老师是我们做家长的"天职"，是与老师进行有效沟通的关键。

批评不等于伤自尊

现在家长们保护孩子自尊的意识强了，可有时却把"对孩子的尊重"和"管教孩子"这两件事给简单对立起来了，好像要保护孩子的尊严，就要放弃最基本的管教和批评。其实，在孩子做错事时，明确地告诉他"这件事你做得不对"是非常必要的，不能因为担心伤害，就不批评、不管教，不让孩子为自己的行为负责。孩子做错事后，真正的伤害是不知道错在哪、该吸取什么样的教训。应该让孩子在"摔跤"中获得经验、得到成长。当然老师也要讲究批评的艺术。

◎ 这样沟通好

学会和老师做朋友

老师是一个个普普通通的人，教师只是他们的职业，就像我们的职业是父母一样。如果没有特殊情况，一位老师要和一个班的孩子相伴几年。在这几年里，老师不仅会教给孩子很多知识，还会关心孩子的身体健康，以及孩子的情绪变化，引导孩子们学知识、学技能、学做人等，可以说老

师会在一个孩子身上付出很多辛苦和努力。作为家长们必须要理解老师所付出的一切，学会用感恩的心面对老师。主动走近老师，大胆和老师做朋友，体谅老师，关心老师的身体健康，和老师多谈谈心、聊聊天，或者在节日里通过短信、电话、邮件等为老师送上温馨的祝福，等等。当我们把老师当作朋友来面对时，老师自然会更多了解孩子在家庭里的成长情况，而家长也可以从老师那里了解孩子在校的更多情况。让亲师沟通在友谊和信任中畅通无阻。切不可把老师列为另类。

沟通内容不局限于成绩，但要有重点

有些家长面对老师时，经常三句离不开孩子的成绩，或者直接问老师："老师，孩子在学校听不听话？"、"好不好啊？"家长问的范围太广，让老师抓不住重点，老师怎么回答？只能说"还行吧。"

还有一些家长常常拿出一个或几个具体问题来问老师，如：有一位家长利用放学接孩子的机会，在校门口和老师做交流。家长对老师说："老师你辛苦了，忙碌了一天，肯定很累吧。"老师听到这话肯定心里暖暖的，自然会面带微笑。

这时家长可以引入话题了，说："老师，我孩子最近在家里学习时总爱拖拉，我想这种毛病可能也会带到班上，你是否发现孩子有这样的现象呢？"如果孩子在校表现正常，老师基本是肯定的回答。这时家长并不要马上结束话题，可以虚心请教一下老师。

"老师，我现在不清楚如何引导孩子在家里认真学习，不拖拉、磨蹭，改掉粗心大意的坏习惯，你能给我一些建议吗？"看看，这样的话是不是很有针对性？让老师能够抓住重点来帮助家长呢？

沟通的内容可以包括：

孩子的行为：这是家长容易忽略而老师会关注的问题。有些孩子在学校和家里会有不一样的表现。

孩子的情绪：情绪的变化关系到孩子的身心健康，只有乐观、向上、

积极的态度才有助于孩子的发展。

孩子的兴趣：孩子在学校的时间和活动较多，老师更容易发现孩子在哪方面更有优势，要发现孩子的长处并给予肯定。

孩子和同学的关系：健康的伙伴关系有助于培养孩子良好的性格。

孩子的思想品德修养：着重关心孩子德育心理和道德行为。

如果是处于青春期的孩子，家长要注意了解其青春期心理：家长和老师要共同关注孩子青春期心理变化，家庭和学校共同引导。

孩子的学习：这是许多家长和老师沟通的主题。在沟通中家长应咨询孩子这段时间和以前相比学习态度有哪些变化，学习是不是更主动，方法是不是更合理，而不是只关心成绩的高低，更应该关心后面隐藏的因素。

家长到学校除了了解自己孩子的情况，最好也了解一下学校的整体教育情况，特别要了解：学校最近开展了哪些教育活动？学校最近对孩子提了哪些要求？学校的学生有哪些不良倾向？这样，你在家才能主动配合学校教育。如果你对学校的教育情况不了解，想配合也不知从哪里下手。

当家长和老师进行交流时，不妨先观察一下老师的情绪，如果老师心情不错，这时沟通起来可能效果会好些，老师会多一些耐心，如果家长发现老师心情不好，则可以适当关心一下老师，体谅和理解老师工作之忙碌。这样的沟通往往会让老师有一种倾诉的意愿，试想被人理解不是一件很开心、很幸福的事吗？

沟通方式根据需要选择

与老师联系，要注意有话则长无话则短。面对面的交流很有效，家长可以利用接送孩子的时间，视时机和老师谈一会儿，也可以提前与老师约定。但是，交谈时间不要太长，以免耽误老师的工作。另外，电话也是比较方便的沟通方式，可以及时解决一些问题，同样注意不要影响了老师的正常工作。处在 E 时代，我们还可以采取网络交流的方式，QQ、E-mail 以及博客，这些都是十分有效的办法。用书信交流：把孩子在家的情况或

者孩子学习生活上出现的一些疑问，写成纸条或者书信让孩子带到学校并交给老师，这也不失为一个好方法。不要告孩子的状，那样孩子会认为家长出卖自己，而产生逆反心理。

有一定的沟通机智

家长和老师打交道一般来说是带有明确的目的性，初衷都是为了更好地教育孩子，努力要与老师建立和睦的人际关系，但对于不同的老师，要想达到预期的效果，则必须讲究沟通机智。

如果初次和老师交流不知道该说点什么，可以相邀几个家长一起和老师进行交谈，从侧面去观察其他家长与老师的交流情况，了解老师的个性特点，通过旁观借鉴其他家长与老师的交流情况，提高自己与老师的沟通能力。

如果遇到温和有礼的老师，尽可能将孩子的表现如实向老师反映，征询他们的意见，充分肯定和采纳老师的合理化建议，并适时提出自己的看法，和老师一起同心协力，共同做好对孩子的沟通教育工作。

如果遇到蛮横无理的老师，我们一定要沉得住气、面带微笑，面对老师的指责要克制，不要和老师争执，更不要挖苦、讽刺老师，要平静，无论是多么尴尬或困难的场合，都要轻易度过，赢得老师的好感，体现自己的宽容大度，从而最终消除误解和矛盾。

有这样一个班主任，放寒假前夕，把某位学生家长叫到自己的办公室，劈头盖脸地指责这位家长，说她的孩子怎么怎么的不好，要求家长加强管教。这位家长耐心地听完她的指责，然后感谢老师的辛勤付出，对自己的教育疏忽真诚地向老师道歉，并保证以后一定配合老师教育孩子。这位老师自己反而感觉到很不好意思，比以前更多地关心那个学生，还给他创造机会，让他参加各项集体活动，并帮助他改掉孤僻、不关心班集体的缺点。

亲师沟通中不可忽视的细节

恰当时间。不要选择老师午休时间，如果是在工作时间打电话或面访，先问问老师方不方便，这是一种最基本的尊重。

合适场合。家长来学校接孩子，有时想跟老师面谈，要看老师是否正在开会或是否正有紧急的事要处理，如果是，最好不要打扰。

平静语气。如果家长对老师处理某件事的方式不太满意，可以提建议，但不要命令老师怎么做。

主动拜访。作为学校，往往重视强调老师要家访；而作为家庭，应该强调家长主动去拜访老师。这是因为我们当家长的只有一个孩子，完全有时间去拜访老师。家长注意：最少一学期到学校去一次。

不越级。如果孩子与班上同学发生冲突，家长可以转告老师协商处理，但不要直接到学校去找某个同学理论，这样做也会将问题激化。

不凑热闹。别挤在开家长会时与老师沟通，要在别人不去的时候，去拜访老师，可以细谈，从学习到纪律，从思想到生活，细致了解一下。这样会在无形中督促老师多关注您的孩子，这不是很好吗？家长千万不要等问题积攒很多，再去和老师联系。

朱女士的儿子上高中了，在重点中学的强化班就读。英语张老师见孩子几次英语单词没有全默写对，于是就当着全班同学的面，多次批评朱女士的儿子。有一次，孩子终于当着全班同学的面顶撞老师。老师十分气愤，打电话给朱女士。朱女士听完了老师的叙述，真诚地对老师说对不起，而且还到学校，当面跟老师赔不是，请求老师的原谅。可张老师还是十分气愤，对家长说："你的儿子我教不了，他本事可大着呢。"家长又几次跟老师打招呼，可老师仍然没有一点原谅孩子的意思。朱女士回到家跟儿子说："张老师没说你什么，她还在我面前夸你其他方面好呢，再说她也是爱生心切，否则不管你好了。"话没说完，儿子说："你别骗我了，她现在是不管我，作业也不给我批改。"这让朱女士感到事情的严重性，一

方面对儿子提出："不管老师怎么样对你，绝对不许跟老师吵架，因为吵架不只是不尊重老师，更解决不了问题"；另一方面不让孩子知道，悄悄地找到了班主任老师，商量事情如何解决。班主任推荐了一个张老师的好朋友，请他在合适的机会一方面表达家长的歉意、孩子的悔意和以后绝不和老师顶嘴的决心；另一方面委婉表达"老师的火气大、过了点"、"太计较"的意见和建议。过了一段时间，张老师对孩子好一些了，孩子的情绪也平静了些，也认识到自己不尊重老师，跟老师顶嘴的不对。临近高考，张老师主动给孩子补习功课，但是孩子的英语成绩还是受到了一些影响。家长跟儿子说："这就是你与老师顶嘴而付出的代价，沟通才能解决问题。"

朱女士是个懂教育的家长，她知道家长与老师、老师与孩子的关系好坏，对孩子成绩的影响，所以这件事情发生以后，她非常冷静、耐心，一方面，注意对儿子进行这方面的教育：要尊重老师，顶嘴、吵架解决不了问题，维护不了自尊；另一方面，在儿子和老师关系相当紧张的时候，从中斡旋，拉近彼此，而没有极端地"告校长和教育局去呗"。这不能根本解决问题，而且对孩子只会有害。朱女士的儿子从这件事中懂得了做人的一些道理，如："孩子有错，就应该承担责任"，"在哪里跌倒就应该在哪里爬起来"、"冲动是魔鬼"、"沟通才是解决问题的办法"，"滥用维权方式是错误的"等。

一切为了孩子，一切沟通都是为了孩子更好、更优秀。而家长与老师的沟通，其实正是教育的一部分，伴随着孩子成长的各个阶段。家长在成长，孩子在成长，老师也在成长。

家长与老人沟通好，形成教养共识

家有老人，在抚养和教育孩子时免不了会产生矛盾。如果不解决，没

有和谐的家庭人际关系，将对孩子产生很多不利影响，如何沟通、解决？给您介绍一些做法，但愿对您有或多或少的帮助。

◎ 身边故事

小敏的婆婆和小敏关系不好，因为两个双胞胎儿子的教育问题，矛盾更加尖锐。大双从小跟着父母长大，小双跟爷爷奶奶生活。奶奶经常悄悄地对小双说："这个好吃的东西咱们自己吃，不给大双吃。"妈妈也经常对大双说："这个好吃的东西咱们自己吃，不给小双吃。"不只是吃的方面这样，在其他方面，也多少有点偏向，特别是炫耀自己带的孩子好。两个孩子在这样的环境中，经常吵架、打架，弟弟见到哥哥不好，就赶紧告诉奶奶，哥哥见到弟弟不好，就赶紧告诉妈妈。有一次，大双爬到桌子上跌下来，鼻子出血，爷爷没抱住孩子。大双竟然到妈妈面前说是爷爷打的。

家有老人，在抚养和教育孩子时有利有弊，但往往弊大于利，特别是这种家长与老人之间有矛盾，以致拿孩子作为"斗争"的工具的情况。除了原有的隔代教育最容易犯的溺爱等弊端外，可能又会不同程度地增加了新的弊端。因此，家有老人的，一定要首先面对和解决家长和老人之间的矛盾，如果矛盾不能解决，就要和老人尽量分开住以减少矛盾，缩小不良因素对孩子的干扰。

◎ 你知道吗

隔代相处会影响家庭团结

现在的家庭多数是"421"式，也就是"4 位老人（祖父母、外祖父母）+2 位父母+1 个孩子"。因此，孩子显得特别珍贵，而祖父母更把孩子视若珍宝。老人带孩子本来是一件为家庭减负的好事，但隔代教养有时却会带来意想不到的麻烦，还会影响家庭团结，甚至使家庭矛盾升级。在养育孩子这件事上，年轻父母往往趋于理性，着眼于孩子的品格培养、智力

开发等；而老人较多的是趋于感性，往往愿意尽量去满足孩子的愿望，而不太理会自己的做法对孩子是弊还是利。

隔代相处"和"是教育前提

隔代教育作为一种客观存在的家庭教育方式，对孩子的个性发展有着极大的影响。所以，我们应该清楚地认识到隔代教育的利与弊，在发挥其教育优势的同时，认真克服种种负面影响，使孩子现有的家庭教育状况得以改进，使我们的孩子快乐、健康地成长。但前提是要处理好家长与老人之间的关系，有良好的家庭关系才可能做到优势互补、扬长避短，因此，两代人之间的沟通就显得尤为重要。

◎ 这样沟通好

有隔代育儿的矛盾是自然的，关键是如何很好地解决，希望以下一些方式对大家能有帮助：

私聊

当和老人产生矛盾后，首先要找准沟通"组合"，才能事半功倍。如果是与爷爷、奶奶沟通，那就请爸爸出马，如果是与姥姥、姥爷沟通，就请妈妈出马，而且，不要把问题搬上台面，一定要找没人的场合私聊，这样即使老人意识到做法欠妥，也更容易坦诚以对。在沟通之始，要尽量先表达对老人的感谢和关爱，再慢慢切入正题。如：豆豆7岁多，已经是小学生了，回到家之后，除了学习，什么事情都不做，而且经常吆喝爷爷奶奶拿这取那，爷爷奶奶为了哄着孩子好好学习，只要"小祖宗"学习好，什么愿望都能满足，这当然对孩子不利。于是爸爸上阵，他先是肯定老人为此事没少费心，特别辛苦，然后说明这样对孩子各方面发展都不好的弊端，并和孩子、爷爷奶奶一起制定了作息时间表和孩子每天要做的家务活等。

说事实

当发现老人对孩子有溺爱现象或不妥当的教育方法时，我们要顾及老人的自尊心，从侧面提醒，说话只说事实，而不带批评或任何让老人马上改变自己做法的要求，切不可当众驳斥老人，那样只会伤了老人的心，还让矛盾更加恶化。如关于给孩子穿多穿少这件事，圆圆的妈妈和公婆常有矛盾。妈妈说不要给孩子穿太多，可老人总怕孩子冷，怎么着也说不通，后来圆圆的妈妈换了种方式，只要她觉得孩子穿得多了，就会摸摸孩子身上和后背上的汗，也让婆婆来摸摸，用商量的口气询问婆婆要不要给孩子换掉些衣服，除此之外，就什么也不说了。过了一阵，她发现婆婆在早晚给孩子穿得多一些，而中午就换成薄的。用事实说话的方式见效了。

找对理由

在孩子教育问题上和老人产生分歧时，不要在口舌上争论不休，如果有科学依据，不妨将沟通的理由建立在此基础上，这样既尊重老人，又容易让老人接受建议，毕竟，老人们都愿意孩子越来越好。坚信这一点：你的理由如果有科学根据，则老人一定愿意改变自己的做法。

把握时机

教育孩子讲契机，说服老人也要讲时机。如果对方此时心情愉悦，或是正好碰上孩子出现这个问题，意见和建议易被老人接受，如果气氛、场合不对，说服则易遭遇"反击"，最终问题没有解决，还导致不欢而散。如妞妞上小学一年级了，有些胆小，平时见了邻居、亲戚、老师也不太愿意打招呼，爷爷觉得孩子没礼貌，为这事说过孩子好几次，而妈妈觉得小孩子不能"贴标签"，应该及时鼓励和正面强化。有一次，爷爷的一位老朋友来家里做客，两人多年不见，相聊甚欢，妞妞在熟悉了客人和现场气氛后，主动走过去问了声"爷爷好"，还给客人递上了水果，爷爷觉得格外有面子。等送走客人后，妞妞妈赶紧把自己的想法和公公沟通了一番，希望他以后不要强迫孩子，给孩子一个熟悉陌生环境的时间后再和人打招

呼，效果会更好。爷爷欣然接受了这个提议。

曲线救国

和老人在养育孩子过程中发生重大分歧时，万不可针锋相对，否则问题解决不了，大家的关系还会恶化。这时需要"曲线救国"，即借别人的嘴说你想说的话。如请亲友帮忙，古语讲"三人成虎"，因此，当老人对某个科学教育理念或方法拒不接受时，不妨发动亲朋好友（最好是老人平时就比较认可的人）联合向他"灌输"，当然，这不是声讨，而是悄无声息地在和老人闲聊的时候，比较含蓄地说出此意。亦可请老师帮忙，老人一般都希望自己的孙辈得到老师的喜爱，所以，当老师就孩子教育问题提出请家长配合时，老人一般都会很用心，那就不妨拜托老师在老人接送孩子时，和他沟通教育中的问题。还可以请专家帮忙，当下媒体中专家讲育儿知识和方法的节目很多，可以请老人一起看，专家的指导更有说服力，便于老人接受，如果节目内容正好跟自家的矛盾相同，也不妨让老人自己看，给他反思的空间。这也是一种不"揭短"的做法，给老人留足面子，凡事给对方台阶，大事才能化小。

老幼兼顾

和老人讨论养育问题时，不妨老幼兼顾，既为孩子考虑，又为老人着想，多站在老人角度上想问题，也许事情更容易解决；如果遇到强势的老人，你可能无法说服他，他也不会承认自己有错，不妨以柔克刚，让老人体会自己的让步，他们会有成就感。王翰是个小学二年级的孩子了，可是每天吃饭都挑食，时常都要爷爷奶奶帮助喂。这让妈妈十分烦恼，有一次，王翰的妈妈跟婆婆进行了推心置腹的谈话："妈，您和爸年纪大了，每次你们这样喂完他自己再吃饭，经常吃冷饭冷菜，时间长了胃会坏的，咱们还是锻炼孩子自己吃吧！"王翰妈妈的话让公公婆婆听了很受用，便和儿媳妇一起琢磨让孩子自己吃饭的点子。

寻找矛盾源

有很多事，矛盾的焦点并不在老人身上，老人只是导火索，这时我们要冷静，掐断导火索，回头去找真正的矛盾焦点。贝贝爸是个超级足球迷，这个周日上午又在津津有味地看电视，贝贝也时常不做作业，挨到爸爸身边，和爸爸一起看电视，直到晚上作业还没有做完。婆婆见此情景，反而说上班的媳妇太宠孩子，对孩子没有规矩。贝贝妈甚是委屈，但是她什么也没跟婆婆争执，而是决定转战"地下"，私下和老公沟通，让他知道当爸爸的责任。

常谈心

平时多与老人交流，不要总说孩子的事，多多沟通生活中其他的事也能加深彼此的感情，利于在双方有矛盾时相互理解和宽容。笑笑妈妈每天回家都要和婆婆聊会儿天，说些家长里短的事，如报纸上和电视上看到的新闻、小区邻居的家庭琐事。其实笑笑妈妈是个电脑工程师，对这些话题并没有多大兴趣，但她会认真倾听婆婆的讲述，还夸张地回应，因此，笑笑妈妈和婆婆的关系特别融洽。这虽然表面上看似与育儿无关，但若婆媳聊得来，很多育儿问题也就容易说通了。

善意的谎言

很多矛盾，有时候只需一个玩笑、一个善意的谎言就能轻松解决，尤其是物质上的矛盾，不少老人都是一路节俭过来的，当看到为孩子花费过多时，会觉得不值，此时不妨来个善意的谎言，使其安心，如给孩子用稍贵些但是品质高的用品时，不妨跟老人把价格说得便宜一些，或者尽量说是打折的、特价的、单位发的、朋友送的等。

适当让步

在养育中，没有绝对的对错，当老人执意坚持自己的观点或做法，而这种做法又不会给孩子带来负面影响时，年轻父母则不妨做点让步；如果是原则性问题，那么在坚持己见的同时，也要讲求沟通方式，不要"硬碰

硬"，更不要得理不让人，老人帮我们带孩子，这对我们来说，是一种莫大的帮助，应该尽量让他们感到宽心、肯定和安慰。

以上这些方式仅仅提供了一种思路，其实都包含了一个道理，那就是理解和沟通。

肖容的爷爷和奶奶，为了照顾上学的肖容，住到了肖容的爸爸妈妈家。一到肖容家，他的爷爷奶奶就召开了一个家庭会议，参加会议的人员有 5 人，分别是爷爷、奶奶、爸爸、妈妈和肖容，会议由爸爸主持，会议主要进行了讨论并且分派家务，比如说，爷爷奶奶主要做好后勤工作，爸爸妈妈主要负责孩子的教育问题，肖容也有家务分工，如每天拿报纸、拿牛奶、拿筷子等。偶尔老师家访或者反映孩子的教育问题，他的爷爷奶奶总要求老师直接跟孩子她爸爸妈妈联系，孩子在爷爷奶奶面前反映的问题，爷爷奶奶会当着孩子以及家长的面，与孩子沟通。这样做效果就很好。

两代家长的合理分工不失为一种好的方式，因为，家长和老人的初衷始终是朴素、善良的。曾经有位爷爷对当父亲的说："孩子是你们的，也是我们的，但是归根结底还是孩子自己的。"所以，只要以孩子的健康成长为出发点，两代家长共同努力"查漏补缺"，友好沟通、优势互补，隔代教育就一定能够做得更好。

父母间相互支持、协作是最好的家教

某大学曾对 81 名大学生进行调查，发现这些学生中，家庭和睦的有 55 名，占 67.9%；父母性格热情开朗的有 70 名，占 87.3%。可见，父母关系好坏对孩子的影响。父母之间能相互支持、协作是对孩子最好的家教。

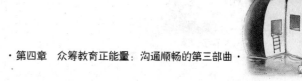

◎ 身边故事

有一对年轻夫妇婚前曾约定如果有了孩子，绝不在孩子面前争吵。几年后，他们的感情出现了裂痕，但他们各自都爱着自己唯一的女儿，他们都不愿意让自己的掌上明珠看到他们之间不愉快的争吵，因为孩子太小、太天真，就像一块纯净的水晶，他们不忍心让这块水晶掺进任何杂质，更不忍心让这颗幼小的心灵受到任何伤害。于是，他们装作若无其事的样子，告诉孩子他们要出差几天，请外婆外公暂时来家照顾一下她。其实，这对年轻夫妇并没走远，而是在自家附近的一家宾馆住下来，房间的窗户还能远远看见自己的家门。第一天他们俩关起门来大吵了一场，各自憋在心中已久的话就像火山一样一下子爆发了出来，吵得简直不可开交。第二天他们什么话也没说，只是站在窗户前默默地看着自己的家门，当看到自己天使般的女儿在外婆外公带领下像蝴蝶一样飞进飞出时，他们的心像被蜜蜂狠狠地蜇了一下似的痛苦万分。第三天他们俩又默默地走进了自己的家，迎接他们的是女儿给他们各自的一个吻。就是女儿这个吻融化了他们之间的冰山，他们又和好如初了。他们重申了婚前立下的一个规矩：绝不在孩子面前争吵，为孩子营造一个温馨的家庭氛围。

应该说这是一对非常理智的夫妇，同时也是很懂教育的夫妇。因为孩子是家庭的未来与父母的希望，作为父母只有精心呵护、精心培育的义务与责任，而无狂风大作、暴雨倾盆地摧残幼苗的任何权利与借口。

◎ 你知道吗

言传身教，父母对子女的责任

一个爸爸对孩子最好的爱，就是好好疼爱孩子的妈妈；一个妈妈对孩子最好的爱，就是欣赏并推崇孩子的爸爸！双方可以在一起也可以分开，但不能没有爱！尊重是最深层次的爱！孩子的一半来自父亲，一半来自母

亲，否认孩子父母亲的其中一方，等于无意识地也否认了孩子的一半；再者，孩子是由父母的细胞结合而来，因此每个孩子的潜意识都希望爸妈是永远结合在一起的。所以孩子恐惧父母争吵，担忧父母分开，为了阻止父母分开，有的整日以泪洗面，有的离家出走，有的用玻璃碎片自残，有的喝毒药自杀……有的甚至就是自己家庭关系的翻版，对孩子的影响是一生的。

孩子内心归属感的需要

孩子心里最大的渴望就是与爸妈连接的归属感，那是超越了一切事物的渴望。那么，孩子是通过什么方式与父母连接的呢？就是做和父母相同的事，因为通过做相同的事，孩子可以感觉"我们是一起的"，这就是归属感的需求。同时，孩子不会去管所做的内容是什么，有时甚至是违法也不管，因为强烈的心理需求就像饥饿时只要能吃饱，甚至冒险去偷食物。孩子内心必须与父母双方都有所连接，如果孩子对其中一方的连接有所缺乏，将会让孩子感到空虚、遗憾，而最令孩子难以忍受的是父母其中一方否定另一方、排除另一方，那就像自己内在的一半否定另一半一样，结果必然造成孩子心理上的分裂。例如，妈妈常说爸爸不好、不认同爸爸，孩子为了能和爸爸连接，会采取强烈的方式，也就是和爸爸做相同的事或发生相同的事。但因为这不被妈妈允许，所以孩子表面上会听从妈妈，然而私底下会像爸爸，甚至在潜意识里跟随着爸爸的命运而不自知。当我们否定自己的他/她时，我们正在给孩子什么样的信息呢？

"你爸爸是懒惰、不负责的人，你以后不要像他一样！"

"你妈妈死爱钱，你以后不要像她一样！"

"你妈妈爱唠叨，你以后不要像她一样唠叨！"

"你妈妈都不顾家，你以后千万不可以像她一样！"

这样的孩子长大后肯定会出现这些行为：懒惰、不负责、死爱钱、爱唠叨、不顾家。为什么？因为他心里强烈需要和他的父母连接，但有关他

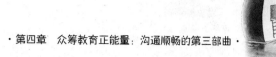

爸爸/妈妈的信息却全是负面信息，他当然只能跟这些信息连接，做出相同的行为来满足与爸妈连接的归属感。有人说，我只放在心里没说出来呀！不要自欺欺人了，孩子的感觉无比敏锐，就算表面上没说，如果你心中有这些信息，一定会在无意识中显露出来，而你的孩子一定会感受到。当夫妻因为对方的行为而否定他/她身为父母的身份，孩子就会和被排除的一方做出相同的行为模式。简单地说就是，当你越不尊重对方，孩子就会越像他/她。

◎　这样沟通好

父母之间相互支持

既然与父母连接是孩子天生的心理需求，那就提供更多正面的信息来满足孩子连接父母的需求。需要与孩子用具有正能量的语言来沟通，可以这样说：

"孩子你真了不起"，

"你和你爸爸一样，真聪明！"

"你和你爸爸一样讲义气！"

"你和你爸爸一样人缘很好！"

"你和你爸爸一样很孝顺！"

"你跟你妈妈一样很善良！"

"你跟你妈妈一样很有爱心！"

"你跟你妈妈一样喜欢学习！"

"你跟你妈妈一样做事很认真！"

不只是称赞孩子，重点是称赞孩子"像爸爸"/"像妈妈"的地方，通过这种方式，孩子会朝好的信息方向与爸妈连接，心中对归属感的渴望也会得到满足。同时，又使夫妻关系更亲密！要尊重孩子的爸爸/妈妈，并允许孩子和他/她连接："如果你像你爸爸，我会很高兴。""如果你像你妈妈，

209

我会很高兴。"当孩子连接的渴望被允许了，就不会那么强烈地在暗地里连接那些被否认的缺点。即使是离婚的父母，也要这样做，孩子也会有好的发展，他们会懂得大人有时候会吵架，夫妻有可能会分开，但是他们却能承认彼此的位置，也承认对方的父母身份，这对于孩子来说是非常重要的身教，也是莫大的祝福。因此请记住，千万不要因为另一半的行为，否定他们是孩子父母的身份，因为事实不会因为隐瞒而改变，否认或隐瞒只会令孩子在无意识里被否认。

创造良好的家庭情感氛围

每个家庭成员都从自己做起，从细节做起，力争做到：

有爱。家里的每一位成员，都必须带着微笑和一颗温暖的心去爱家里的每一个人，当孩子出现问题的时候，不争吵。

尊重。许多家长对孩子往往光有爱，却忽视了尊重。有个家长，一心放在孩子身上，为孩子安排这、安排那，事无巨细，可孩子一点都不高兴，问他怎么啦？他说："妈妈，我觉得您一点都不尊重我！您在为我安排这些的时候问过我吗？尊重过我的意见吗？"孩子的话给她当头一棒，她说："看来，我要好好反思反思了。"

期望适中。父母对孩子的期望，能使孩子感受到父母的关心和爱，是激发孩子积极向上的动力，但脱离孩子实际水平的过高期望，会造成家庭教育对孩子的一种高压状态，一旦孩子达不到父母的要求，父母便失望、埋怨甚至打骂，影响家庭和谐的心理氛围。因此父母应当实事求是地调整对孩子的期望，为孩子的幸福成长着想。

沟通。家里有什么大事小事，成员之间有什么疙瘩、误会，个人有什么疑难问题，都可以开诚布公地进行沟通。通过沟通，你会发现，一切都变得明朗起来，沟通自然会涉及矛盾和问题，家庭中难免会有各种各样的矛盾和问题，不可能避免，但应尽力避免激化。

良言。包括语言和非语言。建立宽容、活泼的家庭语言风格，改掉命

令式的语气和词汇，试着用："好不好"、"可不可以"、"应不应该"、"如果"、"不妨"等协商语气和词汇。你会发现，当类似的语言被越来越多地运用的时候，你家的家庭氛围也会越来越好。

体语。 在交流的时候要善于运用肢体语言，如温柔的爱抚、信任的注视、善意的拍拍肩、幸福的拥抱……这些无声的语言往往会让夫妻关系产生意想不到的效果。

话题多元。 话题不能只集中在孩子学习、工作上。一般良好的关系需要共同的话题：可以说别人，可以说自己；可以说国内，可以说国外；可以说学习，也可以说娱乐……总之把握这么一个原则：大家都感兴趣的话题多说，没有兴趣的话题少说，厌恶的话题不说。

娱乐多样。 家庭娱乐活动是家庭成员之间增加沟通、巩固情感的好方法，每个成员都有自己喜欢的几个娱乐项目，大家可以选择共同的项目进行，我有一个朋友，家庭成员都喜欢唱歌，所以，他们每个星期都有一次家庭成员的卡拉 OK。原则是共同参与，快乐为主，休闲放松，定期举行。

孩子方面要做到：

体谅父母。 父母亲在外打拼，工作上也难免会有憋屈的时候。如果不能为他们排忧解难，就乖巧一些，不要再调皮任性。

主动交流。 孩子要主动找时间与父母聊天，可以说说学习上的困难，或者是朦胧的情感困惑，让父母能够更好地了解自己，拉近彼此的心理距离。

传递"爱情"。 孩子的心里都很爱自己的父母，有时要说一句"爸爸妈妈我爱你们"，相信这样一句发自肺腑的话，带给父母的感动不亚于你考了好成绩。

在这里特别提醒家长要注意做到控制情绪，不要乱发脾气，夫妻间对孩子的教育目标要一致。看两个镜头：

镜头一：童童非常苦恼地在日记里倾诉：我搞不懂妈妈是怎么想的？

一会对我非常严格，一会又很放松。她自己心情好的时候对我就很好，心情不好了，我的苦日子也来了。唉，真搞不懂。

镜头二：豆豆爸爸规定，晚饭后是不能看电视的，可豆豆妈妈却对豆豆说："没事，宝贝，别听你爸的，尽管看好了，妈妈给你做主。"爸爸要拿皮带抽他，可妈妈却拼命护着。两人为此争执不休，豆豆却在一边看热闹。

父母之间教育意见不统一时，不但会损害家长的威信，影响教育的效果，还让孩子产生投机心理，影响孩子是非观念的形成，甚至造成孩子的心理不稳定。所以父母双方一定要达成教育观念和目标的一致性，教育态度和意见的统一性，这样的行动才能支持协作一致。当存在差异和矛盾时，不去追究谁对谁错，不妨一起探讨双方不同意见的各自价值，并一起寻找更有价值的方法。

佩佩的爸爸是工商所干部，佩佩妈妈为了照顾佩佩上学就在家做了全职太太。从佩佩小学一年级下半学期开始，父母就不停地吵架，佩佩爸爸每天下班都很迟，就是没有应酬也推说有应酬。佩佩妈妈就越发地与佩佩爸爸吵架，越吵架，佩佩爸爸就越迟回家，越迟回家就越吵架……就这样恶性循环，互不相让。佩佩忍受不了，四年级的时候就离家出走了。好不容易找回来了，也不愿进家门，夫妻俩协商准备离婚。佩佩找到了班主任老师，倾诉心中的烦恼。当班主任老师得知孩子十分不情愿爸爸妈妈离婚，若父母离婚，佩佩就会有自杀的想法时，就去找佩佩的妈妈。

经过一番交流，佩佩妈妈其实也不愿离婚，也不愿孩子成为单亲孩子。班主任老师又找了孩子的爸爸，他的爸爸也非常爱孩子，只是对孩子妈妈的"无理取闹"实在是忍无可忍。孩子是夫妻的纽带，班主任老师就把这个艰巨的任务交给了佩佩，让他动脑筋撮合父母。

佩佩借口让爸爸补课，使住在单位的爸爸有了"回家"的机会，妈妈不忍心看到孩子没有父亲的失望，夫妻俩慢慢彼此都向中间靠拢，再靠

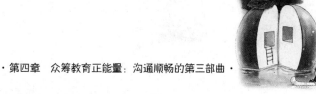

拢，最终夫妻俩终于又走到了一起。小佩佩开心极了。

　　夫妻之间有爱情也有问题，所以要经常性地、及时地沟通，不要等到问题成堆了才沟通，最忌一方或双方不信任，胡乱猜疑。不错，现在有太多诱惑，谁能保证自己的老公、老婆会怎么样？但有时候夫妻间的感情就像沙子一样，你抓得越紧，失去的越多；你不紧不松地握着，反而会有意想不到的收获。不妨给双方留点儿私人空间。不要总是去挖他的秘密，虽然已经是最亲密的夫妻，但也不代表他的一切都归你掌控。人人都有他独立的人格，他并不是你的一半，而你也不是他的一半。只要他对你足够忠心，对你足够重视，就多留点儿空间给他，让他也有自己的小秘密吧！最后，偶尔吵些小架，可能为以后的夫妻交流打下基础，但不能恋战，有些人吵起来就没完没了，还刨根究底，这样对自己、家庭都不会有好处。最后，一段濒临破裂的婚姻，在孩子佩佩的努力下，又修复了。这时孩子往往是最好的黏合剂，要主动出击，发挥自己的作用，而不能认为自己小而袖手旁观，从而失去挽救家庭的最好机会而遗憾。

爷孙辈间也分工

　　隔代教育是客观存在的现象，短时间内还无法消除。如何最大化地发挥隔代教育的优势，避免负面效应，要讲究策略。

◎ 身边故事

　　王立晓已经是二年级的学生，令他妈妈非常痛苦的是，孩子每天的衣服都由爷爷奶奶帮他穿，过分的是爷爷奶奶为了哄孙子穿衣服，两老人还与孩子比赛，在他家里经常听到这样的声音："晓晓，晓晓，晓晓，宝贝，爷爷奶奶来帮你穿衣服了，快起来吧？""嗯，我要睡觉，我要睡觉。"转过

身又睡了。"乖乖,上学要迟到了。我和你爷爷一起帮你穿衣服,今天看看是奶奶穿得快,还是爷爷穿得快?穿得慢的让你当马骑,在房间地上转一圈,怎么样?"奶奶几乎央求着对孙子说。要不,穿得慢的一方被孙子刮鼻子,然后祖孙三人笑得可开心了。就这样,爷爷奶奶变化着方式哄孙子穿衣服。吃饭也是喂着吃、追着吃,一年级的时候连书还时常是老师帮助翻,学习成绩自然也不好。

这是家有老人对孙子的溺爱造成的。家有老人在带孙子时,最容易出现的状况,虽然表现不尽相同,程度也可能不一样,但对家长来说,增加了教育的难度,孩子不但上学成绩不理想,生活自理能力、生活习惯等诸方面都会受到负面影响。作为老人一定要为孩子的一生着想,因为"第一粒扣子扣错了,其他的也就扣不好了"。

◎ 你知道吗

隔代教育客观存在

目前一些年轻家长因为工作繁忙,或因为离婚、配偶死亡、外出打工等原因把孩子的生活、教育等责任全部推给了爷爷、奶奶、外公、外婆,这些祖父母们自觉成为全面照顾第三代的"现代父母",这种由祖辈对孙辈的抚养和教育称为隔代教育。隔代教育一般是在三代家庭(指在一个家庭中由祖辈、父辈和孙辈一起生活的家庭)和隔代家庭(指在一个家庭中长期由祖辈和孙辈一起生活的家庭)中进行。父母对子女的亲子教育和祖辈对孙辈的隔代教育,是目前家庭教育中的两种主要形态,这里主要指三代人都住在一起的隔代教育。

据调查显示,中国近50%的孩子接受的教育属于"隔代教育",三代家庭中的隔代教育占总数的37%,年龄越小的孩子,与祖辈生活在一起的就越多,随着社会老龄化趋势的形成,隔代教育现象越来越普遍,隔代教育模式的成败在某种程度上关系着未来中国的人口质量。有一项资料显

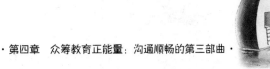

示：中国60%以上的失足少年与隔代老人育孙不当有关；有些犯罪少年就是在隔代老人"护"着的情况下，一步步走向深渊的；近几年来媒体不断将问题少年的出事原因和隔代教育联系起来，提到这种孩子，有意无意间都要问一句：他是不是老人带大的？不久前，在研究青少年网络成瘾综合症时，这种网络成瘾症在隔代教育或有家庭暴力的家庭中呈高发状态。

　　曾有人在数万人中做了一项调查，发现95%以上的家长没有学习过如何教育子女这门学问，其中，隔代家长的这个比例接近100%。祖父辈的人认为，自己年轻时养活了五六个孩子，现在一个还不会带？也从来没有将教育子女当作一门科学，认为这是无师自通的，一切全凭直觉和经验。

不要谈隔代教育而色变

　　隔代教育作为一种客观存在的家庭教育方式，既有有利的一面，也有不利的一面。有利方面主要是：

　　为沟通创造了良好的感情基础。祖辈家长由于不再有工作压力和生活的拖累，他们有充裕的时间和精力，对孩子更有耐心，乐意倾听孩子的心声，了解孩子各方面的需要；愿意花时间和孩子一起生活，对孙辈也十分喜欢，容易建立融洽、和谐的关系，为隔代教育创造良好的感情基础。

　　为孩子教育奠定了物质基础。隔代家长能充分了解孩子各个年龄段的生理和心理变化，对孩子在不同年龄段出现什么问题，应该怎样处理，他们知道的比年轻父母多得多，如在饮食起居、生活照料和人身安全等方面有着丰富的实践经验。

　　善于用鼓励性语言激发孩子的自信心。祖辈家长深厚的社会阅历和丰富的人生感悟，是促进儿童发展和有效处理孩子教育问题的有利条件，对孙辈的成长也有着潜移默化的积极作用。当今社会竞争激烈，生存压力增大，年轻父母会不自觉地把紧张气氛带入家庭，过早地使孩子参与竞争，剥夺了他童年本应有的快乐，而隔代家长大多已经退出了社会竞争的主流，拥有相对平和的心态，他们更容易冷静、客观地分析孩子的需要和问

题，使孩子拥有轻松快乐的童年。

隔代家长为年轻父母全身心投入工作奠定了"后方基础"。利于年轻父母有时间、有精力致力于与孩子的沟通教育和工作。他们对孙辈所具有的亲情关爱，是任何育儿机构或保姆都无法比拟的，这有利于孩子获得心理上的支持和情感上的安定。隔代教育成功的不乏其例，如中国共产党早期领导人李大钊是由伯祖父领养长大的，英国的哲学家罗素是由祖母带大的，苏联文学家高尔基是由外祖母带大的。这说明，祖辈的隔代教育，也能把孙辈培养成才，有的甚至能成大才。

但隔代教育也有很多弊端，主要有：

过分溺爱孩子，产生"隔代惯"的现象。多数祖辈家长常因自己年轻时生活和工作条件所限没有给子女很好的照顾，或者孩子父母不在身边，而倍加疼爱，生怕孩子受一丝委屈，而把更多的爱补偿到孙辈身上，不让孩子做事，对孩子所提出的过分要求，也都竭尽所能地去满足，甚至连父母对孩子正常的沟通和约束，老人也横加干涉，产生"隔代惯"现象。这种现象会产生多方面的问题，生活方面：生活常识少、生活习惯差，体质差，锻炼少，身体素质较差。能力方面：自主精神、自理能力和受挫能力、解决问题的能力差，且有较强的依赖性。性格方面：孤傲，以自我为中心，缺乏自制力，不懂体贴，不守必要的规矩，任意胡为。品德方面：自私、不考虑别人，没有规则意识和群体意识的简单思维模式。

阻滞孩子智能的开发。老人中有些受教育程度较低（对于接受过较高教育的老人而言，负面影响可能会小一些），总是害怕孩子磕了、摔了不能向儿女交代，而严格控制孩子的行动，束缚孩子的手脚，不让跑、跳，结果延缓孩子的发育，甚至阻碍孩子认知能力的提高。他们跟不上信息时代的节奏，缺乏科学育儿的意识，凭陈旧思想观念与过时套路来教育孙辈，以经验代替科学，不能正确、及时、有效地开发孩子的智力，导致对孩子的教育质量下降。

易造成与其父母感情隔阂。孩子的心完全系在隔辈人身上，本应该建立在父母身上的深厚感情就淡漠了，隔辈人无意间夺走了子女对父母的亲情。儿童心理发展规律表明：正常孩子在 2 岁前没有归属感，2 岁后才有，并且越来越强烈，谁与孩子最亲近，孩子的归属感就会落在谁的身上。

易养成儿童不良习惯。家长的一言一行、生活方式、行为习惯以及价值取向等会对孩子的习惯、思想观念、价值取向等方面产生很深刻的、有可能是终生的影响。隔代家长对孩子的大包大揽，阻碍了孩子习惯的培养。

易引起家庭冲突。祖辈和父辈由于社会阅历、受教育程度、时代背景以及生活方式等多方面的差异，会造成祖辈和父辈家庭教育观念、教育目标、教育内容、教育标准、教育方法等方面的分歧，若缺乏有效、及时的沟通，易导致家庭教育冲突，大家各行其是、各自为政，不能有统一的标准和目标，导致孩子无所适从，进而形成双重人格或分裂人格。

懒惰、学习被动，容易养成问题孩子。隔代教育有一个突出的现象是：重养轻教，过度满足物质愿望，使得孩子不爱惜财物，在消费中盲目攀比炫耀，过度地"给予"，使得孩子懒惰，生活中"饭来张口，衣来伸手"，学习上缺少热情和主动性。隔代教育对孩子的个性发展有着极大影响。因此，年轻父母把孩子的教育权、抚养权完全交给祖辈家长，是对孩子不负责任的做法。

诚然，父母是孩子最好的教育者，理应承担起教育的责任，但隔代教育短时间内不会自行消失。在父母时间和精力不足的情况下，"谈隔代教育色变"是不明智的，一味渲染和指责它的负面影响也只会起反作用。当隔代教育的选择不可避免时，家长应该清楚地认识隔代教育的利与弊，尽可能发挥老人的教育优势，两代家长扬长避短，互补优势，互相监督、互相鼓励，以孩子的健康成长为出发点，发挥对孩子不同教育的功能，逐渐完善现有的家庭教育状况，这样才能使祖辈幸福、父母无忧、孩子健康成长，呈现出三代人相得益彰、其乐融融的三赢局面。

◎ 这样沟通好

隔代教育未必是一场注定会输的"仗"，只要注意方法，成功"闯关"，一样会给孩子带来美好的未来。牢记四点：

亲密有间

每个人都是独立的个体，有自己的隐私和个人空间，一旦被入侵，就会表现得烦躁不安，忧虑戒备。只有个人空间得到充分尊重，才能心态平和、做事冷静。孩子希望有自己的小天地，他们不希望别人随意闯进自己的房间，即使是至亲至爱的父母。只有亲密有间，家庭才能既成为一个亲密生活的共同体，又成为一个个性自由发展的场所。生活在"亲密有间"的家庭里的孩子，从小就明白：人与人之间，要保持适当的距离。

学习成长

由于时代不同，老人的知识和思想观念有些已落后，由他们抚育孩子，往往虽有良好愿望，但效果却未必好。所以祖辈们应该与时俱进，更新自己的教育观、世界观，将实践经验和理论知识有机结合，尽量用现代科学知识抚养孩子，用科学的方式与孩子沟通，对孩子进行教育，并与孩子一起成长。对于"隔代家长"来说，无论有无机会专门学习，都应该自觉学习新的知识。据报道，辽宁省有一所"隔代家长学校"，先后有800多位爷爷、奶奶、外公、外婆在这里学习，取得了显著效果，愿意到这里"上学"的老年学员越来越多。接受隔代抚育学习就完全有必要，要努力成为成功隔代家长。成功隔代家长应具备的10个特征：

（1）身体健康、心态年轻，有精力，乐于养育孙辈；

（2）心理健康，情绪稳定，没有精神障碍；

（3）性格开朗，没有固执、偏执倾向，对孩子有耐心；

（4）有一定的文化基础，能对幼儿进行启蒙教育；

（5）善于接受新观念，学习新知识，科学育儿；

（6）待孩子慈爱、宽容，但不纵容、不溺爱，善于引导孩子；

（7）懂得孩子的饮食营养和生活护理；

（8）有良好的卫生习惯和作息习惯，讲究文明礼貌；

（9）喜欢户外活动，经常带孩子外出游玩，引导孩子认识周围世界；

（10）细心观察孩子的心理变化，及时与孩子的父母沟通交流。

分工协作

教育孩子需要两代人分工协作，共同配合。做儿女的要把老人放在第一位，养孩子是自己的责任，不是老人的责任，尽量不给他们增加负担；在育儿问题上做到"父母重教，老人重养"这一原则，生活上让老人照顾，而在教育上，平时工作再忙，下班回到家，也应该多亲近孩子，陪伴孩子，多参与和孩子之间的活动，多走进孩子的世界，多创造父母单独带孩子的环境。遇到过分保护孩子的老人，可从四方面做工作：一是背着孩子提醒老人，请求老人配合；二是选老人不在的时候教育孩子，用算后账的形式教育孩子；三是老年人运动不便，父母要多带孩子外出锻炼，防止孩子动作不够协调等问题；四是要注意经常对孩子进行思维训练，减少孩子发生心理问题的概率。

舍得放手

这是最重要的一点。祖辈家长要以理智控制感情，分清爱和溺爱的界限，要爱得适度，正确的爱才有利于孩子的健康成长；要明白放手等于爱的观念；应积极创造机会让孩子和其父母多接触，疏通感情，两代人共同营造一个有利于教育的和谐温馨的家庭氛围。

不少老人出于对自己孩子的愧疚，想在孙子辈上补偿回来，于是加倍地关爱孙辈，帮孩子倒水、喂饭、背书包等，包揽孩子的所有事情，同时孩子觉得老人什么都听他的，让老人干吗就干吗，时间一长孩子责任感会缺乏，任性、自私等毛病都出现了。我认识这样一个爸爸：

他的妻子身体特别不好，爸爸要到另一个城市去工作了，接奶奶来照

顾家庭，临走之前他把 11 岁的儿子叫来，郑重其事地跟儿子说："我要出去工作，一年都回不来，你是家里唯一的男子汉，照顾妈妈和奶奶的任务就拜托你了，请你每天晚上关好门、关好窗、关好煤气罐再睡觉，拜托了。"儿子一听，立刻就来精神了，满口答应。一年之后爸爸回来了，妻子告诉他说：你走以后儿子发生了巨大的变化，以前油瓶倒了都不扶，现在对奶奶和我可关心了，每天晚上都关好门、关好窗、关好煤气罐才睡觉。

把关心和被关心的位置颠倒了一下，关系立刻就发生了变化，孩子一旦找到了他关心的对象，他的责任意识就有了。其实家里有老人，是教育孩子最好的机会，让孩子关心老人，不要仅仅把孩子交给老人，父母的这种方式可以潜移默化地培养孩子的责任心，还能培养孩子孝顺的品质，这家的孩子肯定能培养好，因为全家人都孝敬老人，这就给孩子做出了榜样。另外，老人自己也要学会享受子女、孙辈的孝顺，快乐和智慧的老人才是家里一宝。有的老人是这样做的：当大家聚到了一起，祖辈就往那儿一坐，指挥孩子们干这个，干那个，然后不断夸大家：干得不错，东西买得真好，菜炒得真香，从来不说谁做得不好，所以大家都愿意替老人做事。

可见老人也要有自己的策略：相信孩子、放手让孩子做，然后多夸孩子。老人少干活多夸人就行了，夸夸你的儿女，夸夸你的孙子、外孙，让人觉得家里有老人就有阳光，所有孩子们做的事老人都看在眼里，一家人其乐融融。

家长间换位思考换人心

孩子与孩子在一起，免不了有磕磕碰碰的时候。家长都希望既能处理好问题，又不影响彼此的和睦，以后还能好好相处。可经常会发现家长之间也发生一些不愉快的现象，如何相处，除了前面的沟通活地图给您一些

帮助外，但愿下面的故事也能给您一些启迪。

◎ 身边故事

随着一阵轻松的哨声，低年级孩子终于进行完期末考试的最后一场，个个从心底里轻松了，男孩子们更是"飞"出了教室，这不，下楼梯时还不忘高兴地嬉戏打闹。哪知乐极生悲，不一会儿，小乐同学捂着肚子，哭着跑上来找老师，结果没找着老师。孩子们告知了在门口等待接孩子的小乐爷爷，爷爷火急火燎地赶到教室，见孙子的痛苦状，二话没说就带着他直奔医院了。过了一会儿孩子的父亲打了个电话给小乐的另一位老师——朱老师，听出他很是不高兴，很有怨气，原因有二：一是班主任老师一直没接电话；二是3个同伴围着他孩子打，他家孩子直喊肚子疼，去医院已经有一会儿了，可是班主任却不闻不问。

接到这个电话，朱老师立即放下手中的阅卷工作，飞跑到教室，孩子七嘴八舌地把事情的经过做了个大概描述。不管事情如何，先看孩子的伤情要紧，朱老师赶快打了个电话给孩子的父亲询问伤情并跟家长解释了班主任不接电话的原因。班主任知道这件事后，也立即打了个电话给家长做了解释并询问病情，可是家长还是余气未消，对班主任的态度也比较恶劣。见此情景，老师们提出先去医院看望孩子，事情等学生到校后，再认真查清，给家长一个回复，家长的态度才勉强好了一些。

过了一天，学生来校上学，班主任立即了解了这件事。原来，小乐平时就很爱欺负别人，班主任也向其父母反映过，可父母教育的效果不太好。这次，大家原本是玩玩而已，后来演变成平时吃他亏的几个同学带有点报复性地把他压在身子底下，然后猛击孩子的腹部。一大早小乐的父母就打电话给班主任，要求班主任彻查此事，上午放学前给个说法，并且解决所产生的医药费。班主任老师找到了朱老师，希望帮她解决此事。

朱老师首先请来了受害者小乐的家长，询问了孩子的病情和事情的经

过，同时也比较委婉地说了小乐爱欺负同学的事，对自己的行为也要负责，然后特别问了他家有什么需求；然后又分别请来了另外 3 个孩子的父母，把事情的经过分别讲给他们听，个别家长立即提到以前小乐对他的孩子所造成过的伤害。朱老师首先肯定家长所讲的事实是存在的，但这次要换位思考，利用这次事件教育自家的孩子，让孩子知道动手所产生的后果，明白以后不随便动手惹是生非的道理，变不利为好事。

朱老师了解了各自的想法后，让 4 个不同家庭的家长坐到了一起，朱老师作为主角发言，首先通报这次事情的经过、结果，表扬了个别家长的高姿态的做法，说到这又有家长插话说："医药费由我们来承担"，朱老师觉得解决问题的好势头出现了，于是进一步表扬家长的做法，并且告诉家长们有的家长得知小乐受伤后，还想上门探望，肯定他们的"幼吾幼以及人之幼"的举措。说到这，小乐的家长反而不好意思坚决要求补偿医药费了，朱老师表态说："医药费让他们赔偿吧，而且让孩子们亲自给小乐，让他们花点钱买个教训，也培养孩子的责任感，这个钱花得值得"，家长们一致同意朱老师的观点，这时小乐的家长转身对小乐说：这事也有你的责任，平时也爱欺负别人。这不，朱老师想要往下讲的话，让他自己讲出来了。这些家长们也都很大度地去责怪、教育自家的孩子了，大家主动让自家的孩子向对方赔礼道歉，赔偿医药费，还准备买些水果到小乐家去呢。最后大家皆大欢喜地离开了。

◎ 你知道吗

这件纠纷得到了比较圆满、温暖的解决，各自也都得到了启示。这是一个沟通效果很好的案例，其原因是：

满足家长的心理需求

老师分开两方面的家长，认真倾听了双方家长对这次小事件的看法和需求，特别是被打孩子家长需要老师做一些什么。这样做既满足家长倾诉

和被老师重视的心理需求，同时又避免了双方家长面对面责怪对方孩子的尴尬场面。

调控沟通情绪及场面

在处理这件事之前，老师让家长充分流露心中所想，充分宣泄各自心中的委屈和不满，这样使他们坐到一起时不再倾诉、宣泄；在老师与双方家长各自沟通和一起沟通的过程中，老师又做了必要的心理暗示，如跟家长说："有的家长主动要求承担医药费用"、"有些家长听说孩子受伤后很着急，几次打电话关心孩子的病情"。家长听后，不论是哪一方都做出了相应的反应，被打的一方补偿态度没有原来坚决，动手打的一方，也就不老纠结于孩子曾经被欺负的事情上面。双方都不指责对方，就会出现解决问题的良好情绪及场面。

温情地处理问题

通过前面的沟通和相处，更加深刻地了解各个家长的性格和处事风格，如果让大家都发言，可能事情会搞得复杂化，到时费时很多，还不利于事情的解决。为了能让事情的解决有利于顺着一根主线去发展，在解决问题的沟通过程中，老师充分发挥了主导作用，"一言堂"把复杂的事情简单化，但充分照顾双方家长的需求。所以事情温情地、愉快地得到解决，出现了各自想让自家孩子得到教训的良好场面，双方家长也都非常愉快。

氛围感染

处理问题的整个过程中，老师着手建立负责、谦让、不指责的融洽氛围（因为指责对方孩子的情绪会把小事复杂化，从而不利于事情的解决），如"心理暗示"、"一言堂"、家长发自肺腑的插话，和让孩子去体验自己做错事承担责任的道歉和补偿医药费的举动，让孩子"心疼"一下；被打孩子也向其他孩子道歉，因为自己曾经也欺负过其他同学。其实这就是体验承担后果的做法，这些都营造了良好的解决事情的氛围。

老师运用良好的沟通技巧，不但公正巧妙地解决了纠纷，增进了团结，

小朋友们回家后，还相约到小乐家去玩了呢，更使每个孩子都有了成长，更增进了家长与家长之间、家长与老师之间的感情，可以说给孩子的健康成长积聚了正能量，如友善、谦让、团结、沟通等，一举多得，何乐而不为呢？

第五章

告别教育误区：
沟通顺畅的第四部无障碍曲

在与孩子的接触中，我们时常发现一个不经意的动作或不经意的一句话，对孩子影响很大甚至是影响一辈子。所以，教育孩子的过程也是不断修身，提高、完善自己的过程。很多现象不可忽视，否则会形成沟通障碍，对孩子的健康成长不利。

家教观念误区：

◎ 教育不能让父亲缺位

◎ 陪读不是陪着读

◎ 问题孩子，重在预防！

家教目标误区：

◎ 孩子，进步就好！

◎ 教育不能追求短期效益

家教内容误区：

◎ 分数是重要，但不唯一

◎ 让念想成为孩子飞翔的翅膀

家教方式误区：

◎ 对孩子勇于说"不"

◎ 不欣赏会算计的孩子

教育不能让父亲缺位

"父亲是一种独特的存在，对培养孩子有一种特别的力量。"爸爸往往是力量、权威、智能的化身，爸爸是男孩模仿的对象，是女孩依赖的港湾……英国著名文学家哈伯特说过："一个父亲胜过 100 个校长。"

◎ 身边故事

畅畅的爸爸在畅畅整个小学阶段，没有参加一次家长会，没有跟老师联系一次，他有三个理由：一是孩子成绩优秀，不太需要家长管理；二是男主外，女主内，"儿子的教育就交给他妈妈了"；三是工作太忙，应酬多，没有时间过问孩子。

像畅畅爸爸这样的现象，在现今家庭教育中挺多见的。总之，这些家长就用所谓的理由和借口缺位于家庭教育。妈妈教育或者爷爷、奶奶祖辈教育现象是社会的普遍现象。每逢小学开家长会，以一个班 50 人计算，约 60%的是妈妈到场，约 10%的是爸爸到场，剩下的约 30%是祖辈到场。

◎ 你知道吗

我国父亲教育缺位现象严重

有人曾经对中国、日本、韩国、美国四个国家的高中生进行过一项调查，从数据的比较中可以看出：中国高中生觉得父母关心自己最多——中国 94.0%、美国 93.9%、韩国 91.7%、日本 88.4%，但中国高中生却与父母聊天最少——中国 54.8%、韩国 70.1%、美国 73.8%、日本 82.0%。中国高中生觉得烦恼无处可诉的比例最高，高达 21.0%（日本 19.4%、韩国 17.2%、美国 8.4%）。特别值得注意的是，当调查者问四国的高中生：你如果有心事和烦恼找谁诉说呢？美日韩三国的高中生都把父亲和母亲放在前五位，而中国高中生只把母亲放在前五位，父亲前五位榜上无名，排在网友之后。

美国 70%的少年犯来自单亲家庭；60%的强奸犯、72%的少年凶杀犯、70%的长期服役犯来自无父家庭；90%的无家可归和离家出走的孩子来自无父家庭；戒毒中心有 75%的青少年来自无父家庭；80%的强奸犯的动机来源于无父家庭转移的愤怒。美国研究父亲角色的专家罗斯·派克教授研究发现，人的发展有两个方向：一是亲密性，如慈爱、宽容、合作等；二是独立性，如勇敢、坚强、责任等。两性的个性差异是相辅相成的，母亲在培养孩子亲密性方面具有天然优势，父亲在培养孩子独立性方面具有天然优势。关于这一点，大家观察一下父母抱孩子和带孩子外出游玩的不同风格，可以看得非常清楚。所以，最好的家庭教育一定是父母密切合作的，可现实情况是父亲在教育角色中，常常以各种理由或借口缺席。

父亲教育好处多

父亲意味着规则与监督，也意味着权威与可信赖。在没有父亲参与的情况下，孩子往往缺乏规则教育与必要监督，当遇到难题需要帮助时，孩子往往会缺乏一个可以信赖与参照的权威与榜样，这可能正是青少年的许

多社会问题的根源所在。研究证实：父亲较多地参与婴儿的交往，将有助于提高婴儿的认知技能、成就动机和自信心。还有研究指出：孩子在家里和父亲在一起的机会越多，时间越长，智力也就越发达。美国耶鲁大学一项连续进行了 12 年的研究表明：从小由爸爸带大的孩子智商高、精力旺盛、善交际、学习成绩好。

母亲在与孩子互动时，往往比较温柔，活动强度较低，有过度保护的倾向，而父亲往往跟孩子做一些活动量大的活动，如踢球、游泳、爬攀等活动，经常变换活动的内容和方式。专家们发现：由父母共同承担养育责任的孩子，在面对新环境（如初次去托儿所）时的焦虑感较低。正因为父亲教育具有独特价值，因此教育孩子，绝对不只是母亲的事情，父亲同样承担着巨大的责任。养不教，父之过，在教育孩子的问题上，父亲绝不应该缺席。

父亲在男孩女孩成长中的区别

我们常说："这孩子跟他爸爸简直是一个模子里刻出来的，举手投足都一模一样。"爸爸往往是力量、权威、智能的化身，爸爸的行为在潜移默化地影响着男孩，他能从爸爸的身上学到男性的一些行为特征。曾经有一个男孩子，他爸爸一周回家一次，平时都是温柔体贴地被妈妈照顾，孩子上学后，不敢和男孩玩，总喜欢和女孩一起玩，甚至笑的时候都捂着嘴。如果生活中缺少爸爸的关心，男孩也会女孩化，胆小、懦弱，没有阳刚之气。可见没有爸爸，男孩的男性行为特征就弱化了。

我们常说："女儿是贴心的小棉袄。"女孩子温柔、体贴、善解人意。爸爸的高大伟岸会给女儿带来安全感，是女儿的骄傲，也会成为女儿将来择偶的参照标准。但如果爸爸们总没时间陪女儿、与女儿交流、及时了解女儿的内心，恐怕这小棉袄就没法贴心了。尤其是女儿到了青春期，有些束手无策的爸爸就从女儿的生活中撤了出来，把女儿完全交给妈妈，这对女儿的成长是极其不利的。

◎ 这样沟通好

不絮叨

1922年7月4日美国国庆日前夕，一个11岁的美国男孩搞到了一些禁用的烟花爆竹，其中包括一种威力巨大的"鱼雷"。一天下午，他走近一座桥边，朝桥边的砖墙放了一个"鱼雷"。一声巨响，让男孩神采飞扬。可就在这时，警察来了，把他带到了警局。

警长尽管认识这个男孩以及他的父亲，依然严肃地执行对烟火的禁令，判定交14.5美元的罚金。这在当时可算是一笔大钱。这个男孩自然交不起，只好由父亲代交。让人感慨的是，这位名叫杰克的父亲虽然没说太多的话，却让11岁的儿子打工挣钱，一年内还清罚金。后来，这个名叫里根的男孩成了美国的总统，他在回忆录中写道："我做了许多零工活才还清了我欠爸爸的那笔罚金。"

孩子是在体验中长大的，当孩子发生过失或者犯了错误时，父母不一定给孩子过多的口头批评，而是让孩子自己承受行为过失或者错误直接造成的后果，使孩子在承受后果的同时感受到不愉快甚至是痛苦的心理惩罚，从而引起孩子的自我悔恨，自觉弥补过失，纠正错误。这是法国教育家卢梭提出的一种教育方法，即自然后果法。卢梭说："我们不能为了惩罚孩子而惩罚孩子，应当使他们觉得这些惩罚正是他们不良行为的自然后果。"显然，里根的父亲之所以如此严格，其目的是让孩子从小懂得什么叫责任，一个人一定要对自己的过失承担责任。

讲原则

现代的儿童教育是自由与规则平衡的教育。早在孩子2~4岁阶段，也是语言能力发展最快的阶段，父母就需要敢于说"不"，即对孩子的不良言行给予拒绝和纠正，否则难以培养孩子的规则意识。

陈明的儿子这次跟陈明发了一次很大很大的火，冲着他爸爸说："有

妈的孩子像个宝，跟爸的孩子像根草，你瞧，人家的孩子上学书包都是家长背，只有我，什么事情都是我自己做，为什么？为什么？"陈明的妈妈听了，觉得儿子发火有点道理，就跟他爸爸说："要不，下次你也帮他背背吧？"陈明的奶奶听了，更是不依不饶，对陈明爸爸说："你是不好，人家都背，就你不背，这是多大的破事啊？"陈明爸爸面对陈明妈妈和奶奶的指责，不为所动，坚持让陈明自己背书包。时间久了，小孩子发现，这个问题爸爸是不会妥协的，他自然而然就不把太多的精力放在这件事上了。这就是家长坚持的结果。

规则的建立往往是先从家规开始的，最初认同家里的规矩，再循序渐进地认同社会规范。父亲的引导可以让孩子更好地适应这个社会，避免青少年出现问题行为及暴力犯罪。

有气度

俗话说：疾风知劲草。在面对困难和挫折的时候，最考验人的意志和智能。在孩子成长的关键时刻，同样需要父亲的鼎力相助。

2001年4月的一天，北京市昌平县阳坊镇四家庄村，15岁的初三学生赵博俊沮丧地把一个篮球扔到墙角，愁眉苦脸地对父亲赵宏喜说："爸，一模成绩下来了，我的成绩不太理想，现在我面临着考高中还是上中专的问题。"父亲问儿子的打算，儿子低声回答想读中专。尽管母亲不同意，但是父亲支持了儿子，并且建议儿子学汽车修理专业。

赵博俊学习汽车修理很辛苦。他1.82米的身高被某服装公司看中，几次模特表演也很成功，收入也挺诱人。因此，他想改行做模特，却被父亲坚决拒绝，宁肯赔服装公司3000元损失费，也要儿子退出。结果，儿子迷途知返，苦心学习汽车修理技术，2005年成为北京市汽车修理公司三厂的正式职工。在央视2007年和2009年两次举办的《状元360》汽车维修工技能大赛中，均获得第一名。一个亲戚硕士毕业后找不到工作，感慨地夸赵博俊的父亲英明，说博俊的选择和发展比学士、硕士都强。

有高度

父亲的眼光往往影响孩子的选择。美国的一项研究表明，那些成为全国公认的大公司总裁或分公司总裁的妇女们，在某种程度上与她们的父亲有着非常紧密的联系。

2006 年，深圳外国语学校高三女生檀馨，在高考模拟考试中成绩排全年级第 36 名，获得保送浙江大学或北京外国语大学等名校的资格。檀馨有意读浙大的国际金融专业或北外的英语专业。

可是，父亲檀士华却认为，英语只是语言工具，能掌握和运用就行了，要学一门实实在在的专业。虽然家人开始不解和反对，他仍然建议女儿学习高尔夫管理。理由是：与其和一百个人去竞争五个热门职业，不如跟一个人竞争一个职位。况且，高尔夫运动是朝阳产业，10 年后，中国的高尔夫运动将不会落后于美国。为了说服女儿，父亲专门带女儿去高尔夫球场体验。

檀馨接受了父亲的建议，以 702 分的优异成绩考取暨南大学深圳旅游学院高尔夫专业。经过专业的学习和球场的实践，成为中国最年轻的高尔夫国际级裁判，也是中国高尔夫国际级裁判中唯一的在校学生，从大三开始执裁重大赛事，自己赚取学费。

能包容

面对青春期的孩子，没有包容精神是难以对话沟通的，记住：不要和青春期的孩子较劲。

17 岁之前，陈一帆一直是父母的骄傲，他是镇江市一中的三好学生，全国英语口语竞赛亚军的获得者。可是，2009 年 4 月的一天，他突然对父母宣布："再也不去上学了！"

一个临近高考的孩子要逃学，这该是多么令人焦虑的事情。陈一帆的父母沉默了一会儿，她的继父平静地对她说："我和你妈妈尽管不知道你要逃学的原因，也不赞成你的逃学举动，但你既然决定了，我们会尊重你

的选择。"从第二天开始，女儿果然不去上学了，父母亲正常上班，彼此各忙各的，互不打扰。

原来，陈一帆跟同班的男同学谈恋爱了，一方面抵抗不住这份情感，另一方面又觉得在这个时候想这件事，实在是不应该，只要一看到男同学就更加纠结这个事，甚至于还有点罪恶感，所以就索性不去学校了。一个星期后，母亲跟一帆讲话，一帆只是非常勉强地讲几句。父亲跟她讲话，她还愿意多讲两句。一次他跟女儿聊起天来说："我高中时候就是喜欢一个女同学，当时觉得为她做什么都愿意，喜欢一个人是一种美好的感情，也是你们这个年龄阶段很正常的反应。"女儿没有讲话，只是低头吃饭。又过了一天，一帆主动跟父亲说："那你们两个人怎么处理的呢？""我们两个人商量好，先高考，高考以后再谈感情问题。后来两个人都一起拼命学习。再后来，一起考上了大学，一个在南京，一个在北京，但是没有走到一起，现在想想，当时这样处理是最合适的，恋爱可以慢慢谈，但高考不等人。"父亲请班主任与女儿通电话，说师生们都很想她，鼓励她返回学校。

女儿终于舒了一口气，对父亲说道："临近高考还在想这个问题，总觉得自己太没出息了。早知道你们这样的态度，我就不瞒你们，也不纠结了。"结果，女儿考上了上海交通大学。

能挑战

任何家庭都会遇到困难，任何一个孩子的成长都会碰到坎坷，在各种挑战面前，最需要父亲的坚定意志。

只有小学文化程度的新疆长途汽车司机陈有政师傅，就用实际行动证明了这一点。作为长途汽车司机经常不在家，陈师傅创造了一种独特的教育方式：利用寒暑假，带着三个孩子跑长途。

有一年寒假大雪纷飞，他带孩子们从乌鲁木齐去伊犁，气温降到零下20多度。他驾驶的老式大客车四处漏风，冷风夹着雪花从车缝里钻进来。他却鼓励孩子们："别看天气现在这么冷，可是坏天气过后就是好天气。

生活也是一样，总有不顺心的时候，重要的是坚定地走下去。"父亲甚至还结合开车讲人生的道理，如"在上坡时，车不能熄火，再困难也得咬着牙往前开。学习也是这个道理，当困难被克服之后，你会感到快乐无比"。有一个冬夜，雪下了30多厘米厚。陈师傅的车出了毛病，他坚持修车，眉毛和胡子都挂上了霜，手也被冻裂了口。母亲和孩子们挑着灯陪在一边，还唱父亲最爱听的歌来安慰他。

父亲坚忍不拔的好榜样给孩子们极大的激励。三个孩子不仅都读到博士，而且读研读博期间，知道家庭生活困难，不要父母一分钱，靠自己打工和奖学金完成学业。

强自律

对于任何一个孩子来说，是否能够养成勤俭自制的习惯，都会深刻影响其一生的命运。当今中国，"富二代"已经成为一个备受关注的群体，而"富不过三代"则成为一个魔咒。"富不过三代"不是一个规律，而是教育的误区，特别是父教的误区。

洛克菲勒是世界上第一个拥有10亿美元财富的超级富豪。他认为，富裕家庭的子女比普通人家的子女更容易受物质的诱惑，因此对后代的要求比普通人家更加严格，在金钱上从不放纵孩子。洛克菲勒对孩子的日常零用钱十分"吝啬"，按年龄大小给零花钱，七八岁者每周3角，十一二岁者每周1元，12岁以上者每周2元，每星期发放一次。他还给每个孩子发一个小账本，要他们记清每笔支出的用途，领钱时交他审查，钱账清楚、用途正当的，下周还可递增5分，反之则递减。下面就是洛克菲勒跟孩子签订的"14条零用钱备忘录"：

（1）从5月1日起约翰的零用钱起始标准为每周1美元50美分。

（2）每周末核对账目，如果当周约翰的财政记录让父亲满意，下周的零用钱上浮10美分（最高零用钱金额可等于但不可超过每周2美元）。

（3）每周末核对账目，如果当周约翰的财政记录不合规定或无法让父

亲满意，下周的零用钱下调 10 美分。

（4）在任何一周，如果没有可记录的收入或支出，下周零用钱保持本周水平。

（5）每周末核对账目，如果当周约翰的财政记录合乎规定，但书写和计算不能令爸爸满意，下周的零用钱保持本周水平。

（6）爸爸是零用钱水平调节的唯一评判人。

（7）双方同意至少 20% 的零用钱将用于公益事业。

（8）双方同意至少 20% 的零用钱用于储蓄。

（9）双方同意每项支出都必须清楚、确切地被记录。

（10）双方同意在未经爸爸、妈妈或斯格尔思小姐（家庭教师）的同意下，约翰不可以购买商品，并向爸爸、妈妈要钱。

（11）双方同意如果约翰需要购买零用钱使用范围以外的商品时，约翰必须征得爸爸、妈妈或斯格尔思小姐的同意。后者将给予约翰足够的资金。找回的零钱和标明商品价格、找零的收据必须在商品购买的当天晚上交给资金的给予方。

（12）双方同意约翰不向任何家庭教师、爸爸的助手和他人要求垫付资金（车费除外）。

（13）对于约翰存进银行账户的零用钱，其超过 20% 的部分，爸爸将向约翰的账户补加同等数量的存款。

（14）以上零用钱公约细则将长期有效，直到签字双方同时决定修改其内容。

零用钱不够的话，孩子们可以通过做家务赚取，例如，捉到 100 只苍蝇能得 1 角，逮住一只耗子得 5 分，背菜、垛柴、拔草又能得到若干奖励。后来当选副总统的二儿子纳尔逊和兴办新工业的三儿子劳伦斯，还主动要求合伙承包全家人的擦鞋业务，皮鞋每双 5 分，长筒靴 1 角。当他们十一二岁的时候还合伙养兔子卖给医学研究所。

正是因为有了洛克菲勒这样重视教育并且懂得教育的好父亲，洛克菲勒家族打破了"富不过三代"的怪圈，不仅子子孙孙成才者众多，而且让社会大众广为受益。

我们会发现，父母别无选择地要成为孩子的榜样。孩子最早是从父亲身上观察和思考什么是男人、什么是丈夫、什么是父亲；从母亲身上观察和思考什么是女人、什么是妻子、什么是母亲；从父母身上观察和思考什么是爱情和婚姻。

值得注意的是，许多家庭有了孩子之后，夫妻关系远远让位于亲子关系，特别是父亲的地位显著下降。有些母亲经常在孩子面前贬损丈夫"窝囊、没本事"。对于孩子来说，父亲的权威性就没有了，榜样就倒塌了。儿童的文化是模仿文化，学习是观察学习。有教育意识的母亲应该在孩子面前尽量维护父亲的形象，引导孩子尊重父亲。最好的家庭教育应当是父母联盟。

由此引出一个重要原则：在家庭关系中，不宜把亲子关系放在第一位，而应该是夫妻关系第一，亲子关系第二。因为，夫妻关系的稳定最有利于孩子健康成长。再好的母亲也不能代替父亲，再好的父亲也不能代替母亲，父母携手共育才是教子成功最可靠的保障。

陪读不是陪着读

陪读不是陪着孩子读，像个书童或像个警察似的，那样会养成孩子的依赖性，让孩子缺乏责任感。陪读应该着力营造良好的学习氛围。

◎ 身边故事

故事1：随着今年高考大幕的落下，朋友华萍女士结束了陪读生活。

三年前，在儿子超超决定舍近求远上一所声誉更好的南京某重点高中时，就决定去给孩子陪读，即使辞职也在所不惜。华女士说："如果不租房陪读，孩子就只能住校，衣食都要自理，哪有足够的时间和精力去学习呢？"

故事 2：高三冲刺，应儿子要求选择陪读，全职太太胡女士也经历了一年的陪读生活。到了高三时，胡女士的儿子表示："想让自己在高三的时候再冲一下，宿舍会限定熄灯时间，所以放弃了住校。"于是在儿子的主动要求下，胡女士开始了"陪读"。

故事 3：成绩下滑，孩子的妈妈被迫陪读。对于经济条件有限的姜女士一家来说，陪读是"不得不"的选择。"由于经济能力有限，根本没有考虑过陪读。但女儿住校后成绩直线下降，最后不得不租间便宜的房子去陪读。"

◎ 你知道吗

"陪读"是一种特殊的家庭教育形态，近年来在我国尤显突出，家庭内存在的陪读现象极为普遍，从幼儿园、小学、中学甚至大学，"陪读"似乎已成为一种风气，有愈演愈烈之势。如湖北黄石二中对面的柯尔山新村，出现 400 多个租房而居的陪读家庭，被当地人称为"陪读村"；再如杭州大学城里的陪读父母群等等。家长们为了孩子的学业发展而选择了陪读，根据陪读的种种现象，可以把陪读概括为三种类型：

（1）满意型：打理了孩子的学习，"发现"了自己的才艺。"在高三期间，儿子没有生过病"，胡女士透露，"在他压力大的时候，还主动跟我聊天，无形中缓解了他的压力。所以我儿子才能在今年高考中发挥出色呀"，她不无自豪地说道，"一年的陪读时间，我学会了十字绣，绣了不少东西，这是意外收获。"

（2）平衡型：跟儿子更亲更了解，学会了换位思考。华女士也表示，三年时间，她跟孩子一起学习进步。"我和儿子一起适应新环境、战胜了对

陌生的恐惧。"她承认，陪读的生活让她和儿子更亲，也更了解儿子了。

（3）失落型：付出没有回报，后悔陪读的选择。姜女士孩子的高考成绩不甚理想。她甚至对陪读的决定表示后悔。她说："我们付出了很多，但是并没有得到相应的回报。"

"陪读"是一个用义广泛而复杂的概念，这里主要指家庭教育中，家长针对孩子的学业，以孩子为中心而进行学业和生活上的帮助和陪护。在儿童成长的早期和接受正式学校教育的初期，即幼儿园和小学低年级阶段，家长适宜地陪着做游戏和陪着读书是必要而有益的。父母更多的爱和关注有益于孩子的健康成长；家长有意识地、合理地陪读，能够督促孩子按时按质地完成作业，形成按时自觉完成作业的习惯，能够有效地帮助儿童适应学校，学会学习。此时陪读的作用主要在于当孩子遇到疑难之处时给予适当辅导和合理引导，有利于家长及时掌握孩子的学习动态，便于家庭与学校的联系和配合，促进孩子养成良好的学习习惯，为其今后能向独立地生活、学习的方向发展奠定基础。但这些陪护、帮助和照顾都是暂时的，其最终目的还在于"不陪"，帮助孩子逐渐脱离家长的陪伴，成长为独立自尊、身心健康、有敬业精神、负责任的公民。

然而，在陪读的过程中，由于家长们自身所存在的认识的偏差，家长们往往会"充分"发挥作用，常常越俎代庖，不但陪伴孩子上学听课、写作业、做功课，甚至动口动手，代替孩子阅读和思考；为了防止孩子行为失控，时时陪伴左右，事事监控跟踪；包揽需要孩子自理的一切日常生活，无视其生活技能的培养。久之，这样的陪读使得孩子产生"陪读依赖"，这种依赖既是一种行为方式，也是一种心理状态，它是一种亲子之间双向互动的行为模式，对孩子的成长发展起着消极的作用，对儿童的认知、社会化及其人格发展都会产生不良影响。已有研究表明，"陪读依赖"使得孩子在学习过程中习惯于依赖父母的帮助去解决问题，容易养成不爱动脑筋甚至厌学的毛病；生活中也容易养成他们衣来伸手、饭来张口的不

良行为习惯。这种陪读行为不仅达不到帮助的目的，反而增加了孩子的依附性，延缓了其独立性的发展，使得他们缺乏积极主动性，稍有一点困难，就会求助于他人，智力和创造性因此受到阻碍。一旦面临必须亲自动脑动手的时候，往往茫然不知所措，常常表现出畏前惧后，缺乏耐性和责任，还会因此导致与周围小朋友、同学或同事的关系相处不融洽。

总之，形成依赖的陪读会削弱孩子的求知欲和创造探索能力；容易弱化孩子的自我控制和自我管理的能力，使其缺乏责任感并导致其社会适应不良，人际关系不佳或容易导致自卑的人格缺陷。从短期效果看，帮助孩子完成作业，闯过学习难关，可能使学业成绩有些起色，甚或对学业帮上大忙。但从长远考虑，这种"利"往往以其创造性及非智力能力的削弱为代价。因此，陪读弊大于利，不利于孩子的成长和成器。

家长本着为了孩子良好发展的目的做出了陪读的选择，但为何一些家长在实际行动中却常常失之于理性？究其原因，除了一些陈旧的思想观念影响外，还由于部分家长们自身的一些认识偏差，如占有、攀比、补偿、从众、恐慌和寄托等心理因素。

片面成才观

希望子女接受良好的教育而成为社会的栋梁之材是中国文化的传统，它约束着每个家长的行为，成为很多家长们追求的目标。这种观念和行为本身并无可厚非，督促子女接受教育，是于子女、于家庭、于国家、于社会都有利的事情。但传统中"万般皆下品，唯有读书高"、"劳心者治人，劳力者治于人"的旧思想、旧观念至今仍然存在，以及当今教育体制中仍存在着"以分数取人"、"以文凭评价知识"的弊端，使得家长的教养行为偏离了正常的轨道，看到更多的是眼前的利益，急于求成，不顾教育发展和孩子成长的规律，把学习成绩当作了衡量孩子发展成败的唯一标准，过度介入孩子的学习和生活。

占有心理

有着重占有欲的性格特征和价值取向的人，在情感生活中往往表现为对"爱"的对象的限制，喜欢把他人当作财产支配和掌管，如把子女视为自己的私有物。他们习惯于通过所占有的对象体现自己，通过占有和固守自我和财产来寻求安全感。相当多的陪读家长习惯于将成年人的活动特点强加于孩子，他们常常根据自己的认识设计孩子的活动，代替或者强制孩子做事，不给孩子创造独立解决问题的环境，剥夺了孩子自我发展的机会。甚至，他们打着为了孩子的旗号而把孩子当作自己达成某种功利的工具。孩子困顿于家长这样自私的"爱"中，必然会受到爱的束缚。因此，在这样的陪读下，孩子过于怯弱胆小、依赖、独立性差，出现各种人格缺陷便不可避免。

攀比心理

坦率地说，任何人都是在与周围人们的比较中生存和发展的。不管自己的状况怎样，只要比周围大多数人好，就会有一种满足感；反之则有一种失落感。在大多数情况下，这种比较是可以接受的，它甚至可能是一种不竭的动力，能够促使人们发展进步。但盲目攀比则不然，它可能对家庭或个人造成伤害。如有的家长不实事求是分析情况，常常将自己家庭与他人家庭进行比较，产生不良的攀比心态，将分数或别人的赞美作为衡量孩子的尺码，同时将自己应该承担的责任推卸到孩子身上，无端地责怪、苛求孩子。在盲目的攀比心态下，甚至陪读的成本也成了家长和孩子炫耀的资本。殊不知，父母之间的攀比可以滋生孩子之间的攀比，家长们盲目攀比，使得自己丧失责任的同时也葬送了孩子未来的责任感。

补偿心理

家长们参与到陪读大军中来，还可能是因为存在着不同的补偿心理。如有些父母因自身文化低、机遇不佳等原因，未能圆自己的升学梦。这类家长出于遗憾，往往把子女假想为自己的替身，希望在孩子身上得到成就

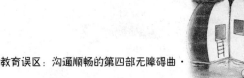

学业的体验，他们希望从子女的成才中得到补偿。此外，一些家长的陪读行为出于一种内疚，由于这些家长在子女成长的早期，沉醉于自己的休闲娱乐，无暇顾及孩子，没能尽职尽责地培养孩子良好的学习习惯，衣食住行的自理能力以及自我控制和管理的能力。而当孩子读书或离开家庭开始独立生活时，家长才猛然发现孩子并不能独立学习和生活。家长们感到懊悔、担心和恐惧，于是将陪读作为补偿，但事实上，"陪"不能解决问题，还有可能使问题恶化。

恐惧心理

由于社会竞争激烈，升学、就业带来的压力使得家长对子女未来的生活和就业充满危机感，不同程度地产生焦虑不安、无端担心甚至恐惧等心理反应。当这种心理反应过于激烈时，个体的认知、判断能力和反应能力降低，家长们往往会盲目行事。家长试图通过自己的介入让孩子增强参与就业竞争的实力，于是将所有的心思集中在提高子女的学业成绩上，陪读成为消解他们恐惧心理的一种本能反应，被视为唯一可行的方式。结果，陪读不仅不能让孩子们得到锻炼，反而会使其独立学习和生活的能力更差，自理能力更加弱化，这种事与愿违的后果才应该让人感到焦虑和恐惧。此外，家长产生陪读行为还可能是因为恐惧偏离群体而从众。因为在一个陪读成风的氛围里，大多数家庭的陪读会形成无形的压力，从而产生恐惧偏离群体的心理，使得这个家庭会产生维持群体一致性的显著倾向和执行机制，加入陪读群体。

从众心理

"从众"是一种比较普遍的社会心理和行为现象，即"人云亦云"、"随大流"。家庭作为社会大系统中的一个子系统，往往会受到它所处群体之中的其他家庭行为的影响，当这个群体中多数家庭都选择陪读的时候，从众性对于他们的行为而言就是一种强大的推动力量。"别的家长这样做，我们也这样做。"从积极方面看，增加对子女教育的投入是一件好事。但如

果家长只是盲目地效仿其他家庭，甚至认为只要按着别人做的样子做就算尽到了责任，只在乎形式，而根本不管孩子的实际情况和教育发展的规律的话，想要培养人才，那只能是缘木求鱼，不但达不到目的，还很可能让家庭陷入经济困难、人财两空的境地。因此，家长必须通过自己的独立思考和明辨是非，遇事和看待问题时，既要慎重考虑他人的意见和做法，也要考虑家庭实际情况，并以此来决定家庭的行动。

寄托心理

家长的陪读行为还可能是源于一种精神上的寄托和愿望，在中国传统文化的背景下，中国的家长"望子成龙"和"望女成凤"的心情特别强烈。这种心理需要在一定条件下可能转化为家庭教育子女的责任心，当他们寄托心理越强时，他们的期望就越大，他们对子女的投入就增加。但这也有可能促使家长采取强制命令的简单做法，要求子女绝对服从家长的意见。甚至，这种寄托心理往往还可能导致一种赌博心态，即把子女学业的成败视为自己唯一的出路，对子女寄予其无法承载的期望。这种过度的期望往往会带来沉重的压力，许多家庭的悲剧正是由这样的心理所导致。

◎ 这样沟通好

对于是否陪读，应该首先考虑孩子的意愿；其次要量力而行，依据自己的经济实力而定；另外，陪读不宜靠近高考或中考冲刺前才开始，因为租房也是一个临时的家，陪读生涯也是一种新生活，大人和孩子都有个适应过程，不妨早一点开始，还可以考虑避开开学前的租房高峰期，房价可能会有更大的商量空间。除去上述原因外，要想让子女真正有出息，家长们不仅需要正确认识陪读行为背后的心理动因，还必须正确理解和重视早期家庭教育，时时反思自身的教育观念和方式，合理引导孩子，以"不陪"为教育的最终目的，避免和纠正亲子间产生"陪读依赖"。

注重家庭和谐建设，正确理解和重视早期家庭教育，形成正确有益的

家庭教养观念和教养方式，避免产生"陪读依赖"。

　　家庭是儿童出生后首先接触到的环境，是对儿童影响最早、影响时间最长的环境。家庭于儿童的影响来自多方面，包括家庭结构和氛围、父母本身的个性特点、父母的教养观念和教养方式及亲子关系等。对子女的成才教育而言，首先，家长必须注重家庭的和谐建设，因为积极向上、亲密和谐、民主快乐的家庭气氛有助于孩子的心理健康和健全人格发展。其次，优秀的父母应该崇尚求知，有正确的教育思想和态度，善于激发子女奋发有为的进取心，帮助子女形成积极、稳定的自我学习、自我教育的学习动力机制。最后，父母教养观念和方式在子女的认知发展、人格形成、社会化和心理健康等多方面具有不可忽视的影响。

　　在儿童的早期教育中，无论在家庭还是在幼儿园、学校，教育的核心都不在于给孩子传授知识的多寡，而在于培养孩子的独立意识，形成良好的生活、学习习惯。家长的行为应该体现在关心孩子身心的正常发展、道德品质的熏陶、良好习惯的培养上。从小养成的良好行为习惯和自控力的培养不仅有助于孩子健康人格的形成，而且对发展孩子的认知能力也具有十分重要的意义。因此，选择"陪读"的家长必须清楚陪读的目的和可能产生的影响，在陪读过程中应重在支持、引导，给孩子学习和生活的信心，培养他们主动、爱思考的学习习惯，而不是包办替代；在教育过程中，家长应有原则地满足孩子合理要求和拒绝其不合理要求，逐步放手让孩子自己去尝试、体验生活中的乐趣，体验成功的喜悦，也体验某种欲望得不到满足时的滋味，逐渐增强孩子的责任心、忍耐性和适应性，减少依赖性，让孩子从中学会自我约束，学会自己想办法独立解决问题。

　　家长要重视自身的发展，不时审视和反思自己，及时纠正"陪读依赖"。

　　家长本身良好的素养，对教育的正确态度及其认识对于孩子而言就是一种有利的资源。进行自我修养的提高、以身作则的过程就是最好的家庭教育过程。家长的自我教育的最高层次就在于教会孩子自我教育，正如卢

·与孩子沟通
就这么简单·

梭所言:"为了做孩子的老师,你自己就要严格地管束自己","在敢于担当培养一个人的任务以前,自己就必须要造就成一个人,自己就必须是一个值得推崇的模范。"因此,家长需要不断地审视自己,完善自己,对自己的教养观念、方式进行反思,了解自己是否有认识上的偏差,从而学会正确培养、教育乃至于疼爱孩子的方法。

当家长意识到陪读让孩子有了依赖、不爱独立思考问题时,家长必须有正确的处理方法。首先,家长要从思想上高度地警惕,反思自己的教养观念及行为方式。其次,对陪读依赖行为的处理要谨慎,纠正陪读依赖行为或依赖心理需要逐渐撤离陪读的教育方式,逐渐减少父母的陪读行为。由于习惯的养成并非一朝一夕,要改变习惯不是件易事。对于已经形成陪读依赖的孩子如果突然撤离一切帮助,或大发雷霆地又打又骂,会导致孩子害怕学习、不愿学习,甚至对打骂无动于衷。因此,亲子之间应平和地交谈沟通,让孩子了解父母的想法,用易懂、具体的语言对孩子作明确要求。在实施转变的过程中,父母要热情鼓励、支持和尊重孩子,切不可过分急躁,抢先帮忙或大发脾气。最后,父母要适度降低期望,过高的期望会使孩子处于很大的学习压力中,一旦孩子由于难以达到父母的期待,屡遭挫折而严重损伤了自尊心时,也会产生依赖父母,恐惧学习的心理;甚而有些孩子为了迎合父母或逃避惩罚,以致学会欺骗。因此,家长应根据子女的实际情况提出适当的学习期待,选择正确的教育方法。

孩子幸福快乐、成绩理想是做父母最大的愿望。教育好子女是家长不可推卸的职责,但采取何种有效的家庭教育方式,却是需要家长常思量的问题。只要家长们重视家庭教育质量,注重自身的修身养性并掌握一定的家庭教育方法和技巧,爱和教育就会卓有成效。

问题孩子，重在预防！

如果您的孩子因为您一时的疏忽而成为问题少年，尽管捶胸顿足也已悔之晚矣。所以家长一定要关注孩子的成长，千万别缺席孩子的成长过程，重在防患于未然，别造成人生的遗憾……

◎ 身边故事

有一位王姓女士的孩子在读初二时受到欺负，后来跟学校的一个"老大"混在一起。有一次，两个"古惑仔"欺负儿子时，"老大"出手相助，儿子因此大为感动，觉得还是跟着"老大"安全，从此就整天跟着"老大"四处游荡、打架，不爱学习，成了不折不扣的"古惑仔"。

还有一位姓章的先生说，他的孩子小军是广州黄花岗一所中学的初三学生。按照章先生的说法，小军是铁定进重点高中的了。可不久前，章先生发现孩子开始抽烟，经常穿奇装异服，章先生好心劝说，没想到小军还和一帮青年打了一个低龄同学，学校为此准备开除他。

据了解，"古惑仔"对校园周围的安全造成极大隐患，但公安等部门处置起来十分棘手。由于"古惑仔"团伙勒索学生钱财、收取保护费数量都比较小，达不到刑事立案标准，且调查取证难度大，多数情况下只能以一般治安事件处理。参加这类团伙的"古惑仔"普遍在14~17岁，属于未成年人保护法保护范围，公检法等司法机关对是否逮捕"古惑仔"或送少管所存在不同认识，这为"古惑仔"的生存、发展提供了空间。逮捕或送少管所都不是好办法，还是以预防为主，防患于未然为上策。

◎ 你知道吗

问题少年"古惑仔"的群体特点

"古惑仔"是方言词汇，在北方是指小混混、二流子、痞子、流氓；在广州和香港等地区则被称为"古惑仔"。粤语本意是指狡猾精明的人，后来引申为具有某类怪异行为的不良青少年的称谓，社会上一般称为"问题青少年"。事实上，"古惑仔"这个群体一直都存在。只不过 20 世纪八九十年代香港拍摄的一系列"古惑仔"电影出现之后，人们才对这个群体有了更直观的认识。

这个群体具有以下特点：标新立异的生活方式，出人意料的行为举止，引人侧目的着装打扮，张扬出位的率直个性，游戏人生的享乐精神。其中很多人抽烟、喝酒、打架、泡吧、蹦迪、早恋、偷窃等，成为让家长和学校都很头痛的一个群体。

问题少年"古惑仔"的形成原因

广州市公安局曾对 1000 名在校中学生进行调查，结果表明，如果受到勒索，只有 21.4% 的学生会向家长、校方或警方求助，而大多数学生则选择交钱换平安。而钱的来源多是攒、借、甚至偷窃，这样，一个新的"古惑仔"就出现了，他们是游走在社会边缘的"问题青少年"。他们自甘堕落，整天学着电影中的古惑仔、黑社会等，不思进取，从而一步步走向犯罪深渊。形成"古惑仔"的原因有主观和客观两个方面。

主观因素主要有生理和心理因素：处于这个年龄段的孩子接受能力强，很容易受到各种社会消极因素的影响，同时他们好奇心也很强，对很多事情都想尝试，他们生理和心理还未完全成熟，辨别是非的能力较弱。像王姓和章姓女士的孩子，他们成为"古惑仔"的理由十分简单，要么报复他人，要么让人知道自己的"厉害"，在耀武扬威中证明自己的"能力"。

客观因素主要有社会环境、学校环境和家庭环境。家庭教育问题是导

致青少年变成"古惑仔"的重要原因。广州市穗港澳青少年研究所的一项调查显示，40%的穗港青少年每天与家长的沟通时间不足 15 分钟，有些孩子甚至因为无话可说而不愿意和父母同桌吃饭，在这种情况下，家长根本不可能知道孩子在想什么。学校重智育轻德育。学校对学生的行为规范教育以说教为主，常常是用行政手段来禁止学生各种行为，这样反而会引起学生的逆反心理。社会环境的负面作用。社会上一些成年人价值观发生扭曲，社会丑恶现象给青少年的成长带来了负面的影响，某些不健康的生活方式影响了未成年人的道德观和价值观，不利于青少年的健康成长。

理性看待"古惑仔"

面对这样的孩子，整个社会首先应该正确地看待他们，不要被人们的眼光误导。由于行为和观念的"另类"，他们往往在日常生活中被视为异类，甚至引来各种怀疑和歧视的目光，目前社会上对于"古惑仔"的看法存在两个方面的偏差：

一是视其行为等同于道德败坏或犯罪行为。许多"古惑仔"的行为虽然有挑战传统道德的因素，但不一定涉及道德范畴，不能把他们的一些标新立异的行为视为道德败坏的行为。这种标签使人们戴着有色眼镜去看待这个群体，很容易将他们推向社会边缘，其实这才是最危险的。他们的标新立异、"一鸣惊人"，只是希望得到社会的关注、尊重和认可。所以，我们不能用一堵人墙把他们隔离开来；相反，要敞开怀抱，真诚地关心、帮助他们，与他们多沟通，尽力地教育、影响他们，否则歧视会让"古惑仔"在怪异的路上越走越远。

二是视其行为是一种极端的个人主义。其实每个人的心灵深处，都有追求快乐、保存个性的需求，如果青少年不能在社会主流价值中建立自我价值，又受到周围人群的漠视和反感，部分青少年就会不自觉地通过反叛和违规行为来表达诉求，宣泄不满。此情此景下，"古惑仔"行为实际上成了自我贬值的一种社会适应方式，不少青少年通过这种适应方式，获取

"古惑仔"群体的接纳和认同,这其实是他们貌似坚强的外表下内心脆弱的表现。

◎ 这样沟通好

这个群体给家庭和社会带来了各种各样的影响,这种现象应当引起足够的重视,帮教"古惑仔"是一个需要家长、学校以及社会方方面面共同努力的社会系统工程。目前,广州市从事帮扶"古惑仔"工作的只有广州市青年志愿者协会外展组,这个成立于 2000 年的组织旨在为行为古怪、思想怪异的青少年提供生活和心理上的服务。目前已有 300 多名志愿者加入帮扶"古惑仔"的行列。帮助"古惑仔"是一项系统工程,仅靠一群志愿者帮扶是远远不够的,需要全社会的广泛参与。

重在预防

预防青少年不良行为,关键在于加强对青少年的思想政治教育、道德品德教育和法制教育,帮助他们提高法律意识,增强法制观点,以养成良好的行为习惯和道德品质。而预防青少年不良行为,主要是在家庭、学校、社会三者密切配合下,齐抓共管,形成合力,才能收到良好的教育效果。

家庭预防

家庭是最基层的社会单位,是一个最早接受教育的地方。青少年产生不良行为大多数都是因为失于家教、家教不严、家教不当或者受父母和其他家庭成员的不良影响。为此,我们要做到:

首先,改善家庭环境。既要巩固家庭结构,改善家庭关系,又要规范家长的行为,让家长起到带头作用,做好孩子学习的榜样。

其次,科学地家教。作为父母要先了解和尊重子女的内心需求,信任孩子,学习科学育儿的理念和方法,选择适合孩子、可接受的家教方法。

最后,强化家庭管理。在中国家庭管理方法上,很多家长把教育和教

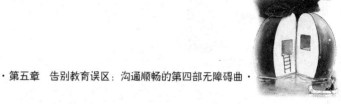

训的概念混淆，一提起教育，立即把脸板起来，对孩子横加指责训斥一番。我们要树立正确的沟通教育理念，变重教轻育为轻教重育，做子女的朋友，经常平等地诚恳地和子女交心，及时鼓励、表扬，在平等互动中认识问题、思考问题、解决问题。

学校预防

学校是专门对青少年进行教育的机构，是青少年人格发展时期第二具有影响力的地方。因此要想预防青少年不良行为，首先要改善学校的教育，加强学校管理，把某些失误的地方进行纠正，从以下两方面入手：

一方面，端正学校办学思想。扭转片面追求升学率、重智育轻德育、重"尖子生"，忽视大多数学生的错误倾向。重视素质教育，重视学习情感和学习生活质量，进一步完善学校教育。

另一方面，重视后进生的管理。树立正确的教育思想，严格按教育规律办事，学会科学的教育方法，强化制度管理，加强自我管理，培养自我教育的能力，保护学生的合法权益，重视校园文化建设，加强学生课余文化生活的引导和管理，促进学生全面主动地健康发展。

社会预防

社会可以说是一把"双刃剑"，一方面引导你走向成熟，走向成功，让你提高自己的能力，但另一方面又让你堕落。每一个青少年都直接或间接地同社会发生关系，受着社会的影响，要动员全社会的力量，关心青少年并为他们的健康成长和全面发展提供良好的社会环境，提供必要的物质条件和精神食粮。

其一，保护性预防。为青少年开学路，使他们受到良好的学校教育，防止青少年因失学、不务正业而走向邪路；加强青少年校外活动场所的管理，为他们开展文化、体育、科技活动创造有利条件，让他们将时间和精力都集中到有益身心健康的活动上来。

其二，限制性预防。国家除了对青少年不良行为的限制外，还要加强

对影视及文化娱乐场所的管理和校园周边环境的安全防治，保证学校教育秩序良好，使学生能安心、愉快地学习和生活。

总之，青少年一产生不良行为，家庭、学校、社会就要给予关注，与其沟通交流，找到根源，唤起其自身的觉醒，自行修正不良行为，大家监督其改正。否则，将会越陷越深，甚至走向违法犯罪之路，其后果不堪设想。

因材施教

如果一个家庭中产生"古惑仔"，建议做到：

指导家庭教育。家长的自身文化修养、道德水准和言行对子女的影响极为重要。为此，必须依托社区和学校，开展家庭教育个别指导，必须办好家长学校和转变家教观念，创建学习型家庭，改变自己，使青少年能以家长为榜样，塑造正确的人生观和价值观。

发挥学校主导作用。学校作为青少年的教育和保护的主阵地，纠正青少年学生不良行为责无旁贷。学校首先要加强德育工作，还要做好不良行为学生帮教转化工作和提高教师素质。在德育工作上要加强法制教育工作，切实贯彻落实《关于加强青少年法制教育工作的若干意见》，还必须进一步贯彻《公民道德建设实施纲要》，大力开展创建"安全文明校园"活动。其次学校必须列出重点帮教学生名单，实施并确定一带一的帮教人员，加以重点监护。在教师素质这一方面必须加强师德教育，提高业务素质，加强对学生心理、生理特点、道德修养形成规律等方面的研究，真正使每一个教师都能成为合格的德育工作者。

营造良好的社会环境。社会环境对青少年的影响是不容忽视的，要营造有利的社会环境，需要社会各方面的共同努力。首先要把握正确舆论导向，以健康、向上、有益的正能量占领青少年思想教育阵地。其次要加大综合治理力度，建议有关部门对青少年容易涉足的场所进行治理，努力规范文化市场经营者行为，保护合法经营，坚持不懈地开展"扫黄打非"斗

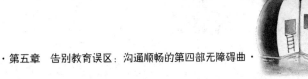

争，严格执行《互联网上网服务营业场所管理条例》。最后是建议建设社区文化网络，同时建立图书馆、娱乐室、活动室等文化娱乐场所来丰富青少年的校外活动。

当今社会中青少年占据了最重要的地位，而青少年的成长过程则需要家庭、学校、社会来为他们建设好的环境，好的人生观和生活观，但是，青少年要用自身的正能量拒绝一切消极事物的负能量，走向健康。

张女士的儿子从小跟着外公外婆长大，她自己开服装商店，丈夫是公务员。在小学里，儿子除了成绩不太好外，就是给外公外婆宠得脾气很暴躁，想要什么，外公外婆马上就要办到。夫妻俩曾经觉得这样对孩子不好，想把孩子带回家自己带。可为此事，外公外婆对夫妻俩很有意见，还几次生病住院。张女士夫妻俩无奈，只有依着老人的心愿，把孩子留在他们的身边。转眼孩子到初三了，夫妻俩无意中发现孩子背着老人在家拿老人的钱，回来跟老人说了，老人竟然不以为然。张女士跑到学校，跟老师了解情况，吓坏了，原来儿子有好几次整天不去上学，打电话给老人，老人说会告诉他们，可是老人只字不提。张女士意识到事情的严重性，跟踪了孩子两天，发现孩子到游戏室与几个"同学"（据了解是学校周围的游荡少年）打游戏去了。

张女士找到老师，毫不隐讳地把孩子的情况告诉老师，并请班主任做工作，自己的生意也放在一边暂时让别人代管，把儿子从老人那带回家，老人的工作慢慢做通了。

张女士首先与孩子定好了作息时间，包括上学和放学到家时间，还有晚上睡觉的时间，每天上学、放学都由父亲或母亲接送。并且请孩子把作息时间带给了班主任，告诉他："妈妈一个星期会与老师联系一次的，可以吗？"孩子打游戏的事情成为历史，封存了起来。而儿子根本不知道父母知道他去游戏房的事情。中途虽有几次反复，但是经过一年的努力，孩子进步了许多，与"同学"也失去了联系。听到他跟"同学"通电话的时

候悄悄地说："我妈跟着我没办法，否则我妈会跳楼的。以后咱们不能联系了啊，她不知道我们在一起，我骗她说跟'同学'在一起的，拜拜。"

多亏了张女士的果断，把儿子从危险的边缘拉了回来。从拉回来的当天，母亲与孩子就不再提旧事，决心与孩子一起告别昨天。有时封存旧账不提比什么都好，"活在当下"。

孩子，进步就好！

外来打工子女随父母进城就读，无论在生活还是学习上都无法一下子完全融入城市。孩子内心充满了焦虑和苦痛，此时父母要理解孩子，切不可操之过急，要宽容地对自己和孩子说："孩子，进步就好！"

◎ 身边故事

老家在东北的小何夫妇来秦皇岛打工两年多了，小何在家具店卖家具打工，丈夫给家具公司做饭，家庭一个月平均收入 2000 元，房租加孩子学费就得 1500 多元，九岁的女儿在秦市某小学读二年级。本来女儿就近上了学，应该是最让夫妇俩省心的事，无奈女儿的成绩让他们很难露出满意的笑脸。

秦市小学从一年级开设英语课、计算机课，对于当地孩子来说，这点课程不算什么问题。现在的城里家庭，电脑基本得到了普及，多数孩子学龄前在幼儿园里就简单地学过日常的英语单词，对计算机的操作因家里电脑的普及也相对熟悉，可以说这两门课程对当地孩子来说是轻松和有趣的。但在小何的女儿这里，英语和计算机是最令其头疼的课程，甚至达到了恐惧和厌烦的地步。刚入学时，女儿一口东北小村的方言让小伙伴们很快就不再和她一起玩耍，甚至连同桌也笑话她讲话像噎着了一样，舌头硬

得很。更要命的是英语单词的读音恐怕只有她自己能听懂，老师曾戏问她：你说的这是哪国英语？引起全班同学哄堂大笑，活泼聪明的女儿从此害怕并讨厌英语，当然英语成绩也是差得很。第一次上计算机课，老师教给学生开机关机、用小画笔作画等简单的操作技能，别的同学几乎没用心听就熟练地操作起来，小何的女儿却紧张地连开机也不敢，她不明白这台小小的仪器上怎么会有那么多的功能。城里的孩子笑她笨，她仿佛也觉得自己真的很笨。提到这些，小何无奈地说："城里孩子条件好，家里有钢琴、电脑，周末参加作文班、美术班，而我们哪有那样的财力和精力？我有时下班后教孩子背古诗、给她讲算术，但对于英语、计算机等实在是力不从心。至于普通话，你看连我自己也讲不好，更别说教她了。"谈及女儿的未来，不容小何乐观："女儿的东北口音很重，还不太会普通话，也没人教她，经常说什么也听不懂，有时候问她什么，只会点头、摇头，与人沟通较少。老师说她经常一个人远远地望着同学们游戏，满眼的羡慕。当有同学主动邀请她时，她又躲得远远的了。女儿已经有轻微的自闭倾向了。不知道这种心理上的障碍什么时候才会消除，否则影响她的成长和发展。"

外来打工子女到了城里，不但是生活条件相对较差，更重要的是家庭教育滞后，常常会受到同伴的歧视、老师的忽视、家长的不重视，社会舆论的不利影响。他们在城里生活得很不容易，需要家庭、学校、社会等多方面更多的关注和帮助。

◎ 你知道吗

从社会属性上分析，他们已经不再是真正意义上的农村儿童，但在经济地位、社会交往、文化背景等方面与城市儿童又有着较大差异，生活方式、思想感情和心理体验没有获得相应的城市化。他们既无法重新返回原来的农村生活，又无法在城市中找到自己应有的归属，无法在学校中找到

自己的位置。归属感、成就感的无力、无助折磨、困扰着他们。

外来打工子女在城里受歧视

目前，外来打工人员子女主要通过两种渠道上学：一是在其住处所在地的公办学校插班就读，二是到专门为外来打工人员子女建立的民工子弟学校就读。在城市的大环境中，农村孩子和城里孩子集中在一起，一定程度上有利于他们融入城市，同时也造成了另一种歧视。多数城市家长不愿子女与外来打工孩子同班，理由是这些孩子不讲卫生、生活习惯较差，在一起没有共同语言，有的家长得知自己的孩子与打工孩子在一起读书，他们找到校长和老师表示不同意，还有的甚至不惜代价将孩子转走，留下的也嘱咐孩子尽量不要跟民工娃接触。只有很少一部分家长认为和农民工的孩子一起读书有好处，民工子女的刻苦、勤劳和俭朴的精神值得城里孩子学习。对老师而言，教育民工的子女各方面都费心。首先在思想上，由于父母从小没有给孩子理想的教育，很多孩子没有远大的目标。在他们眼里，父辈没文化照样在城里挣钱。学生潜意识中已存在这样的思想，所以在他们生活中，找不到可以学习的榜样，让人觉得很可怕。农村孩子的卫生习惯更让老师操心，肮脏顽劣、野蛮好斗。

那些在亲人眼里聪明可爱的农村娃，在城里孩子面前显得迟钝、木讷、愚笨，城市的冷漠和歧视过早地投射在他们身上，使他们变得敏感、易怒，遇到不如意的事情自尊心会产生强烈的反弹，在渴望尊重和平等的同时加重对城市的陌生和疏远。读书改变命运、知识成就未来的口号消除不了许多民工子女的迷茫，父母每天忙于生计，对孩子疏于管理。艰苦的生活条件、低廉的家庭收入，与城市孩子生活在一起被放大了自身存在的很多差距，这让不少农村孩子情绪低落、自卑，感觉在城里生活得并不愉快，从而导致学习成绩很不理想。

教育不能操之过急

与同龄的城里孩子相比，外来打工子女的基础教育相对落后很多。英

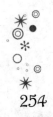

语、电脑、围棋、游泳等名目繁多的暑期兴趣班，几乎每个城里的孩子都接触过，而民工的子女几乎想都没有想过，大多是认识几个拼音和简单的汉字，至于钢琴、美术、舞蹈等方面的培养基本没有，从起点上他们就远远地落在了城市孩子的后面。但是不少外来务工家长认为："我们大人没文化，自己吃再多的苦也没关系，但不能让下一代像我们一样。"于是教育过程中常常会跟城市里孩子比较，出现操之过急的情况。例如，在杭州念小学四年级的江苏女孩小莉，因抄作业被父亲责打后死亡，12岁花季少年瞬间凋零。其实，在成长过程中出现抄作业的情况是件很正常的事。作为家长来说，发现孩子有问题，就应该帮助孩子一起分析，特别是家庭条件一般、家长文化程度不高的家庭，不能操之过急，应该和自己家孩子的过去进行纵向比较，只要孩子有进步就好。

◎ 这样沟通好

加强家长自身修养

外来务工人员对提高自身素质的重视程度远远低于对孩子的关注和教育，尤其缺少在思想、文化方面的"充电"。这就使得体现家庭教育特点的"潜移默化"、"言传身教"的正能量大打折扣，也不可避免地在家庭教育观念和方式上产生偏颇，并成为孩子成长中的障碍。因此加强自身修养，注重自身素质提高是取得子女信任，与孩子共同学习、共同成长，获得家庭教育成功的最明智选择。

帮助孩子尽早融入城市生活

家长要充分重视孩子在城里生活的困惑，有意识、有针对性地与孩子一起了解城市，开阔视野，感受城市生活的美好与发达；帮助孩子建立信心，弥补知识上的缺陷、改变不良生活方式和习惯；鼓励孩子广泛交友，与周围的伙伴和睦相处。对孩子进行心理辅导，引导其正确面对各种歧视和压力，教会他们与人沟通的技巧和方法，帮助其尽早适应学校的生活和

255

学习环境。努力消除孩子的自卑和认命心理，培养其自立、自信、自强的品格。

保障孩子完成义务教育

避免孩子失学、辍学是外来务工家庭重要的责任，也是孩子融入城市的起点。义务教育阶段让孩子弃学务工是违法的。既然当今社会的城市建设和运行已无法离开外来工的参与，我们就必须在城市规划、市政设施、文化教育、财政预算决算等方面为外来工的长期存在做出制度上的合理安排。另外，外来务工人员子女是未成年人中一个不容忽视的群体，他们能否入学接受知识、技能和价值观等方面的教育，将对社会的未来产生重要的影响。正如行知学校的校长黄鹤在中央电视台"面对面"节目中所提到的：谁都不希望在不久的将来，见到一群"人数众多，却不具备社会主流价值观，既无知识也无技能，身在城市、心却离城市很远的社会边缘性群体"。

要有效解决外来务工人员子女教育问题不是一朝一夕就能完成的，它是项艰巨的任务，不只是教育问题还是社会问题，需要全社会的共同努力。要提高全社会和各级政府对外来工子女入学问题的认识；进一步改革现行户籍制度，消除"二元化"管理带来的弊端；完善教育拨款体制，鼓励和支持社会力量办学；完善相关政策法规，保障外来务工人员子女接受义务教育的平等权利；消除歧视与偏见，改善民工子弟学校教师福利，提高义务教育水平；促进城乡学生的融合，消除外来学生的消极心理，确保农村孩子健康成长。

兰兰从淮安农村随丈夫到镇江城里打工已经有 5 年了，2011 年 8 月份，她准备把日思夜想的儿子小宝接到城里来读书，她怕这怕那的，于是特地咨询了朱老师。朱老师说："不只是要把儿子接到城里来，更要让他早些熟悉这座城市，做到不只是人来了，更要心来了。第一件事：带他了解这座城市，让他感觉镇江城市的美好。第二件事：熟悉学校，知道学校

的美好。第三件事：穿着打扮要变一变，不为别的，不要让他被同学笑话。说话要说普通话，由于已经上过一年级，孩子普通话没有问题。第四件事：最好能找一个伙伴，帮助孩子尽快融入这所学校。不只是物质条件好，更难也更重要的是人好、同学好、老师好。"兰兰听了也记住了。

暑假一开始，兰兰就把儿子从乡下接到城里来了，为了能在暑假后适应学校生活，他给儿子报了暑假班。一边上暑假班，一边带儿子熟悉周围环境。不只是换了一身行头，而且整个人也有了一些变化，还让他母亲要像他的少年宫老师一样穿得好一些呢，只不过还是非常想念爷爷奶奶。爷爷奶奶也是非常非常的想他，少年宫的课一停，他就嚷着要回淮安看他们。

暑假过后，孩子在镇江城里上学，虽然还是有些不适应，但老师觉得孩子学习挺努力，不断进步。孩子们不但没有排斥他，还挺喜欢他，学生家长也觉得孩子朴实、勤劳、学习努力而接纳他。

由于家长的重视和专家有效的指导，孩子在家长理性的帮助下，缩短了融入城市生活的时间，减少了孩子进入城市的困惑，为孩子的新生活开了一个好头。有了这个好头，孩子后面的学习、生活也将是阳光灿烂。

教育不能追求短期效益

不论是家庭、学校还是社会教育层面，追求分数的现象愈演愈烈，出现少年科技大学硕士生由于没有最起码的生活自理能力而被退学，成绩优等生稍微遇到点挫折就放弃生命等现象，成绩再优秀也是枉然。所以我们的教育要有长远眼光。

◎ 身边故事

老师甲和老师乙由于不同的教育理念，他们在讲《灰姑娘》的故事时，

出现两种截然不同的教法。

【老师甲】

上课铃响了，孩子们跑进教室，这节课老师要讲的是《灰姑娘》的故事。老师先请一个孩子上台给同学讲一讲这个故事。孩子很快讲完了，老师对他表示了感谢，然后开始向全班提问。

老师：你们喜欢故事里面的哪一个角色？不喜欢哪一个角色？为什么？

学生：喜欢辛黛瑞拉（灰姑娘），还有王子，不喜欢她的后妈和后妈带来的姐姐。辛黛瑞拉善良、可爱、漂亮。后妈和姐姐对辛黛瑞拉不好。

老师：如果在午夜 12 点的时候，辛黛瑞拉没有来得及跳上她的番瓜马车，你们想一想，可能会出现什么情况？

学生：辛黛瑞拉会变成原来脏脏的样子，穿着破旧的衣服。哎呀，那就惨啦。

老师：所以，你们一定要做一个守时的人，不然就可能给自己带来麻烦。另外，你们看，你们每个人平时都打扮得漂漂亮亮的，千万不要突然邋里邋遢地出现在别人面前，不然你们的朋友要吓着了。女孩子们，你们更要注意，将来你们长大和男孩子约会，要是你不注意，被你的男朋友看到你很难看的样子，他们可能就吓昏了（老师做昏倒状）。

老师：好，下一个问题，如果你是辛黛瑞拉的后妈，你会不会阻止辛黛瑞拉去参加王子的舞会？你们一定要诚实哟！

学生：（过了一会儿，有孩子举手回答）是的，如果我是辛黛瑞拉的后妈，我也会阻止她去参加王子的舞会。

老师：为什么？

学生：因为……因为我爱自己的女儿，我希望自己的女儿当上王后。

老师：是的，所以，我们看到的后妈好像都是不好的人，她们只是对别人不够好，可是她们对自己的孩子却很好，你们明白了吗？她们不是坏人，只是她们还不能够像爱自己的孩子一样去爱其他的孩子。

老师：孩子们，下一个问题，辛黛瑞拉的后妈不让她去参加王子的舞会，甚至把门锁起来，她为什么能够去，而且成为舞会上最美丽的姑娘呢？

学生：因为有仙女帮助她，给她漂亮的衣服，还把番瓜变成马车，把狗和老鼠变成仆人。

老师：对，你们说得很好！想一想，如果辛黛瑞拉没有得到仙女的帮助，她是不可能去参加舞会的，是不是？

学生：是的！

老师：如果狗、老鼠都不愿意帮助她，她可能在最后的时刻成功地跑回家吗？

学生：不会，那样她就可以成功地吓到王子了。（全班再次大笑）

老师：虽然辛黛瑞拉有仙女帮助她，但是，光有仙女的帮助还是不够的。所以，孩子们，无论走到哪里，我们都是需要朋友的。我们的朋友不一定是仙女，但是，我们需要他们，我也希望你们有很多很多的朋友。下面，请你们想一想，如果辛黛瑞拉因为后妈不愿意她参加舞会就放弃了机会，她可能成为王子的新娘吗？

学生：不会！那样的话，她就不会到舞会上，不会被王子遇到，认识和爱上她了。

老师：对极了！如果辛黛瑞拉不想参加舞会，就是她的后妈没有阻止，甚至支持她去，也是没有用的，是谁决定她要去参加王子的舞会？

学生：她自己。

老师：所以，孩子们，就是辛黛瑞拉没有妈妈爱她，她的后妈不爱她，这也不能够让她不爱自己。就是因为她爱自己，她才可能去寻找自己希望得到的东西。如果你们当中有人觉得没有人爱，或者像辛黛瑞拉一样有一个不爱她的后妈，你们要怎么样？

学生：要爱自己！

老师：对，没有一个人可以阻止你爱自己，如果你觉得别人不够爱

你，你要加倍地爱自己；如果别人没有给你机会，你应该加倍地给自己机会；如果你们真的爱自己，就会为自己找到自己需要的东西，没有人可以阻止辛黛瑞拉参加王子的舞会，没有人可以阻止辛黛瑞拉当上王后，除了她自己。对不对？

学生：是的！

老师：最后一个问题，这个故事有什么不合理的地方？

学生：（过了好一会）午夜12点以后所有的东西都要变回原样，可是，辛黛瑞拉的水晶鞋没有变回去。

老师：天哪，你们太棒了！你们看，就是伟大的作家也有出错的时候，所以，出错不是什么可怕的事情。我担保，如果你们当中谁将来要当作家，一定比这个作家更棒！你们相信吗？

【老师乙】

上课铃响，学生、老师进教室。

老师：今天上课，我们讲《灰姑娘》的故事。大家都预习了吗？

学生：这还要预习？老得掉渣了。

老师：《灰姑娘》？它的作者是谁？哪年出生？作者生平事迹如何？

学生：……书上不都写了吗？不会自己看啊？

老师：这故事的重大意义是什么？

学生：得，这肯定要考的了。

老师：好，开始讲课文。谁先给分个段，并说明一下这么分段的理由。

学生：前后各一段，中间一段，总分总……

老师：开始讲课了，大家认真听讲。

学生：已经开始好久了……

老师：说到这里，大家注意这句话。这句话是个比喻句，是明喻还是暗喻？作者为什么这么写？

学生：（n人开始睡觉……）

老师：大家注意这个词，我如果换成另外一个词，为什么不如作者的好？

学生：（又 n 人开始睡觉……）

老师：大家有没有注意到，这段话如果和那段话位置换一换，行不行？为什么？

学生：我又不是你，我怎么会注意到啊？（又 n 人开始睡觉……）

老师：怎么这么多人睡觉啊？你们要知道，不好好上课就不能考好成绩，不能考好成绩就不能上大学，不能上大学就不能……你们要明白这些做人的道理。

【老师甲】所教的那些层面，我们是什么时候才想到这些的？一小学老师教的，终身受用。与【老师乙】比较，他们最根本的区别在于【老师甲】所教的终身受益，而【老师乙】追求的是短期效益。我们在家庭教育中有没有想过效益这样的问题？你对孩子的教育有没有为孩子终身考虑的眼光？

◎ 你知道吗

家庭教育要让孩子终身受益

很多父母认为，家庭教育就是开发孩子的智力，也就是让孩子从两三岁开始背唐诗，四五岁学英语，上学后要请家教、上辅导班，成绩一定要名列前茅，将来一定要上名牌大学。似乎只有这样，父母的教育才算成功，孩子才算成才。实践证明，这是对家庭教育的极大误解，是升学教育在家庭教育中产生的不良后果。家庭教育最重要的任务应该是建筑孩子的人格长城。试想，如果一个孩子缺少对生命的认知（一遇到挫折就产生轻生的念头），没有梦想的能力（自己将来想做什么都不知道），不懂得保护自己（做了博士生依然被农民拐卖），无法与别人共享（腰缠万贯却不快乐），那么，即使这个孩子门门功课考第一，又能怎么样？当今，最该改

变的是父母，是父母的教育观念。那么，正确的家庭教育应该是什么？是父母应该帮助孩子建造一个良好的人生平台，让孩子有很好的人格修养，懂得做人，懂得成功的真正含义。只有父母的教育观念发生了转变，我们的孩子才能接受良好的家庭教育，才能终身受益。

家庭教育中很多短期效益的做法和说法

我们的家庭教育中有很多说法和做法都是追求短期效益，例如：只让孩子一心忙学习成绩，忽视劳动观念和自理能力的培养，以至于 14 岁的少年大学生被退学。还有家长的溺爱，包办代替；遇到问题插手解决；孩子之间发生纠纷，家长随意干预；更有不负责任的家长，当孩子作业不会做的时候，家长告知作业答案……孩子犯了点过错，整天唠叨，动不动就指责等。

家长的这些语言和行动给孩子传递的都是负面信息，长期在这些负面信息的暗示下，孩子当然只能跟这些信息连接，朝着家长不愿意看到的方向发展。

◎ 这样沟通好

传递正面信息

孩子不犯错是不现实的，也是绝不可能的；相反，人就是在犯错、改错中逐渐走向成熟。所以，父母发现孩子犯错，要抱着"战术上重视，战略上藐视"的态度。分析犯错的原因，与孩子好好沟通，但不要揪住孩子的错误不放，只要孩子改正就好。家庭教育以正面信息为主，让孩子在教育正能量的作用下，越来越优秀。可以经常这样说：

"孩子你真了不起"。

"要是……就更好了，下次做到好吗？"

"你做事很认真的！"

"就这点小问题，下次注意不犯就可以了。"

"你一定能做到，试试吧！"

"你和你爸爸一样很孝顺！"

"你跟你妈妈一样很善良！"

"你跟你妈妈一样喜欢学习！"

拒绝类似："你像你爸爸/像妈妈一样……不好"，这是很不好的负面信息，孩子不可能因为你的这种提醒而改变，相反还会变本加厉。即使是离婚的父母，也不能这样做。要想孩子有好的发展，做家长的要以传递正面信息为主，这对于孩子来说是非常重要的身教，也是莫大的祝福。

训练孩子的独立性

从小，爸爸妈妈就应有意识地培养孩子的独立性。因为，孩子不可能一辈子生活在父母的羽翼下。尊重孩子的选择这是最重要的。因为，人生很多事情不是只有一个选择，可以有很多种选择，每一种选择都有一定的道理，不要用家长心中的选择去评价孩子。比如：我儿子四年级的时候，因为评上了"三好生"，去南京参加夏令营，我给儿子20元零花钱，儿子花了15元钱，送给我一盒南京雨花石。我一看，那一盒雨花石顶多就十元钱吧，但是我还是尊重儿子的意见，跟儿子说："谢谢儿子，妈妈真是很喜欢"。还记得儿子四岁的时候，我们一同去杭州旅游，刚到宾馆，儿子特别开心，他爸爸刚泡了方便面放在床头柜上，儿子跳啊跳的，趴在床头柜上没有趴好，一歪，方便面整个翻到了儿子的腿上，烫伤了，我们只得在宾馆休息了四天。第五天儿子再也待不住了，嚷着想出去玩了。我对儿子说："你腿上的伤还没有好，等再过两天我们再出去，否则可能会疼的。"可是儿子还是想出去，下午的时候儿子腿疼了，我跟儿子说："现在你有两个选择，一是忍着疼，继续玩，二是回去，不玩了。"儿子玩在兴头上，我们是疼在心里，但是尊重孩子的选择。上大学了，儿子和同学们一起上街买衣服，在地摊上花了35元买了一件T恤，我只是建议孩子把那些线头剪一下，别让人一眼就看出是地摊货。尊重孩子的选择，不作负

面评价。就这样，孩子遇事不逃避，学会思考，有自己的主见。

不容忍粗心

经常听见有家长这样说自己的孩子：我家孩子这次错的题目好多都知道怎么做，就是粗心啊。从小就要告诉孩子：粗心，就是能力差，学得不扎实的表现！任何时候，都不要说是因为粗心没考好。也请家长不要再为孩子找这个推脱责任的借口。细心、沉稳、脚踏实地是必备的能力，如果具备了这些能力，偶尔丢一两分，可以理解，超过两分，就是能力还欠缺，学得不扎实。

培养孩子的能力

家长要放手，在可控的范围内尽量放手。比如，做一件事，孩子去做，可能只能打 30 分，你不满意，骂他，甚至代替他做了，当时事情的效果可以打 90 分。但请家长注意，这 90 分，永远是你的 90 分，孩子仍然是 0 分。如果，你让他做，用他不反感的方式指点一下，这一次可能只是 30 分，下一次就有可能是 60 分，再下一次，可能就是 95 分，甚至比你做得更好。所以，家长要学习聪明地示弱，把机会让给孩子，并及时鼓励、肯定孩子。爸爸妈妈终将老去，要学会把舞台适时地让给孩子，让他们发挥。孩子只有在一次次的实践、思考中，不断长大、独立，然后才能超越父母。

赏识孩子，扶持孩子的自信，呵护孩子的自尊

中华民族是个谦逊的民族。在教育孩子方面，却容易走入一个误区：不注意赏识孩子的优点，而过分强调孩子的错误。当孩子做得对的时候，父母要及时肯定孩子，表扬孩子。父母平时在同朋友谈话时，谈到孩子身上的优点，就是偶尔听到，表面会装得不在意，实际上，孩子会很在意，得到肯定的这些优点，孩子会继续坚持，越来越好。会按照父母描述的优秀的样子去校准自己的言行。当孩子出现错误的时候，就事论事地分析，不啰嗦，不翻旧账。正确面对事情，改正就好。事情过了，继续过美好的

生活，不要把负面情绪过分强调和延伸。最错误的方式是在公众面前训斥孩子，丢孩子的脸。家长们，请呵护孩子脆弱的自尊！

分数不与物质挂钩

家长要关注孩子的学习态度，只要学习态度好，成绩也差不到哪去。小学时要求孩子做到像考试一样认真做作业，像做作业一样地轻松考试。初中了告诉孩子考试只要考出你的真实水平就可以，不要因为考试成绩不好而遗憾。比如，某次考试，你的真实水平是 90 分，你考了 90 分，就很好。如果因为某种原因，你只考了 70 分，那家长就会为你遗憾，因为你的努力付出没有得到对等的回报。人生处处是考场，从容面对，考出自己真实水平就好。孩子考第一名是偶然，当父母用心地把孩子呵护好了，这种偶然，就是必然！孩子具备了努力、坚强、细心、有爱心等等这些品质，偶然地考上一次或几次第一名就成了必然。注意：物质不与分数挂钩。物质上的东西能给生活带来便利，而父母的经济能承受的，就满足孩子，与成绩没关系，也不让孩子身上缺零用钱。因为，在当今充满诱惑的时代，孩子不缺钱、不缺爱，到外面走弯路的概率就要小很多。

追求阅读经典

阅读经典，是学好语文的关键，也是理解人生的重要途径。经典之所以成为经典，必定有它的卓越之处。从上学开始，就要让孩子开始阅读国内外经典名著。享受文化的熏陶，不要让孩子读那种快餐书籍，比如各种杂志、童话故事等，要读经典的世界名著。可能刚开始读，会找不着感觉，但读上两三本，就会找到节奏。有一个家长在这方面积累了一些经验，她的经验是：让孩子"少摘点，多看点（大量阅读）；少问点，多说点（与人分享）；少比点，多做点（与自己进行纵向比较，多运用点）"。我儿子高考语文能考 128 分的成绩（满分 150 分），得益于阅读经典。这对于高考来说是很重要的。

265

进行音乐的熏陶

阅读、音乐和其他艺术形式，其终极意义都是让人在某一阶段感到愉悦，让灵魂舒展、轻盈。孩子们时间很紧张，父母可以在平时接送孩子，或开车一起外出的时候，根据情况适时地挑选一些高雅的音乐在车里放。这样能让孩子在放松的情况下，不知不觉地接触到一些世界名曲，和一些歌词写得很好的歌曲，对孩子的学习有帮助，成绩有促进作用。

懂得享受生活

教育的最终目的是让孩子有能力创造幸福生活、享受生活。不要说等孩子长大以后，而是从今天开始，从现在开始。学习只是生活重要的一部分，但不是全部。交朋友、看电影、打扮漂亮、和小狗玩、适当上网玩游戏放松、聊有好感的男女生等等都是孩子生活的一部分。这些会让孩子的生活很丰富，也让孩子的生活充满爱，生命之火激情燃烧。

分数是重要，但不唯一

分数是学习态度、学习习惯、学习效果的检验结果，它是由学习态度、学习习惯的好坏决定的。透过现象看本质，只要学习态度好、学习习惯好，成绩也差不到哪去。要像考试一样认真做作业，像做作业一样地轻松考试。在当今充满诱惑的时代，物质不要与分数、成绩挂钩。孩子不缺钱、不缺爱，到外面走弯路的概率就要小很多。

◎ 身边故事

有个孩子叫冬冬，他最看不起的就是考试抄袭，也可以说是深恶痛绝。这和父母从小对他的要求是分不开的。记得冬冬小学二年级一次考试后，回到家里，悄悄告诉笔者，他的同桌有一道题不会答，照他的抄了。

他还天真地问他那个当小学教师的妈妈："等下次考试我要是不会了，可不可以也找同桌抄呢？"笔者的同事当时很吃惊，这么小的孩子怎么会问这样的问题？如果从小就学会考试抄袭，那将来可怎么办呢？孩子他妈当时就告诉他："考试是在检验你的学习成绩，抄袭别人的怎么能检测到自己真实的成绩呢？妈妈不要求你每一次考试都名列前茅，但绝不允许你考试抄袭别人的。如果发现你抄袭别人的，不管是大小考试，还是平时作业，都绝不轻饶"。后来冬冬确实没有过抄袭行为。从小到大的考试，冬冬都凭真本事，没有侥幸心理，从不想投机取巧。在学习中也一直是扎扎实实，靠实力说话。冬冬虽然也有考得不好，没能正常发挥的时候，但是从来没有发生过没有考好却撒谎欺瞒家长的事情。这是因为即使他考"砸"了，他的父母也从来没有抱怨和训斥过他，更别说打骂了。

◎ 你知道吗

成绩与成长相比，成长是第一位的，成绩是第二位的。当前，我国99%的家长最高兴的事是孩子成绩好，最不高兴的事是孩子成绩差。孩子成绩好，家长喜笑颜开，全家开心，孩子成绩不好，家长眉头紧皱，全家笼罩着一层阴云。因此，从某种程度上说，孩子的成绩已牵动着千家万户的心弦，成为家庭和谐的晴雨表。为了让孩子提高成绩，不少家长不惜花血本请名师、择名校，可是结果却常常事与愿违，没有功劳，只有苦劳和疲劳，花费了大量的人力、财力，换来的是家长与孩子的身心憔悴，家庭的幸福指数没有上升反而大幅下降。家长对孩子的分数的态度，对孩子非常重要。

◎ 这样沟通好

家长要摆正心态

要以一颗平常心来对待孩子的分数。一个家庭把自己的幸福建立在孩

子的成绩上是不正常的。家长要摆正期望的天平，胜败乃兵家常事，有的家长孩子考得好时就把孩子捧上天，孩子考得差时就把孩子踩在脚下，前后截然不同的态度会让孩子心理失衡。有的孩子成绩差，家长张口闭口就骂，不是骂"笨蛋"，就是咒将来干最苦的活，孩子在高压力下学习，压力太大是"魔鬼"，会使孩子丧失对学习、生活的兴趣，严重损坏了孩子的身心健康。家长要摆正心态，必须要穿过"分数"的迷雾，家长为何狂热追求好成绩？在他们看来有两个隐含的推理：成绩好→考上好大学→好工作→好前途；成绩差→考差大学（或考不上大学）→差工作（或失业）→差前途。实际上这两个推理并不一定成立，在我们的周围，差生走上社会后前途并不差。爱迪生、爱因斯坦都曾是"差生"、"问题儿童"，可是他们的成就举世瞩目。要学会辩证地分析问题。

家长要掌握分析成绩的方法——看涨看跌抓趋势

从单科来看，要把前后几次成绩纵向比较系统分析，还要与班级其他学生成绩横向比较，可以看出这门学科成绩的发展趋势上升、下降或升降起伏不定的情况。还要找出本学科薄弱的知识点、技能点及薄弱章节。从整体来看，把多次总体成绩进行比较，就可以找出优势学科、弱势学科，可以制定保优强弱的策略，找到增长的路线、提升的空间。

当孩子的单科成绩下降幅度较大时，家长要适时与孩子沟通，找到外在原因与内在因素，激励孩子，而不是训斥孩子，防止孩子产生厌学情绪。

当孩子的总体成绩下降剧烈时，家长一定要重视这个信号，这表明孩子学习不在状态，对于青春期的孩子来说，早恋、网瘾、痴迷武侠、言情小说、打架斗殴等不良因素会使孩子分心，这时候家长要沉着冷静，尊重孩子，不要逼孩子，不要通过刺探孩子隐私来了解情况，让孩子主动说出心理困惑，及时帮助孩子解决成长的苦恼。帮助孩子找到拐点，总结成功的经验和失败的教训，提高孩子成绩和整体实力，同时要实现两个转变。

由关注结果向关注过程转变

两个孩子，甲每天花一个小时复习英语，乙每天花 30 分钟复习，结果期末考试都考了 100 分。如果甲和乙都是初一新生，刚接触英语，单从考试成绩上来看，甲和乙没有区别，但学习过程有很大的区别，乙的学习效率比甲高，看成绩还要看投入与回报的比率。甲每天复习一小时，集中复习，乙早、中、晚各花 10 分钟复习，英语这门学科用零碎时间分散复习效果更佳，英语是一门记忆性很强的语言学科，多次重复复习利于记忆。

还要关注孩子的学习方法、学习习惯、思维方法、学习兴趣，良好的学习习惯、学习方法，浓厚的学习兴趣是永葆学习活力的源泉。没有好的方法、习惯，也能取得好成绩，但这种好成绩来自高投入高消耗低产出的模式，这种消耗战是以牺牲孩子的身心健康为代价的。

从关注成绩向关注成长转变

成长的过程中没有分数不行，但分数也不是万能的。如果为了片面追求好成绩，孩子没有周末，没有朋友，没有业余爱好，没有健康的心理，这种成绩又有何用？成长永远是第一位的。对于成绩好的学生，我们也要关注其成长。高分低能、高分低德并不是成长。

让念想成为孩子飞翔的翅膀

孩子因为有念想而有了牵绊，孩子因为有念想而有了想象力和创造力，孩子因为有念想而有了人生的奋斗目标……我们要做的事情就是保护念想，迁移念想为人生理想，激励孩子为之而不懈努力。

◎ 身边故事

孩子们三五成群地聚在一起叽叽喳喳地干什么呢？原来孩子们在讨论

究竟有没有圣诞老人？圣诞老人有没有特异功能？会不会给我们送礼物？圣诞节快到了，一年级的孩子们都在议论着，非常渴望得到这个答案。

过了一天，孩子们又聚到一起，听着听着，嗓门变得老高，似乎要吵架的样子，原来有两派意见，一派意见说："我爸爸、妈妈说了，没有圣诞老人，大人骗小孩的。"还有极少数孩子说："有圣诞老人的，也是会送礼物的。"结果是一个不让一个地争得脸红脖子粗的。

想想我们小的时候，谁没有对天上的吴刚、嫦娥有过无限的想象？也曾对电视机充满过无限的好奇？就像笔者一同事女儿写得一样："我跑进电视里去，一会儿又走出来了"。这是孩子们的世界，特定年龄特有的世界。可是这块地过早地被成人的一句话或者一个动作践踏了，过早地使孩子老气横秋、心态变老、想象匮乏、探索热情被粉碎，孩子的成长过程被"速成"，在这个速成班里，成长违反其规律，"揠苗助长"的结果就是能力的丧失、责任的缺失、探索的热情之火被熄灭。如果能让孩子们带着念想而生活，那是成长过程中重要的、必不可少的支撑。

◎ 你 知 道 吗

念想可成为孩子的人生理想

念想是一种牵挂、一种幻想、是脑海里的一种思维。当孩子有了念想，我们做家长的可以通过与孩子的对话沟通，将其巧妙引导成人生的理想。人生理想信念有时谈起来是那么的抽象和遥不可及，但是出自孩子心中的一种念想是具体可感的，它可以激励孩子向着目标不懈努力，最终达到目标，给孩子强大的精神支撑，是孩子到达成功的加油站。

念想是否能在我们这个世界里实现，这就真的不得而知了。也许未来科技发达，有些还真能实现。让我们的孩子做个有念想的人，完成我们自己未完成的事。未来，掌握在我们自己的手里……

念想是孩子的精神追求

人不仅有自然属性，还有精神属性和社会属性，因此，人不仅需要物质享受，而且还要有充实的精神生活。如果没有充实的精神生活，纵然有丰裕的物质生活，也不会感受到人生的真正意义。念想是人生的精神支柱，是人区别于动物的重要标志。如果一些人仅从自然的生理需要出发，沉湎于物质享受，饱食终日，无所用心，那就把人降低到了一般动物的水平。可见，人是要有点精神的。有没有精神，有没有念想，人的思想境界、精神面貌、情操志趣、生活态度和生活质量就会大不相同。人如果有念想作为自己的精神支柱，就不会被生活中的一些消极现象所迷惑，就不会被前进中的一些暂时的困难、挫折所压倒；就能始终以坚定的信念、高昂的热情和旺盛的斗志奋勇向前；就能在道德发展的阶梯上不断攀登，成为一个道德高尚、人格完美的人。

念想可成为孩子前进的动力

有位心理学家曾提出过一个著名的公式，即动力＝目标价值×期望概率，形象地揭示了个人拼搏的动力与理想之间的正比例关系。当一个人心中有了念想时，就会产生强大的内在动力，就像一个人心中的"发动机"一样，有了这个发动机，人就有了巨大的前进动力。

◎ 这样沟通好

"姑奶奶，姑奶奶，到底有没有圣诞老人啊?"圣诞节将要临近，笔者两个上一年级的侄孙女突然这样问笔者，笔者先是一愣，继而对两个孩子说："你们怎么想到这个问题的?""我们班的小朋友都在说这个事呢"？两个孩子回答道。"我也不是很清楚，只知道有的小朋友在圣诞节的这一天能收到圣诞老人的礼物，""那我们能不能收到圣诞老人的礼物啊?""不知道哎！不知道圣诞老人晓不晓得你们两个小朋友哎!"两个小朋友陷入了沉思。又过了一会儿，大双又问："怎么让圣诞老人知道我们两个呢?""你们

有什么好方法呢?""打个电话?""发个短信?""学校校迅通? 每个小朋友都会有礼物噢,嗯!""不行,不行,圣诞老人要忙不过来了。""姑奶奶,圣诞老人给每个小朋友都送礼物?"二双问。"不会吧,你们猜猜呢?"笔者反过来问他们俩。两人说了半天,在笔者的引导下,一致认为:"圣诞老人肯定给学习好、吃饭好、礼貌好、劳动好、睡觉好、听讲好的小朋友送礼物,对吧?""我想也是吧,就看你们的表现喽!""不对,不对,圣诞老人不知道我们住在哪儿,怎么办呢? 要不我们写封信吧? 可写了信寄到哪儿呢?"经过我们三个人的共同讨论,最后决定写封信给圣诞老人,信就放在家门口的柜子上。信上写明家庭地址,还有自己心中想要得到的礼物。说完两个小朋友就忙开了,说什么也要把信写好才睡觉。尽管还没有认识几个汉字,但用拼音写了一封"拼音信"。

在以后的几天时间里,无论是作业还是孩子的"吃喝拉撒睡",孩子们就像变了个人似的把自己管理得很好。孩子们那天得到了他们想要的礼物,非常兴奋地拿到班上与小伙伴们分享,他们有的羡慕、有的怀疑、有的不屑一顾,还有的直接跟小朋友说:"我爸爸说了,那是假的,没有圣诞老人,那是骗人的!""我奶奶说没有圣诞老人,那是大人骗小孩的!"孩子回来后十分沮丧地对笔者说。笔者心里猛地被揪了一把,非常心痛,为什么我们就不能在教育孩子的过程中,留给孩子一点时间和空间,留给孩子一点念想? 太残忍了,就这样,孩子的一点空间、一点美好、一点想象,就被大人们无情地破坏了,难怪有个外国家长因为一个人提前教给孩子一些知识而到法院起诉呢,现在笔者能理解了。

多年的教育经验和育儿经验使笔者意识到这个问题的严重性,不管怎样,先保住自己的一亩三分田要紧。于是对孩子说:"人家这样说也可以啊,这是他们的意见,别人的意见你认为对就听,你认为不对就完全可以舍掉。这一辈子你们都要记好,知道怎么处理吗?""我不觉得他们对,但是我想有一天到天上圣诞老人的家里去看一看。""也可以试试啊,但先要

努力学本领，这样，长大了才能像航天员叔叔阿姨一样上天去看看啊!""耶，好好学本领，以后上天去看看哦!"两孩子心情好极了，说完就自个儿去看书学本领了。

　　笔者认为：这是个懂教育的家长，她在与孩子沟通时，首先站在孩子的角度对孩子的念想进行保护，这符合孩子的年龄特点，然后巧妙地利用孩子的念想，帮助孩子树立人生理想，依托合理念想对孩子进行学习目的性教育，学本领长大后能像宇航员叔叔阿姨一样飞上蓝天。同时还对孩子在做人方面，以及如何面对不同人的不同意见，都有了一些指导。这些方面的教育对孩子一辈子都有用。

对孩子勇于说"不"

　　现在有一个教育怪圈：越来越多的家长说是出于对孩子的尊重和自尊心的保护，对孩子该说"不"的时候，时常说不出口，结果孩子出现了匪夷所思的现象：有的啃老而不知羞耻，有的绝情而不懂感恩，有的残忍而泯灭人性……心态决定沟通方法，也决定教育的效果。对于孩子不合理的要求，要勇于拒绝，勇敢说"不"，不要走极端。

◎ 身边故事

　　年过七旬的张大爷是镇江某工厂的退休职工，由于膝下无子女，他和妻子于 1980 年收养张晶晶为养女。30 多年来，老两口儿对晶晶百般呵护。晶晶结婚，婚房是老两口儿倾尽积蓄买的。结婚后，小两口儿不上班，整天上网打游戏，到点就回来吃饭，没钱了就伸手要。渐渐地，张大爷的积蓄花光了，加上老伴得了糖尿病，每天都要吃药，家里的经济紧张起来。一个月前，女儿女婿想买车，找张大爷要钱，张大爷说没钱，女儿女婿就

连打带骂，让张大爷把存折交出来，没存折就交房本。弄得老人欲哭无泪。

对收养子女同样不能溺爱，溺爱的孩子自私、任性、没有责任感，这一切在张晶晶的身上都外显出来了。对收养子女在教育过程中，要勇于说"不"，张大爷早些说"不"就好了。

◎ 你知道吗

收养子女的原因有的是不能生育，有的是不愿生育，有的是收养弃儿或孤儿，也有的是因自己的孩子有残疾或严重疾病等。因此，被收养的孩子处于特殊的家庭关系之中，往往具有与正常家庭环境的孩子不同的心理和行为特征。尤其是年龄稍大的孩子，与亲生父母有过共同生活的经历，被另一个家庭收养后，家庭环境的变化会使其不适应，担心养父母对自己"另眼相看"；即便是婴儿期就被收养的孩子，一旦懂事后得知自己的真实身份，也会对养父母心存疑惑，使亲子关系受到影响。收养子女能否健康成长，与收养者和新家庭的教育环境有直接关系。

◎ 这样沟通好

真心关爱，建立正常的亲子关系

作为养父母首先应注意与孩子情感上的联系，把孩子当作亲生子女来抚养，消除孩子的陌生感和不信任感。家庭成员间情感上的依恋和关爱，是形成正常的亲子关系，建立幸福家庭的前提条件。养父母应注重从孩子心理需求角度出发，通过情感上的投入，拉近双方心距，对收养子女真诚爱护；相反，如果养父母对收养子女冷淡和拘谨，不利于消除他们的陌生感，会增强收养子女对养父母的不信任感。养父母与收养子女建立正常的亲子关系，不仅能促进子女走向成才的道路，而且也能使双方获得亲情的互动，享受到人间最真挚的情感。

逐步适应，形成民主的家庭氛围

收养子女家庭是两代人之间的组合，对于养父母和收养子女而言，都有一个对新家庭的适应过程。特别对于收养子女来说，无论年龄大小，对新的家庭生活都有一个从陌生到熟悉、从恐惧不安到融洽相处的过程。年龄稍大一些的孩子，在环境与情感的适应上，则需要更长的时间，甚至连家庭成员之间的称谓改变也需要逐步适应。作为养父母，除了自身要逐步适应新的家庭环境和新的家庭生活外，要特别注意不要急于使收养子女成为"自己"的子女，强制性地让收养子女扮演好家庭新成员的角色，这样有时会欲速则不达。养父母首先要尽可能了解收养子女原来的家庭生活环境、收养子女的性格特点，多与他们进行交流，倾听他们的意见和要求，尊重他们的选择，让他们逐步适应新的家庭环境，习惯新的家庭生活方式，形成一种"民主治家"的家庭氛围。只有在收养子女充分理解养父母、从心理上接受新家庭的情况下，才会有和谐、融洽的家庭氛围的出现，才有对收养子女实施良好家庭教育的基础。

调整心态，勇于说"不"

一般来说，收养子女家庭对其教育问题抱有消极的观点，认为两者之间缺乏坦诚，情感不够协调，关系不够融洽，代沟深，矛盾多，难有正常的亲子关系，对收养子女的教育难于把握合适的度。如果对其严格要求，会引起收养子女的反感和外人的闲话；如果放松对其的教育，又常会使收养子女形成一些不良行为，没有尽到父母的教育之职。对此，养父母必须要有心理准备，调控好心态，坦然面对世俗的压力，勇敢地担当起养父母的教育责任，努力让收养子女也和亲子女一样融入家庭（这样的案例身边也有不少）。为此，养父母要努力做到：首先，宽容接纳。养父母要比对待亲生子女有更多的宽容来理解和接纳收养子女具有的儿童的不成熟性，多观察、细了解收养子女的心理需求和主观感受，发挥收养子女的主观能动性，不急于求成。其次，期望适度。控制好自身对收养子女的期望值，

对孩子的期望应与孩子能力水平、兴趣爱好相符合。不仅关注收养子女个性发展符合自身的期望，更要促使收养子女的个性发展符合社会的需求。建立合理的期望值是与子女沟通的桥梁。再次，保持教育风度。当养子女出现身心发展的障碍和问题时，不怨天尤人，也不归咎于其亲生父母，而将收养子女的问题与其亲生父母联系起来，耐心细致地竭尽为人父母之职。最后，讲究教育智能。养父母在教育过程中要克服心理压力，不情绪化，该说"不"时，就要说"不"。以自己良好的品德和坚强的意志，悄无声息地影响、感化收养子女，做到真挚有爱、严格有度、教育有方，让收养子女佩服、崇拜养父母的人格魅力，这样才能促使收养子女家庭具备正常气氛，取得良好的家庭教育效果。

审慎处理收养子女的身世秘密

随着收养子女年龄的增长，他们有时会向收养父母提出有关自己出身经历方面的问题；而许多养父母自身也要面临这样一个问题，即该不该向收养子女说出他们的真实经历，这是收养子女家庭成员的一个心结，也是收养子女家庭在家庭教育中必须解决好的一个难题。对此，我们必须要以尊重收养子女为原则，从家庭实际情况出发，区别对待和解决，审慎处理收养子女的身世秘密。如果孩子是婴儿时期就收养的，而送养者又不是孩子的亲生父母，收养子女一般情况下不会知道真实的出身经历，这就可以永远保持收养子女身世的秘密，有利于子女的心理健康发展与家庭的和睦、融洽相处。如果孩子对亲生父母还有记忆，就可以对收养子女不隐瞒任何情况，告诉他（她）收养的真实情况，改变他（她）的怀疑心态，使他（她）理解家人的选择，帮助他（她）适应新的家庭环境，逐步增加与养父母的亲情，建立起和睦、幸福的家庭。如果孩子不知道自己的身世，但秘密又不可能永远保持下去，养父母就可以利用适当的时机向收养子女说明其身世。因为这类孩子迟早有可能知道自己的身世，一旦通过探究得知自己身世经历的秘密，得知自己是"领养"的子女，他们平和的心态就

会受到破坏，内心不能接受现实，受到很大伤害，就会变得沉默寡言，从而往往不能原谅养父母对自己隐瞒实情，成为家庭和睦的障碍。如果养父母能选择适当时机告诉收养子女真实情况，会使收养子女在震惊之余，对养父母的信任心存感激，从而能够慢慢恢复平静心态，逐步从情感上接纳养父母，为家庭和睦创造条件，也为实施良好的教育奠定基础。

在放放 11 个月的时候被邻居费庆伯伯家收养，费庆夫妻俩结婚已经十多年，仍然膝下无子女，收养之前，一切手续都办妥，两家还互相订立了一些合同，合同内容包括放放小的时候不允许生父母主动探望，（孩子 18 岁后自己选择决定），不允许生父母主动告诉孩子有关其身世的秘密，不允许干涉他们夫妻俩对孩子的教育，有什么意见和建议只能对养父母讲等。

孩子上小学的时候，养父母就把孩子的身世秘密告诉了孩子，孩子不但知道自己的身世秘密，而且还认识生父母和哥哥、姐姐。一次，被养父母打了两巴掌，孩子哭着跑回了生父母家，在弄清楚事情之后，生父母把孩子送到了养父母面前，并且要孩子向养父家长承认错误。尽管不明事理的邻居在外面说闲话，但是养父母不为所动，没有退缩，更没有赌气把孩子送到亲生父母面前，而是与孩子沟通，让孩子明白被打的理由，同时生父母也赞同养父母的做法。

经历这一次事情之后，孩子突然之间变得更懂事了，养父母不知是好事还是坏事，但是自己铁定了心认为："我真心对待孩子，相信孩子会真心对我们的。" 于是生活、学习、相处等事情一切恢复正常，孩子也很快一切恢复正常。现在孩子已经大学毕业，成家立业了，不但学习好、工作棒，对年迈的养父母胜过对亲生父母的孝顺，经常带老婆孩子回家看老人，还经常带老人到城里住。街坊邻居都夸孩子是个会做人、懂孝顺的好孩子。

前后两个都是收养的孩子，前者家长对孩子始终百依百顺，而后者不

顾世俗的眼光，摆正心态，真正地"视如己出"，没有做作，秉承一颗大公无私的心，"一切为孩子好"。虽然比较难，但"另眼相看"，另行相对将不利于孩子的健康成长。当然与孩子沟通采取一些技巧是十分有必要的。

不欣赏会算计的孩子

我们时常会把孩子看小，有些孩子在特殊的时候也会顺着大人的思维"以小卖小"，算计家长，这是一种不容易被察觉或容易被家长忽视的现象，你有过吗？该怎么与这种会算计的孩子沟通呢？

◎ 身边故事

故事1：晚上下班后从幼儿园接了小家伙一起回到家，佩佩就对他爸爸说："爸爸，你去烧饭吧，你烧的饭最好吃了"。宝爸爸很无语，只好打着赤膊去烧饭。见他去做饭了，小家伙和妈妈就赖在床上拿着手机，妈妈看电子书，小家伙拿着另一个手机，靠在妈妈边上玩游戏，一人一个电风扇，互不干扰。小家伙抬头对妈妈说："妈妈，爸爸去烧饭了，我们两个躺在床上想干吗就干吗，我最喜欢躺在你边上打游戏了，爸爸笨死了，老是打不过去，一个大老怪都打不死，看，我打了许多老怪，还捡了很多的怪兽，厉害吧。"

看着他玩游戏时那灵活、激动的样子，想着也好笑。不一会儿宝爸爸将饭菜烧好了，小家伙跑到桌边看了看，很兴奋地说："妈妈，你看，爸爸好厉害，烧了四菜一汤呢，我觉得爸爸烧的饭最好吃了，我最爱吃爸爸做的菜了，以后每天都让爸爸做饭吧。"

爸爸看到小家伙这鬼灵精怪的样子，又好气又好笑，小东西算计到他爸爸头上了。

　　家有儿女的你有没有遇到过这样的事情？想必作为父母的你遇此情景，更多的会因为孩子的"聪明"、有小心机，以后在社会上不会吃亏，而觉得沾沾自喜，宽容地"好气又好笑"，一笑了之，有的还到处炫耀给朋友或亲戚听。就像有的孩子从小打骂爷爷奶奶、外公外婆，当时不但不生气，相反作为笑话或者引以为豪似地与人"分享"。有的孩子玩几次也就不玩了，但不能排除少数孩子长大了变得骄纵任性，甚至还发生家庭暴力，这时候，教育已经晚了。如果这种算计成为家常便饭，甚至于在有过错的时候，算计家长，你会怎么处理呢？请看另一个故事。

　　故事 2：五年级 9 班语文测试结束，第三组全组同学只有小朵朵考了 70 多分，其他同学都在 90 分以上。活动课的时候，她所在组的同学都出去玩了，只剩她在座位上，因为老师要她在座位上把试卷订正好以后再出去玩。语文老师的话刚说完，小朵朵哭了起来，她的哭声吸引了班上其他同学，不一会儿，她的身边就围了好些同学，大家都在安慰她："别哭了，下次考好不就行了！"老师坐在她原来的座位上忙着改作业，见此情景，对围在她身边的学生说道："你们出去玩吧，小朵朵一会儿就会想通的。"此话刚结束，小朵朵一转身哭着跑出了教室，直接奔上了二楼，扭身抓住栏杆，要跳楼了。老师、同学都吓坏了，纷纷地劝她别生气，赶紧回班。在老师近乎哀求之下，小朵朵好不容易回班了，边走边对好朋友萌萌说："刚才我是做给老师看的，看老师和爸爸、妈妈哪个还敢说我？萌萌，下次你也用这招，这招可灵了。"

　　孩子用这招不但保护了自己不受家长和老师的批评，还可以不完成作业，而且还得到来自同学、老师、父母的加倍关心和关注，对家长和老师来说，不敢过问或追究了。特别是对老师来说，为了保证自己不惹事，有可能对这个孩子的教育以后会走向另一个极端，连正常的指出孩子的不足都不敢了，于是就"赏识再赏识"吧？试想如果孩子真的跳楼了，避开社会、他人的舆论和猜疑外，老师怎么自处呢？这是教育中的偶然性还是必

279

然性？留给老师和家长一串长长的思考。

◎ 你知道吗

任何人都痛恨会算计的人

任何人都对别人的背后算计非常痛恨，算计别人也是职场中最危险的行为之一。这种行为所带来的后果，轻则被同事所唾弃，重则失去饭碗，甚至身败名裂。作为老板或领导，绝对不希望自己的手下互相倾轧，他们希望每个人都发挥自己的长处，为自己或单位带来更多的利益，而互相排斥只会使自己的企业或单位受损失。周围的同事也同样讨厌那些喜欢搬弄是非、使阴招的人，每个人都希望与志趣相投的人共事，不懂得与人平等竞争、相互尊重，就会失去大家的信任。你喜欢与会算计的人相处吗？你希望你的孩子成为一个会算计别人的人吗？

算计是一种不正确的获得"重视"的方法

这样的现象一般可能发生在"聪明"孩子身上，因犯错或某次考试成绩不够理想，为了逃避父母或老师的批评、责罚，更不愿承担责任，故意使出的一种方法。如在家长面前哭诉老师怎么欺负她（他），把家长"请"出来，让家长找老师的麻烦，抓住老师怕家长闹事的心理，使老师没有时间或不敢正常找她（他），还有的抓住家长、老师"安全大似天"的心理，用跳楼等方法恐吓。而家长、老师或许还不明就里，稀里糊涂，总觉得孩子有许多想不通的地方。多数是女儿找爸爸出面，儿子找妈妈出面。别说正视错误，改正错误（当然也有在这种过程中自己改正不再算计的），更别说承担过失之责任。应该说这是一种不敢承担责任，没有担当，不正确地对待错误的方法，如果形成习惯，精于算计之道的人走上社会也不会是受欢迎和能够成功的人。

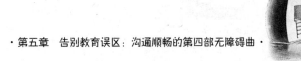

◎ 这样沟通好

勘察了解

绝大多数老师与家长的出发点一样"一切为了孩子好"，所以遇到事情，要真诚与老师和孩子沟通，千万不能被亲情左右而急着插手，结果不能了解事情真相事小，被孩子"算计"事大。了解之后就某些你一时不能理解的做法，与老师、孩子交换意见，千万别被孩子稀里糊涂地"请"出来"溺爱，"我把这种行为称为"被溺爱"。为了使我们能清楚地了解事情经过，可以问这样几个问题，往往问不到几个，事情就已经很清楚了：

第一个问题："发生什么事情了？"

这个问题看起来不起眼，但是非常重要。许多成人碰到突发状况时，会习惯性地太快下判断："一定是你先打他，他才会打你。""一定是你做错事，老师才会处罚你。""一定是老师冤枉你了。"我们不妨让孩子从他的角度说说事情的经过，避免冤枉孩子。况且，让孩子有机会说话，即使真的是他的错，他也会因为有机会为自己辩解而比较甘心认错。

第二个问题："他（她）的哪一点做法令你最讨厌？"

事情经过是客观事实，当事人心里受到的冲击纯然是主观的感受，无所谓是非对错。很多时候，我们只是需要把自己的感受说出来而已。说出来或哭一哭，骂一骂，心情就会好多了。脑科学研究表明：当一个人情绪强烈的时候，外在刺激不容易被脑部吸收。也就是说，当一个人还有情绪的时候，别人说什么他都会听不进去。总要等到他心情平静下来，才可能冷静思考。所以如果我们希望孩子能够听得进去我们的意见，我们就需要先梳理他的感情，让他的情绪有个出口。孩子够冷静之后，可以问他。这个环节便于孩子发泄心中的不满。

第三个问题："对方怎样做你就不生气了？"

这时不管孩子说出什么惊人之语，想各种点子，合理的、不合理的、

荒唐的、可笑的、恶心的、幼稚的……脑力激荡的重点就是允许任何看似无稽的想法。都暂时不要做批评或判断，等到孩子再也想不出任何点子的时候，就可以跟他好好讨论哪些要求合理，哪些是不妥的。这个环节不要急着教训孩子非常重要，否则不知道孩子心中的需求，同时也让孩子明白需求要适度。

第四个问题："依你的意见做，后果会怎么样？你觉得怎么解决问题更合适？"

让孩子自己一一检视，每个方法的后果会是什么？孩子一定会选择对自己最有利的状况，如果他了解后果，通常会做出最合理、最明智的选择。即使他的抉择不是成人期望的结果，也要尊重孩子的决定。成人一定要言而有信，不能先问他怎么决定，然后又告诉他不可以这么决定。这样子，他以后再也不敢信任你了。何况，就算他选择错误，他从这个错误中也可以学习到更珍贵难忘的教训。

第五个问题："你希望我做什么，怎么说？"并且表示支持。

第六个问题："结果怎样？下次碰见相似的情形，你会怎么选择？"如此练习几次，让孩子有机会从错误的体验中提高判断是非、理性解决问题的能力。同时家长也可以了解问题的真相和孩子真实的想法。

经典六问：

第一个问题："发生什么事情了？"

第二个问题："他（她）的哪一点做法令你最讨厌？"

第三个问题："对方怎样做你就不生气了？"

第四个问题："依你的意见做，后果会怎么样？你觉得怎么解决问题更合适？"

第五个问题："你希望我做什么，怎么说？"

第六个问题："结果怎样？下次碰见相似的情形，你会怎么选择？"

父母若要孩子为自己的行为负责，就不能剥夺了孩子履行责任的机

会。让孩子处理自己的事情，并为自己的决定承担后果，从而达到培养孩子责任心的目的。只有这样，孩子才能成为一个独立思考、解决问题的能手。

学会做人

家长解决问题的方法，待人接物、为人处世的举动，都是孩子学习的榜样。如果家长不管三七二十一，采取不信任、不尊重老师的做法，不但伤害老师，更重要的是伤害孩子，因为他也会学习你在解决问题时贸然行事的作风。一个不尊重老师的家长又怎么可能有尊重老师的孩子呢？一个不会做人的人在社会上是不能够成功的。据调查显示：一个人成功与否，是由20%的智力因素和80%的非智力情商因素所决定的。

接受挫败

学习成绩优秀的孩子的家长，由于孩子的学习成绩优秀，往往遮掩了孩子其他方面的不妥，忽视对孩子品德和情商的教育。我们要关注孩子的全面发展，培养孩子正确认识不足，并且告诉孩子："每个人都会犯错，但及时发现错误，并且改正错误，以后不犯就是最棒的"。对成绩优秀的孩子加强正确对待挫折的教育尤为重要。由此推想：在一些名牌大学的大学生时常会发生抑郁、强迫症、精神错乱发疯、自杀等让人扼腕痛惜的事件，是不是与我们缺失这些方面的教育有关呢？因此，优秀生的家长千万别忽略了孩子品格和心灵的健康成长，否则会造成终身遗憾。

晓敏是一市级名校五年级一个好班级的学生，从小学一年级开始，年年是校级"三好生"，今年又被评为区级"三好生"，当班长，也兼校大队长。小学毕业的目标是上省级初中名校。家长是这样想的，孩子也不辞辛苦地朝着这方面努力，课余时间上语数外多门辅导课。这天上思想品德课，因为上课随便与同学讲话，被品德课老师扣了课堂表现分10分。过了两个星期，她所在组的两个同学也是因为随便讲话同样被扣了10分，而且被扣后仍然没有改观。下课后，老师把晓敏所在组的其他两个同学留

了下来。忽然听到摔书的声音，循声望去，只见她满脸通红，正摔着书呢。为什么呢？当时一个大大的问号摆在了老师的面前，于是老师又把她留下来。没等这句话说完，"哇"的一声哭起来了，接着传来边哭边说的声音："爸爸，现在我被一个人留下来了"，"品德老师"，"那个姓朱的"，"你让老师接电话！"只听家长在电话那头问道："今天我家晓敏有没有讲话？"还没等老师回话，接着说："她没有讲话，你把她留下来，就非常过分了，我家孩子一贯非常好，你打听打听，真是的，水平太差！"老师只是淡淡地说："现在情况不清楚，我了解清楚后给您回话啊。"说完把电话挂了。

在与老师的沟通中，该孩子盛气凌人，指着老师的鼻尖哭诉着。经过一番了解，原来该孩子是怕组里的扣分也会影响她，于是哭哭闹闹、咄咄逼人，还搬家长压制老师。老师问孩子："你跟我又哭又闹、又搬救兵地想干什么？""让我把扣你的分数还你？"她沉默了。老师淡淡地但坚定地对孩子说："你的分数不能改，没有理由啊。"孩子听完，摸着头对老师说："老师，我头晕，你扶我一下。"老师没有理会，因为不能理会，一定要说"不"。一分钟后，孩子很正常地走了。随后，老师把情况通过短信方式告诉了家长，家长表示感谢并向老师道歉。

家长听到孩子的哭诉，一时失去了理智，对老师态度粗暴。此时老师很理智，一切淡定从容，坚持一个老师的底线，也委婉地向学生以及家长表示了自己的态度，孩子的算计没有得逞，后来老师又进一步地跟踪，让孩子进一步明确了算计不好，真诚地向老师道歉。同时知道犯错是正常的事情，只要改了以后不犯就是好孩子，切不可用吵闹、指责来解决问题。家长后来也明白了自己的不对，相反利用这个难得的机会，与孩子好好沟通，让孩子学会正确表达自己的委屈，正确对待自己的错误，培养孩子的情商，承担自己该承担的责任，增强孩子的责任感，学做一个勇于面对错误、改正错误的有担当的人。

[16] [美] 霍华德·加纳德：《多元智能》，新华出版社，2003。

[17] 郭瑞立：《成功教育》，文鼎出版社，2002。

[18] 傅道春：《新课程中教师行为的变化》，首都师范大学出版社，2001。

[19] [美] 加里·鲍里奇：《有效教学方法》，江苏教育出版社，2002。

后 记

今天该写后记了，有人问我后记准备写什么？我曾经想过几种思路，但最后确定还是把心中最想说的、最想写的写出来，让读者们赏鉴、批评吧。

自 1986 年江苏武进师范学校毕业后，虽说当时有些不情愿地走上了教育工作岗位，但随着工作年龄的增长，意外地喜欢上了这项工作。我利用这个平台对学习有困难、家庭离异、经济困难、经济富有和政治地位特殊的各类孩子都有过帮助。特别是当我遇到已经毕业好多年的学生家长，发自心底地回忆起他们的孩子曾经得到我的帮助，并因为我的帮助而进步的情景时，我与家长们就会一起陶醉、一起开心！记得有个叫波波的小男孩，在他三年级时，爸爸妈妈离婚了，波波的妈妈腿有点残疾，波波跟着妈妈一起在外婆家住。波波很内向，课堂上从不主动举手发言。一次，他的应用题解法是对的，而且与别的同学都不一样，于是我在他的算术作业本上写道："你的解法让老师眼睛一亮，真正是与众不同，有创新！不错，多思考，老师期盼能看到你有更多、更好、更新的解法！"在批语旁边还同时画了个笑脸。波波拿着作业本回家高兴了一整天，他的妈妈也逢人便说，还经常在家与孩子回忆这件事情。从此，妈妈和孩子的脸上都渐渐有了笑容。波波现在已经是一家公司的经理，他的妈妈每看到我一次，总要拉着我的手，兴奋地提起这二十年前的事情，还十分谦卑地说："我家波波就是多亏了朱老师的鼓励，否则没有我孩子的今天，也没有我的今天。"

·与孩子沟通
　　就这么简单·

　　工作中像这样的例子很多很多，也许老师不经意的一句话语、一个眼神、一个动作，就会让一个或一群孩子，一个或众多家庭得到帮助。如果写出来，会让更多的家长、更多的人得到启发，这是我写书的直接动力之一。另一个直接动力是：在当下生活中，也经常碰到、看到或听到诸多让人触目惊心的教育事故，如有的家长使自己的孩子变成了问题孩子,有的变成了"白眼狼",有的自杀，还有的变成了杀害亲生父母的"刽子手"……凡此种种，一件件、一桩桩，父母的心肝宝贝怎么了？

　　哪个父母不爱自己的孩子？又有哪个家长不希望自己的孩子有出息？可"爱"到头的结果却让人瞠目结舌、匪夷所思。于是我工作之余，全身心地投入到家庭教育的研究。开始翻阅古今中外教育书籍，大量阅读书刊，仅资料的搜集和书稿的完成，就用了五年多时间。书稿完成后，我将它分别送给二十多位家长，其中有清华、北大学子的家长，有从事亲子教育的家长，有暑期参加英国伊顿贵族学校培训的家长，还有从事其他不同职业的家长；还非常荣幸地请到了在英国牛津大学访学的心理学张丽老师，经济管理出版社的何蒂主任，中国妇女出版社的姜喆主任，还有一些党派人士和金融精英们。他们对书稿都提出了自己的宝贵意见，我根据这些意见对书稿进行验证和进一步完善。在此一并表示真诚的谢意！如果此部书稿无论是对成绩好的或是成绩欠佳的学生，还是对从政的或是经商的家庭，抑或是农民或城镇的家庭有所裨益的话，我心里也就踏实了。

　　由于本人水平有限、时间仓促，也由于篇幅有限，不能囊括所有的家庭教育中的现象和问题，对此表示遗憾！我将对此进行更深、更广的研究，并将更多的研究成果奉献给大家。

朱美霖

2014 年 10 月 15 日深夜于镇江

288